去杠杆的下一步

去杠杆的下一步

娄飞鹏◎著

THE NEXT STEP OF DELEVERAGING

西南财经大学出版社

中国·成都

图书在版编目(CIP)数据

去杠杆的下一步/ 娄飞鹏著 .—成都: 西南财经大学出版社,2019. 7
ISBN 978-7-5504-3912-2

Ⅰ. ①去…　Ⅱ. ①娄…　Ⅲ. ①中国经济—研究　Ⅳ. ①F12

中国版本图书馆 CIP 数据核字(2019)第 041084 号

去杠杆的下一步
QU GANGGAN DE XIAYIBU
娄飞鹏　著

总 策 划:李玉斗
策划编辑:何春梅
责任编辑:何春梅
封面设计:冯单单
责任印制:朱曼丽

出版发行	西南财经大学出版社(四川省成都市光华村街 55 号)
网　　址	http://www. bookcj. com
电子邮件	bookcj@ foxmail. com
邮政编码	610074
电　　话	028-87353785
照　　排	四川胜翔数码印务设计有限公司
印　　刷	四川新财印务有限公司
成品尺寸	170mm×240mm
印　　张	15. 25
字　　数	309 千字
版　　次	2019 年 7 月第 1 版
印　　次	2019 年 7 月第 1 次印刷
书　　号	ISBN 978-7-5504-3912-2
定　　价	58. 00 元

序　言

2015年12月召开的中央经济工作会议提出，要在适度扩大总需求的同时，着力加强供给侧结构性改革，作为切入点的重点任务是“三去一降一补”，即“去产能、去库存、去杠杆、降成本、补短板”。这是中央首次明确提出“去杠杆”。2016年下半年，我国开始实施严格的去杠杆政策。从统计数据看，杠杆率的快速上升势头得到较好控制。根据国际清算银行的统计数据，2017年我国非金融部门杠杆率上升0.1个百分点，政府部门、家庭部门杠杆率分别上升1.8个百分点、4.0个百分点，非金融企业部门杠杆率下降5.7个百分点。与2009—2016年相比，除家庭部门外的部门杠杆率上升幅度均大幅下降。2017年我国银行业总资产增长率为8.6%，不到2009—2016年年均增长率17.5%的一半，其他金融子行业总资产增长速度也在2017年明显地大幅下降。2018年8月初召开的国务院金融稳定发展委员会第二次会议认为，我国宏观杠杆率趋于稳定。

在去杠杆取得明显成效的情况下，需要结合杠杆率快速上升的形成机制，以及接下来如何有效利用杠杆，进行深入思考。回过头来看，我国杠杆率快速上升，既有国际金融危机后主要国家采用宽松的货币政策、流动性充裕、国内经济发展态势较好吸引了较多外资的因素；也有国内银行业信用创造能力快速提高，影子银行快速发展导致货币超发的因素；更有依赖负债驱动投资并依靠投资驱动经济增长，以及宏观调控机制不够科学、房地产调控缺少长效机制等体制机制因素。这需要我们认真总结思考，寻求解决方案，以防止在今后的经济发展中重蹈覆辙。就接下来的情况看，我国国有企业和地方政府的结构性高杠杆、家庭部门杠杆率快速上升的问题仍然存在。宏观经济转型发展以及经济增长速度下降也加大了杠杆率上升的压力，改革进入深水区，攻坚难度越来越大，都会对进一步稳定杠杆率形成较大的影响，稳杠杆的目标难以轻而易举地实现。所以，当下我们不仅要总结去杠杆的经验，而且要深入思考去杠杆的下一步该怎么办。

从去杠杆角度思考下一步的问题，大体可分为两个层面，一个是去杠杆本身该怎么办，另一个是怎样减少或者消除杠杆率快速上升的体制机制成因。从去杠杆本身来看，去杠杆并不应该成为常态，稳杠杆应该成为一段时间内的常态。在我国杠杆率快速上升势头得到较好控制的情况下，需要稳定杠杆率。具体到杠杆率是否稳定的判定标准方面，要坚持的原则是：杠杆率不是绝对不上升或者绝对下降，而是要与经济增长速度相匹配，从而更好地满足经济发展的需要。与此同时，我国杠杆率的结构性特点突出，在杠杆率绝对水平和杠杆率上升速度方面都有明显的体现。出现这种情况的原因，既有不同经济主体加杠杆能力不同的因素，又有不同经济主体对经济发展预期不一致、对加杠杆态度也不一致的因素。今后，不仅要实现总体杠杆率稳定，还要坚定结构性去杠杆的思路，扎实推进结构性去杠杆，真正解决结构性高杠杆以及部分领域杠杆率快速上升的问题，从而真正做到消除风险隐患。

从减少或者消除杠杆率快速上升的体制机制成因方面看，重点是深化改革和推动经济高质量发展。杠杆率内生于经济发展模式、经济结构、金融体制，也会对这三者产生影响。在杠杆率趋于稳定的情况下，需要抓紧时间做好导致杠杆率快速上升的体制机制方面的改革。在经济增长模式上，必须摒弃过度依靠负债扩大投资驱动经济增长的做法，努力提高全要素生产率，推动经济发展的质量变革、效率变革、动力变革。面对经济发展中的制度结构、产业结构、区域结构、收入分配结构、人文与生态结构等方面的结构性矛盾，只有抓住供给侧结构性改革的主线，才能解决好经济发展不平衡不充分的问题。在金融体制上，需要在深化改革中，增强金融服务实体经济的能力，提高直接融资比重，促进多层次资本市场健康发展。财政体制方面，必须加快打造现代财政制度，建立权责清晰、财力协调、区域均衡的中央和地方财政关系，深化税收制度改革。总之，要按照党的十九大报告提出的建设现代化经济体系的总体要求，在以改革为支持的经济高质量发展中解决杠杆率问题。

需要明确的是，要加强对于杠杆率的客观理性的理解。杠杆是经济金融发展到一定阶段的结果，具有资金资源跨时空配置的功能。合理利用，可以推动经济发展；片面倚重，可能对经济发展带来风险。去杠杆并不是把所有的杠杆都去掉，而是要去掉存在较大风险隐患、不利于提高资金使用效率、不利于经济更好发展的部分，其目的是充分利用杠杆的优势，弱化或规避杠杆的风险，服务于经济社会使其更好地发展。实体经济加杠杆的资金主要来源于金融业，而金融业本身就是周期性行业，顺周期特点突出，这也让杠杆率的变化具有周期性，让去杠杆不可能毕其功于一役。根据相关研究，1930 年以来全球去杠杆的案例甚多，欧洲、美国、日本等发达国家和地区都经历过去杠杆，同一个国家也有在不同时期多次去杠杆的经历。预计我国经历的这次去杠杆也不会是最后一次，更需要全面深化研究，从加杠杆和去杠杆两个方面分析，总结经验和教训，以助益未来的经济发展。

娄飞鹏博士所著《去杠杆的下一步》，从 2008 年国际金融危机以来我国杠杆率的发展历程和现状出发，结合宏观经济发展、宏观调控政策、加杠杆的主体和特点等，将加杠杆的历程分为三轮高潮，重点回顾了 2018 年以来去杠杆的主要做法和成效，在去杠杆过程中所出现的民营企业信用债券违约潮，以及股权质押风险问题，阐明了如何理性看待杠杆和杠杆率，并对比了去杠杆的思路选择，最后深入分析了下一步稳杠杆和结构性去杠杆的环境制约和政策选择。2018 年他写了《去杠杆研究》，也是请我做的序。此次看完这本书稿后，我认为虽然两本书研究的主题都是去杠杆，但这本书并不是《去杠杆研究》的简单重复，而是根据我国去杠杆过程中出现的新情况、新问题，基于更加系统深入的思考，对去杠杆问题做出的进一步研究分析，较为条理化地讨论了去杠杆的下一步应该怎么办的问题。我愿意将此书推荐给广大读者朋友，相信可以为大家研究思考该问题带来启发和帮助。

贾康

2019 年 1 月

目　录

第一章

绪论

2014年12月召开的中央经济工作会议提出了高杠杆问题。2015年12月召开的中央经济工作会议提出，要在适度扩大总需求的同时，着力加强供给侧结构性改革，作为切入点的重点任务是“三去一降一补”，即“去产能、去库存、去杠杆、降成本、补短板”。2017年10月，党的十九大报告提出：“坚持去产能、去库存、去杠杆、降成本、补短板，优化存量资源配置，扩大优质增量供给，实现供需动态平衡。”[①] 2008年国际金融危机爆发后，我国杠杆率经历了快速上升的阶段，面临较大的去杠杆压力。2016年以来，去杠杆在金融领域和非金融领域全面展开，并在2018年年中开始实现了杠杆率趋于稳定。由此可以认为，我国去杠杆取得了明显的成效，但在此过程中也显现出一些风险，因而有必要对此加以总结，明确去杠杆的下一步该怎么办，并深入研究杠杆率稳定之后的经济金融发展问题。

一、杠杆与杠杆率的界定[②]

“杠杆”一词来源于物理学，通常把一根在力的作用下可绕固定点转动的硬棒叫作杠杆。杠杆的主要作用是放大器，通过杠杆可以有效起到撬动作用，也就是古希腊哲学家阿基米德的名言所说的：“假如给我

① 习近平. 决胜全面建成小康社会 夺取新时代中国特色社会主义伟大胜利［M］. 北京：人民出版社，2017：31.

② 娄飞鹏. 去杠杆研究［M］. 北京：中国金融出版社，2018：6-10.

一个支点，我就能把地球撬动!”虽然物理学中对杠杆研究较多，但在经济金融领域，杠杆问题受到普遍关注的时间并不长。2007 年 3 月美国发生次贷危机后，尤其是2009 年9 月的20 国集团（G20）匹兹堡峰会上确认去杠杆是克服 2008 年国际金融危机的首要条件，此后杠杆、杠杆率、去杠杆问题才在经济金融领域逐步受到关注。

经济金融领域的杠杆并没有权威的、一致的界定，可以理解为将负债资金追加到现有资金上，通过少量资金来撬动大量资金。同物理学中的杠杆一样，经济金融领域的杠杆同样是放大器。杠杆率也没有一个明确的界定，金融部门和非金融部门、宏观层面和微观层面的杠杆率也有不同的衡量标准。从金融部门和非金融部门的角度看，非金融部门杠杆率的界定相对更明确并且标准较为统一，而金融部门杠杆率的界定则更加复杂不一。

对于非金融部门，由于资产价值难以衡量[①]，一般用国内生产总值（GDP）作为分母，用债务或广义货币供应量（M2）作为分子，即债务/GDP[②]、M2/GDP，或者用非金融企业资产负债率来衡量杠杆率。“宏观杠杆率一般用非金融企业部门、政府部门[③]、家庭部门的债务余额与GDP 之比来衡量。负债一般指通过金融市场或金融机构形成的负债。其中，非金融企业部门债务包括本外币境内贷款、国内公开发行的债券、委托贷款、信托贷款、未贴现银行承兑汇票、对外债务等。政府部门债务包括中央政府债务和地方政府债务，地方政府债务包括地方政府债券以及清理甄别认定的截至 2014 年年底非政府债券形式的存量政府债务。家庭部门债务包括家庭部门从金融机构获得的贷款、委托贷款（主要是

① 彭文生. 去杠杆进程需要政府适度干预 [J]. 新金融，2018 (7)：19-24.

② 对于采用债务/GDP 的杠杆率衡量方式，也有学者认为这是用存量指标比流量指标，其经济意义模糊，主张在微观层面用“债务/息税前利润”来衡量偿债的可持续性，在宏观层面用“债务/可付息收入流”来衡量偿债的可持续性。详见：李扬. 综合施策去杠杆 [J]. 中国经济报告，2016 (10)：83-85；王国刚. “去杠杆”：范畴界定、操作重心和可选之策 [J]. 经济学动态，2017 (7)：16-25.

③ 魏革军. 去杠杆的哲学 [J]. 中国金融，2016 (12)：5.

住房公积金贷款）以及证券公司融资融券等。”[①] 对杠杆率的高低，除了一些经验性的研究，也缺少统一的标准。对 18 个经济合作与发展组织（OECD）国家的经验研究发现，政府部门、非金融企业部门和家庭部门的杠杆率警戒线分别为 85%、90% 和 85%。[②] 在实际经济运行中，杠杆率有超过警戒线的情况，但并未发生风险。这是从宏观方面看杠杆率。从微观方面看，杠杆率并不是特别清晰[③]，一般主要是负债与资产的比率。如家庭部门杠杆率用信贷与家庭收入[④]的比值衡量，政府部门、非金融企业部门用资产负债率衡量。

对于金融部门，监管制度对各细分行业有杠杆率的界定及其指标标准。如 2015 年 1 月 30 日，银监会发布的《商业银行杠杆率管理办法（修订）》（银监会令〔2015〕1 号）规定：“杠杆率，是指商业银行持有的、符合有关规定的一级资本净额与商业银行调整后的表内外资产余额的比率。”其他金融细分行业也有相关的杠杆率规定，具体见表 1-1。这属于对杠杆及杠杆率的微观界定，大多采用资本充足率指标。[⑤] 然而，由于金融行业有着较为严格的监管，并且杠杆率是一个核心的监管指标，金融机构经营中也会努力实现监管达标，这决定了按照监管规定的杠杆率指标分析金融部门杠杆率情况并不是一个最佳的选择。因此，从宏观层面分析金融部门杠杆率就需要寻求替代指标，一般以资产规模总量和增速等指标从侧面反映。

---

① 中国人民银行货币政策分析小组. 2018 年第一季度中国货币政策执行报告［R］. 2018-05-11：51.

② Stephen Cecchetti, Madhusudan Mohant, Fabrizio Zampolli. The Real Effects of Debt［R］. BIS Working Paper, No. 352, 2011.

③ 高善文. 中国企业部门杠杆率之谜［J］. 清华金融评论，2018（5）：73-74.

④ 对于家庭部门的杠杆率，研究中也较多采用负债除以可支配收入。其原因是，我国的 GDP 与居民收入间的相关性较弱，且城镇居民作为家庭部门加杠杆的主体，其收入增速低于 GDP 增速，这是我国和其他国家的不同之处。因此，衡量我国家庭部门债务水平时，分母用可支配收入更合适。详见：田国强，黄晓东，宁磊，王玉琴. 警惕家庭债务危机及其可能引发的系统性金融风险［EB/OL］. https：//wallstreetcn. com/articles/3382612，2018-08-08.

⑤ 周君芝. 金融杠杆和实体杠杆之间什么关系？［EB/OL］. 郭磊宏观茶座微信公众号，2018-02-06.

表 1-1　　金融业杠杆率的监管规定

行业	杠杆率	制度来源
银行业	并表和未并表的杠杆率均不得低于 4%	《商业银行杠杆率管理办法（修订）》（银监会令〔2015〕1 号）
证券业	资本杠杆率不得低于 8%	《证券公司风险控制指标管理办法》（证监会令第 125 号）
期货业	净资本与净资产的比例不得低于 20%，负债与净资产的比例不得高于 150%	《期货公司风险监管指标管理办法》（证监会令第 131 号）
金融资产管理公司	集团母公司杠杆率不得低于 6%，集团财务杠杆率不得低于 8%	《金融资产管理公司资本管理办法（试行）》（银监发〔2017〕56 号）
信托业	净资产与全部融资类单一资金信托余额的比例不得低于 5%，净资产与全部融资类集合资金信托计划余额的比例不得低于 12.5%	《信托公司条例（征求意见稿）》
金融租赁	资本净额与风险加权资产的比例不得低于银监会的最低监管要求	《金融租赁公司管理办法》（银监会令〔2014〕3 号）
融资担保	担保责任余额不得超过其净资产的 10 倍；对主要为小微企业和农业、农村、农民服务的融资担保公司，倍数上限可以提高至 15 倍	《融资担保公司监督管理条例》（国务院令第 683 号）

资料来源：根据公开资料整理。

也正是受上述因素的影响，研究人员在具体研究时，往往会根据自己的理解对金融杠杆进行界定和分类①。在金融部门内，杠杆可以从金融产品和金融机构两个层面界定，其本质是金融机构和金融产品的信用

① 如“国际清算银行公布非金融部门的杠杆率，但并不公布金融部门的杠杆率。这是由于，不同国家金融部门杠杆率直接比较意义不大。不同国家金融体制存在很大差异，美国以直接融资为主，英国直接融资和间接融资基本平衡，德国、日本以及新兴经济体国家普遍以间接融资为主，这导致不同国家金融部门杠杆率天然存在巨大差异。有些机构对金融部门杠杆率核算进行了自己的界定。如麦肯锡咨询公司在估算中国金融部门杠杆率时，加总中国人民银行发布的其他存款性公司资产负债表中的‘对其他存款性公司债权’和‘对其他金融机构债权’两项债务，计算出债务/GDP 比率。中国社会科学院国家资产负债表研究中心认为，估算杠杆率的主要目的是评估风险，而金融部门债务中的通货和存款并不构成金融部门的主要风险或风险较小，因此，剔除通货和存款，仅以金融部门发行的债券余额作为债务，计算债务/GDP 比例。根据金融债券中是否包含同业存单，中国社会科学院的口径进一步划分为不含同业存单的狭义口径，以及含同业存单的广义口径。”详见：花长春，谢运亮. 中国去杠杆评估报告（2017）［EB/OL］. 宏观长春微信公众号，2018-05-24.

衍生，利用期限错配、流动性溢价、信用风险获取更多的利差收益。金融产品层面的杠杆可分为融资杠杆和结构化杠杆。前者是在用资金购买金融产品后，再以金融产品质押对外融资并利用融入的资金购买金融产品，实现以少量资金撬动大量资金的金融加杠杆。后者是在结构化的金融产品中通过优先与劣后的分层设计，以少量的劣后资金撬动大量的优先资金实现金融加杠杆，其融资行为发生在同一产品之中。[①] 金融机构层面的杠杆，主要是通过主动或被动负债，业务嵌套或拉长链条等实现金融机构资产负债表的扩张即扩表。[②]

总之，高杠杆率在非金融部门体现为过度负债，在金融部门体现为信用过快扩张。[③] 对此，本书总体的原则是：对非金融部门杠杆率的衡量采用国际清算银行（BIS）的信贷/GDP 指标，这样处理的原因是，BIS 的统计数据较为权威，在各类研究中使用得较多，其对全球主要国家和地区都进行了统计公布，也便于国际比较研究。对金融部门杠杆率的上升以总资产增长率来衡量。这是基于下述理由：第一，对金融杠杆率，并没有统一的界定和衡量指标。[④] 第二，金融机构杠杆率分析基本上可以等同于金融机构资产负债表扩张或收缩分析。[⑤] 加杠杆的过程就是增加货币供应或者扩大信贷规模，也就是银行等金融机构资产规模扩张的过程。去杠杆的过程正好相反。第三，从实际情况看，缩小资产负债规模即缩表是银行业去杠杆的有效途径之一。这也可以佐证用总资产增长率表征金融部门杠杆率的有效性。[⑥]

---

① 孙海波，刘诚燃. 2017 年银行监管趋势：核心负债、理财、加杠杆、委外［EB/OL］. http://www.gold678.com/dy/A/481476，2017-02-28.

② 娄飞鹏. 金融领域高杠杆的深层次成因与去杠杆建议［J］. 西南金融，2017（6）：22-28.

③ 周小川. 守住不发生系统性金融风险的底线［A］//《党的十九大报告辅导读本》编写组. 党的十九大报告辅导读本. 北京：人民出版社，2017：100-109.

④ 巴曙松，王月香. 金融去杠杆的缘起与走向［N］. 上海证券报，2017-04-19（012）.

⑤ 郭磊. 同业存单撬动结构性杠杆：从何而来、向何处去？［EB/OL］. https://wallstreetcn.com/articles/297599，2017-03-29.

⑥ 娄飞鹏. 资金循环流转视角的去杠杆思路［J］. 浙江金融，2017（7）：22-30.

二、杠杆率的变化历史和现状

2008—2016 年，我国的杠杆率经历了快速的、大幅度的上升，政府部门、非金融企业部门和家庭部门都先后出现了快速加杠杆的情况，非金融部门杠杆率从全球较低水平进入到较高水平，非金融企业部门杠杆率更高，在这其中杠杆率的结构性特点突出。受资金在金融部门和非金融部门循环流转的影响，在非金融部门杠杆率快速上升的同时，金融部门杠杆率也在快速上升。金融部门杠杆率也呈现出明显的结构性特点，尤其是影子银行在非金融部门加杠杆过程中发挥了更大的助推作用。

（一）非金融部门杠杆率的历史和现状

利用 BIS 的统计数据①分析可以发现，我国非金融部门杠杆率在 2008 年之前上升较慢，而在 2008—2016 年经历了较快上升，政府部门、非金融企业部门、家庭部门都是如此。1995—2016 年，我国非金融部门杠杆率从 99. 4%上升至 241. 4%，增幅为 142. 86%。其中，1995—2007 年，我国非金融部门杠杆率从 99. 4%上升至 142. 0%，增幅为 42. 86%；政府部门杠杆率从 21. 6%上升至 29. 3%，增幅为 35. 65%；私人非金融部门杠杆率从 77. 7%上升至 112. 7%，增幅为 45. 05%。2008—2016 年，我国非金融部门杠杆率从 138. 4%上升至 241. 4%，增幅为 74. 42%；政府部门杠杆率从 27. 1%上升

① BIS 的非金融部门杠杆率衡量标准是信贷与 GDP 的比例。本书所用数据来自 BIS 官网 2018 年 12 月 16 日的公开报告。根据 BIS 的统计公报，“其统计的信贷总量从来源看，包括本国银行、本国其他金融公司和非金融公司提供的资金借贷，以及非本国居民提供的资金借贷；从所使用的金融工具看，包括现金及存款、债券和贷款三类”。BIS 主要统计并公布了 6 个指标，“即非金融部门、私人非金融部门、政府部门、非金融企业部门、家庭部门和为家庭服务的非营利性机构（即家庭部门和 NPISHs，本书统称‘家庭部门’）、私人非金融部门银行信贷各自与 GDP 的比例数据。6 个指标的相互关系是：非金融部门是总括指标，其分为政府部门和私人非金融部门两类细分指标，私人非金融部门又细分为非金融企业部门、家庭部门两个指标。BIS 公布的私人非金融部门信贷与私人非金融部门银行信贷两个指标的差别在于，后者只包括本国银行向私人非金融部门发放的信贷资金。” BIS. BIS Statistical Bulletin［EB/OL］. https：//www. bis. org/statistics/bulletin1809. pdf，2018-09-23：276.

至44.4%，增幅为63.84%；私人非金融部门杠杆率从111.3%上升至197.1%，增幅为77.09%。在私人非金融部门中，非金融企业部门杠杆率从93.1%上升至152.6%，增幅为63.91%；家庭部门杠杆率①从17.9%上升至44.4%，增幅为148.04%。具体见表1-2、表1-3。

表1-2　1995—2017年非金融部门杠杆率　单位:%

年份	非金融部门	政府部门	私人非金融部门			私人非金融部门银行信贷
			合计	家庭部门	非金融企业部门	
1995	99.4	21.6	77.7	–	–	86.4
2000	131.8	22.9	108.9	–	–	111.1
2001	125.6	24.5	101.2	–	–	103.2
2002	141.3	25.9	115.5	–	–	117.4
2003	151.3	26.8	124.5	–	–	125.7
2004	146.7	26.4	120.3	–	–	119.4
2005	139.7	26.4	113.2	–	–	110.1
2006	140.0	25.7	114.3	10.8	102.9	109.4
2007	142.0	29.3	112.7	18.8	93.5	106.1
2008	138.4	27.1	111.3	17.9	93.1	102.1
2009	174.2	34.5	139.6	23.5	115.9	125.6
2010	177.8	33.7	144.1	27.2	116.7	126.7
2011	177.3	33.5	143.8	27.7	115.9	123.1
2012	190.5	34.4	156.2	29.7	126.2	128.8
2013	206.6	37.2	169.4	33.1	136.0	134.1
2014	221.0	40.2	180.8	35.7	144.9	140.4
2015	231.4	41.7	189.6	38.8	150.6	152.7
2016	241.4	44.4	197.1	44.4	152.6	157.1
2017	241.5	46.2	195.3	48.4	146.9	156.1

资料来源：BIS。

① 就实际情况看，考虑到在我国GDP的最终分配中，家庭部门可支配收入约占60%，而主要发达国家都在90%以上，据此计算的我国家庭部门债务与可支配收入的比例为93%，明显偏高。详见：李迅雷. 从主动去杠杆到被动去杠杆［J］. 股市动态分析，2018（43）：16-17.

表 1-3　　1995—2016 年非金融部门杠杆率变化　　单位：%

时间	非金融部门	政府部门	私人非金融部门			私人非金融部门银行信贷
			合计	家庭部门	非金融企业部门	
1995—2007	42.86	35.65	45.05	–	–	22.80
2008—2016	74.42	63.84	77.09	148.04	63.91	53.87
1995—2016	142.86	105.56	153.67	–	–	81.83

资料来源：BIS。

2016 年尤其是 2016 年下半年，我国开始采取多项措施去杠杆，2017 年非金融部门杠杆率整体上升速度下降。目前，从绝对量看，我国非金融部门杠杆率呈现出总体杠杆率较高，非金融企业部门杠杆率高，政府部门和家庭部门杠杆率相对较低的特点。对 18 个 OECD 国家的经验研究发现，政府部门、非金融企业部门和家庭部门的杠杆率警戒线分别为 85%、90%和 85%。[①] 虽然该研究是针对 OECD 国家开展的，由于各国金融经济条件存在差异，其不一定适用于我国，但这也可以从一个侧面说明我国非金融企业部门杠杆率较高的问题。[②] 从上升速度看，我国非金融部门杠杆率整体上升趋缓，非金融企业部门杠杆率甚至出现下降，政府部门杠杆率上升速度也有明显下降，家庭部门杠杆率仍然快速下降。2017 年，我国非金融部门杠杆率上升 0.1 个百分点，政府部门杠杆率上升 1.8 个百分点，家庭部门杠杆率上升 4 个百分点，非金融企业部门杠杆率下降 5.7 个百分点。

我国非金融部门加杠杆过程中，其加杠杆的资金来源在 2008 年国际金融危机爆发后开始出现明显的变化，主要表现为国内银行贷款的占比降低，而非银行金融机构提供的信贷资金占比提高。BIS 发布了两个私人非金融部门的杠杆率数据指标："一是私人非金融部门信贷与 GDP 的

① Stephen Cecchetti, Madhusudan Mohant, Fabrizio Zampolli. The Real Effects of Debt [R]. BIS Working Paper, No. 352, 2011.

② 娄飞鹏. 非金融部门杠杆率现状与去杠杆建议 [J]. 西南金融, 2017 (7): 23-29.

比例，其包括国内银行、其他金融机构和非金融机构，以及国外主体提供给私人非金融部门的信贷资金；二是私人非金融部门银行信贷与GDP的比例，只包括国内银行向私人非金融部门提供的信贷资金。”[①] 从统计口径的差别可以看出，私人非金融部门信贷与GDP之比减去私人非金融部门银行信贷与GDP之比的差值，就是非本国银行为私人非金融部门提供的信贷与GDP的比例。[②] 该差值在2008年之前虽然年均增长率较高，但绝对值不超过10个百分点，而在2008年之后，尽管年均增长率较低，但绝对值较大，在2014年一度超过40个百分点。这反映出，在非金融部门加杠杆过程中，国内银行贷款的占比下降，非银行金融机构融资的占比提高。事实上，2008年之后我国非金融部门杠杆率快速上升的一个重要原因，也正是影子银行的快速发展。

（二）金融部门杠杆率的历史和现状

金融和非金融相伴相生，金融部门和非金融部门杠杆率往往同时提高。2008年国际金融危机爆发后，在非金融部门杠杆率快速上升的同时，金融部门杠杆率也快速上升。高杠杆率在非金融部门体现为过度负债，在金融部门体现为信用过快扩张。[③] 从金融业各细分行业总资产的变化看，2008—2016年，我国银行业、保险业、证券业、基金业总资产年均增长率依次为17.66%、20.19%、21.05%、16.25%，信托业在2011—2016年总资产年均增长率为36.88%。具体见表1-4。此外，根据中国租赁联盟的统计数据，我国金融租赁公司总资产从2008年的685亿元快速提高至2012年的7 986亿元，年均增长86.80%。2017年，受严格监管金融去杠杆影响，我国银行业总资产增长率降至个位数，保险业

① BIS. BIS Statistical Bulletin ［EB/OL］. https：//www. bis. org/statistics/bulletin1809. pdf，2018-09-23：247.

② 娄飞鹏. 去杠杆研究［M］. 北京：中国金融出版社，2018：77-78.

③ 周小川. 守住不发生系统性金融风险的底线［A］//《党的十九大报告辅导读本》编写组. 党的十九大报告辅导读本. 北京：人民出版社，2017：100-109.

表 1-4 2000—2018 年金融行业资产规模及增长率

年份	银行业		保险业		信托业		证券业		基金业	
	金额（万亿元）	增长率（%）	金额（万亿元）	增长率（%）	金额（万亿元）	增长率（%）	金额（万亿元）	增长率（%）	金额（万亿元）	增长率（%）
2000	–	–	0.34	–	–	–	–	–	–	–
2001	–	–	0.46	36.08	–	–	–	–	–	–
2002	–	–	0.65	41.44	–	–	–	–	–	–
2003	–	–	0.91	40.48	–	–	–	–	–	–
2004	31.60	–	1.19	29.93	–	–	–	–	–	–
2005	37.47	18.58	1.52	28.45	–	–	–	–	–	–
2006	43.95	17.29	1.97	29.59	–	–	–	–	–	–
2007	52.60	19.68	2.90	46.99	–	–	1.73	–	0.04	–
2008	62.39	18.62	3.34	15.22	–	–	1.20	−30.64	0.04	−0.16
2009	78.77	26.25	4.06	21.59	–	–	2.03	69.17	0.04	20.85
2010	94.26	19.66	5.05	24.23	3.04	–	1.97	−2.96	0.05	10.05
2011	111.52	18.31	6.01	19.13	4.81	58.25	1.57	−20.16	0.05	1.93
2012	131.27	17.71	7.35	22.29	7.47	55.27	1.72	9.36	0.05	7.86
2013	148.05	12.78	8.29	12.70	10.91	46.00	2.08	20.93	0.07	25.88
2014	168.16	13.59	10.16	22.57	13.98	28.17	4.09	96.63	0.08	22.45
2015	194.17	15.47	12.36	21.66	16.30	16.62	6.42	56.97	0.12	44.26
2016	226.26	16.52	15.12	22.31	20.22	24.01	5.79	−9.81	0.13	13.16
2017	245.78	8.63	16.75	10.80	26.25	29.83	6.14	6.04	–	–
2018	261.41	6.36	18.33	9.45	22.70	−13.52	6.26	1.95	–	–

资料来源：中国银保监会、中国证券业协会、中国信托业协会、Wind。

总资产增长率也明显下降，证券业受2016年负增长影响，其总资产增长率转正，信托业总资产增长率仍维持在较高水平。2018年，金融去杠杆继续推进，银行业、保险业、证券业总资产增速均低于2017年，信托业则是负增长。

在金融部门杠杆率提高的同时，内部呈现出明显的结构性特点。这方面除了前述的非银行金融机构总资产相对银行业增长更快外，还表现为：在银行业内部，资产负债表外的资产即表外资产相对表内资产杠杆率更高，中小型商业银行相对大型商业银行杠杆率更高。[①] 一方面，从资产分类看，表外资产相对表内资产扩张速度更快，在银行理财产品实际刚性兑付的情况下，提高了隐性的杠杆率。2010—2016年，银行理财产品余额年均增长率达50.60%，而理财产品中约有70%~80%为非保本型理财，不计入银行资产负债表内。这充分说明，银行表外资产扩张速度大幅度高于表内，相对于表内而言银行表外杠杆率更高。另一方面，从银行类型看，受中小型商业银行风险偏好较高、加杠杆更快等因素影响，其总资产在银行业总资产中的占比快速提高，杠杆率更高，大型商业银行总资产占比快速降低，杠杆率相对较低。根据银保监会的统计数据，2008—2016年，大型商业银行总资产占银行业总资产的比例从51.03%下降至37.29%，股份制商业银行、城市商业银行总资产所占比例分别从14.13%、6.62%上升至18.72%、12.16%。[②]

在金融部门杠杆率快速提高，尤其是银行表外资产、非银行金融机构杠杆率提高的背后是，银行业的资产构成中金融同业资产规模和占比快速提高，银行业为非银行金融机构加杠杆提供了资金来源，大型商业银行为中小型商业银行加杠杆提供了资金来源。我国银行业资产构成呈现的特点是：对银行同业、非银行金融机构的资产绝对规模和占比均快速提高，对政府、居民的资产绝对规模增加而占比缓慢提高，对非金融机构的资产绝对规模增加而占比下降。具体见表1-5。加杠杆资金从根

① 娄飞鹏. 协调推进金融和实体经济去杠杆［N］. 学习时报，2017-06-30（02）.

② 娄飞鹏. 杠杆率的结构性与结构性去杠杆［J］. 中国经济报告，2018（5）：87-89.

表 1-5　　2006—2018 年银行业资产构成变化

年份	政府		银行同业		非银行金融机构		非金融机构		居民	
	金额（万亿元）	占比（%）	金额（万亿元）	占比（%）	金额（万亿元）	占比（%）	金额（万亿元）	占比（%）	金额（万亿元）	占比（%）
2006	2. 27	5. 14	4. 17	9. 44	1. 19	2. 70	21. 57	48. 89	2. 37	5. 38
2007	2. 90	5. 36	5. 63	10. 41	1. 28	2. 36	23. 49	43. 41	5. 07	9. 38
2008	3. 02	4. 71	7. 57	11. 81	1. 25	1. 94	26. 85	41. 85	5. 71	8. 91
2009	3. 81	4. 70	9. 79	12. 09	1. 70	2. 10	34. 99	43. 21	8. 37	10. 33
2010	4. 35	4. 52	13. 45	13. 98	1. 97	2. 05	40. 95	42. 59	11. 21	11. 66
2011	4. 97	4. 37	17. 95	15. 77	3. 43	3. 02	46. 54	40. 90	13. 52	11. 88
2012	5. 61	4. 20	23. 70	17. 73	5. 05	3. 78	53. 41	39. 95	16. 02	11. 98
2013	6. 23	4. 09	26. 04	17. 08	7. 26	4. 76	59. 96	39. 32	19. 69	12. 91
2014	7. 10	4. 12	28. 04	16. 28	11. 16	6. 48	57. 33	39. 10	22. 92	13. 31
2015	11. 02	5. 53	31. 42	15. 78	17. 66	8. 87	78. 38	39. 35	26. 73	13. 42
2016	17. 21	7. 47	31. 59	13. 71	26. 53	11. 52	83. 65	36. 31	32. 95	14. 30
2017	21. 82	8. 74	29. 60	11. 85	28. 06	11. 24	88. 90	35. 60	39. 97	16. 00
2018	26. 44	9. 91	28. 72	10. 77	25. 87	9. 70	97. 80	36. 67	47. 28	17. 73

资料来源：中国人民银行、Wind。

本上源自人民银行发行的基础货币，以及商业银行利用货币创造功能扩大的信用货币规模。在我国现有货币供给体制下，国有大型商业银行更易于从人民银行融入资金，而且其网点布局较广，吸储能力较强，但风险偏好相对较低，在2013年再次允许银行同业存单发行后，便通过投资中小型商业银行同业存单的方式赚取利差，推动中小型商业银行杠杆率更快提高。中小型商业银行将其发行同业存单获取的资金配置同业理财、开展委外投资等赚取利差，从而推动非银行金融机构杠杆率快速提高。①

三、本书的研究思路与主要内容

（一）本书的研究思路

在2015年12月召开的中央经济工作会议提出“三去一降一补”后，2016年开始了去杠杆，至2018年年中，从总体上看“去杠杆初见成效，我国进入稳杠杆阶段……在总杠杆率得到有效控制的同时，杠杆结构也呈现优化态势”②。2018年7月，中央政治局会议指出：“把补短板作为当前深化供给侧结构性改革的重点任务，加大基础设施领域补短板的力度，增强创新力、发展新动能，打通去产能的制度梗阻，降低企业成本……把防范化解金融风险和服务实体经济更好结合起来，坚定做好去杠杆工作，把握好力度和节奏，协调好各项政策出台时机。”③ 2018年8月，国务院金融稳定发展委员会第二次会议明确指出：“宏观杠杆率趋于稳定。”④ 2018年12月，中央经济工作会议提出：“打好防范化解重大

---

① 娄飞鹏. 金融去杠杆视角的同业存单发展与监管分析［J］. 金融发展研究，2017（7）：59-64.

② 王观. 结构性去杠杆稳步推进［N］. 人民日报，2018-07-23（01）.

③ 新华社. 习近平主持中共中央政治局会议［EB/OL］. http：//www. gov. cn/xinwen/2018-07/31/content_ 5310829. htm，2018-07-31.

④ 中国政府网. 国务院金融稳定发展委员会召开第二次会议［EB/OL］. http：//www. gov. cn/guowuyuan/2018-08/03/content_ 5311456. htm，2018-08-03.

风险攻坚战，要坚持结构性去杠杆的基本思路。”① 此时，虽然去杠杆的总体方向仍然没有变，但去杠杆的思路、力度、重点等有必要根据实际情况变化而做出调整。

与此同时，在去杠杆过程中也遇到了一些新问题，并引起各界的广泛关注。如 2018 年 4 月至当年年底，债券市场中企业信用债券尤其是民营企业信用债券违约事件快速增多。对此，有分析认为，去杠杆变成了民营企业去杠杆。企业信用债券违约大规模爆发的原因是：在去杠杆过程中，伴随着货币政策持续稳健中性而实质上偏紧，金融严监管，社会融资规模、M2 增长速度持续走低，企业面临的融资环境也在逐步偏紧，外部融资困难，偿债压力较大，导致违约事件发生。这种情况的出现，说明去杠杆过程中确实出现了新的问题，而我国主动去杠杆的目的不仅是降低杠杆率，更重要的是解决高杠杆和杠杆率快速提高背后的风险。在这种情况下，就有必要分析研究去杠杆过程中出现的问题，不仅是后续去杠杆过程中要减少或杜绝出现新的问题，更重要的是要研究后续如何实现稳杠杆，充分利用杠杆的积极作用推动经济高质量发展。

基于上述考虑，本书的研究思路是：第一，回顾 2008 年国际金融危机以来我国加杠杆的历程。阐述政府、企业、居民三个非金融部门依次快速加杠杆的过程，并分析非金融部门加杠杆背后的金融支持方式变化，从而明确金融部门加杠杆的过程。第二，回顾 2016 年以来去杠杆的做法与成效。总体上分别分析金融部门和非金融部门去杠杆的做法所取得的成效，以及去杠杆过程中所遇到的新问题。结合 2018 年 4 月开始的企业信用债券违约大量爆发，以及股权质押风险，分析去杠杆过程中所遇到的新问题。第三，阐明对杠杆和杠杆率的认识，理性看待我国的杠杆率特点与成因，从全面去杠杆与结构性去杠杆、好的去杠杆与坏的去杠杆、主动去杠杆与被动去杠杆、短期去杠杆与长期去杠杆等方面比较去杠杆

---

① 新华网. 中央经济工作会议在北京举行 习近平李克强作重要讲话 [EB/OL]. http://www.xinhuanet.com/politics/leaders/2018-12/21/c_1123887379.htm，2018-12-21.

的思路选择。第四，分析进一步去杠杆所面临的环境约束，从经济、社会、体制方面讨论去杠杆所面临的环境约束。第五，分析去杠杆的政策选择与组合。结合货币政策、财政政策、金融监管政策、行业和区域政策、法律法规等分析去杠杆的政策选择与组合。第六，从去杠杆的角度对宏观经济如何实现高质量发展进行讨论，分析在成功实现稳杠杆之后的经济高质量发展路径选择。

（二）本书的主要研究内容

围绕研究主题，本书的主要研究内容包括七章，具体是：

第一章为绪论。本章重点讨论了杠杆与杠杆率的界定，我国杠杆率的变化历史和现状，全书的研究思路和主要内容。

第二章为加杠杆的历程。2008 年国际金融危机后，从 4 万亿元投资计划开始，国内宏观经济调控中宽松的刺激政策一再出现，M2 快速增长，宏观流动性充裕，加上债务为主的融资结构，以及基础货币供给方式由外汇占款调整为公开市场操作等因素①，共同推动我国的杠杆率快速提高。总体来看，在 2008—2016 年杠杆率快速提高期间，杠杆率增长速度也呈现出波动的特点，根据加杠杆的速度和主要驱动因素，可大致认为在 2009 年、2012—2013 年、2015—2016 年形成三轮加杠杆高潮。在三轮加杠杆高潮中，虽然都有地方政府融资平台公司、房地产企业快速加杠杆，导致资金大量流入基础设施建设和房地产领域，但每一轮加杠杆高潮中都有不同的特点，尤其是在金融部门，金融同业合作增多，影子银行快速扩张，对国内杠杆率提高起到了较大的助推作用。本章主要从 2008—2016 年我国宏观经济金融形势梳理回顾入手，分析在此期间的三轮加杠杆高潮，并对三轮加杠杆高潮进行比较。

第三章为去杠杆的历程。高杠杆率尤其是杠杆率快速提高是金融危机的一个重要导火索。高杠杆率往往意味着债务偿付能力下降，杠杆率快速

① 娄飞鹏. 去杠杆研究［M］. 北京：中国金融出版社，2018：123-141.

提高往往意味着难以有效开展资金腾挪偿付债务。我国的杠杆率在2008—2016年快速提高，非金融企业部门杠杆率绝对水平较高，其中也蕴藏了较多的风险，凸显了去杠杆的必要性。2016年下半年，我国开始实施去杠杆，通过及时出台多项政策，杠杆率快速增长的态势在2017年得到较好控制。作为主动的政策选择，去杠杆的目的不是单纯降低杠杆率，更重要的是排解杠杆背后的风险，防止发生系统性金融风险。然而，进入2018年以来，由于前期去杠杆的速度太快，去杠杆政策间缺乏协调，政策相互叠加共振所引发的问题逐步显现，让各界对此开始重新思考。本章从阐释去杠杆的必要性出发，介绍2018年以来去杠杆的主要做法，结合统计数据描述去杠杆的成效，最后分析快速去杠杆所引发的新问题。

第四章为理性看待杠杆及其加和去。对杠杆要理性看待，其出现是经济金融发展到一定阶段的必然结果，也是经济金融发展的一个标志。杠杆率高低与风险之间有一定的关系，但不是简单的线性关系，杠杆率高并不必然意味着风险较高，杠杆率低也是如此。我国在2008—2016年经历了快速加杠杆，这个过程不仅导致杠杆率提高，还呈现出明显的特点，也反映出经济金融领域的深层次问题，以及体制机制方面的问题。2016年下半年，我国开始去杠杆且取得了较好的成效，去杠杆思路也值得深入研究思考。从金融周期的角度看，加杠杆时期对应金融周期的上升期，去杠杆时期对应金融周期的收缩期。金融周期周而复始，因而杠杆也具有周期性。也正是如此，理性看待并深入研究2008年以来杠杆率情况，可为后续做好杠杆管理提供借鉴。本章从理性看待杠杆和杠杆率、理性看待杠杆率的特点与成因、理性看待去杠杆的思路选择三方面展开分析。

第五章为进一步去杠杆的环境约束。杠杆充分利用了金融的资源配置功能，且杠杆本身意味着对资源的占有，各类经济主体都有足够的内在动力加杠杆，加杠杆更多是主动选择的结果。加杠杆过程中也隐含了较多的风险，需要及时去杠杆。2008年国际金融危机后，我国杠杆率快速提高，2016年下半年开始去杠杆并取得明显效果，但非金融企业部门、地方政府杠杆率结构性较高，以及家庭部门杠杆率快速提高的问题仍然存在，还需要进一步推进去杠杆工作，真正通过去杠杆来纾解经济金融风险，推动经济结构优化、转型升级和健康持续发展。然而，总体来看，我国在进一步去杠杆的过程中还面临不少外部环境约束，不仅是已出现的信用债券违约和股权质押风险暴露问题，还有着更深层次的问题，具体包括经济领域的转型发展、经济增长速度下降问题，社会领域的人口老龄化、贫富差距扩大问题，体制机制方面的财政体制改革、金融体制改革、房地产调控长效机制以及国有企业改革问题。

第六章为下一步去杠杆的政策选择。我国杠杆率快速提高是多种因素共同促成的结果，去杠杆需要从多个方面采取措施，而且去杠杆是一个系统性工程，需要多方力量协同推进，各种政策有机配合。货币政策作为总量型调控政策，在去杠杆过程中既不能过紧也不能过松，而是要松紧适度，为去杠杆营造良好的流动性环境。财政政策要积极发力，可通过增加政府部门债务来转移私人部门债务，也要采取减税降费政策降低私人部门税费负担，提高私人部门盈利能力，还要理顺财政体制，清晰界定政府部门和国有企业债务。金融监管政策要更加科学有效，强化功能监管，弥补监管空白，减少监管套利，推动金融机构持续稳健发展。行业和区域政策要合理优化，结合经济社会发展需要，出台科学的行业和区域发展政策，尤其是对产能过剩行业和不适应经济发展需要的行业要严格控制，促进区域经济协调发展。法律法规要持续完善，为通过合理方式去杠杆提供法律保障。

第七章为以高质量发展平滑杠杆周期。本章从努力推动经济持续健康发展、全面深化体制机制改革、继续深化国有企业改革、加快推进金融机构转型发展、积极做好各项政策的协调使用等 5 个方面进行讨论，分析在经济高质量发展中如何平滑杠杆周期。

第二章

加杠杆的历程

2008 年国际金融危机后，从 4 万亿元投资计划开始，国内宏观经济调控中宽松的刺激政策一再出现，M2 快速增长，宏观流动性充裕，加上债务为主的融资结构，以及基础货币供给方式由外汇占款调整为公开市场操作等因素，[①] 共同推动我国的杠杆率快速提高。总体来看，在 2008—2016 年杠杆率快速提高期间，杠杆率增长速度也呈现出波动的特点，根据加杠杆的速度和主要驱动因素，可大致认为在 2009 年、2012—2013 年、2015—2016 年形成三轮加杠杆高潮。在三轮加杠杆高潮中，虽然都有地方政府融资平台公司、房地产企业快速加杠杆，导致资金大量流入基础设施建设和房地产领域，但每一轮加杠杆高潮中都有不同的特点，尤其是在金融部门，金融同业合作增多，影子银行快速扩张，对国内杠杆率提高起到了较大的助推作用。本章主要从 2008—2016 年我国宏观经济金融形势梳理回顾入手，分析在此期间的三轮加杠杆高潮，并对三轮加杠杆高潮进行比较。

一、加杠杆的背景

2008 年国际金融危机后，为稳定宏观经济增长，以 4 万亿元投资计划为起点，我国进入快速加杠杆的周期，并一直持续到 2016 年。从金融周期的角度看，2008 年开始我国进入金融周期的扩张期，广义信贷和房

① 娄飞鹏. 去杠杆研究［M］. 北京：中国金融出版社，2018：123-141.

地产价格两个衡量金融周期的核心指标①都快速上涨。过度依赖债务驱动的增长模式是杠杆率攀升的根源②。总体来看，一方面，为稳定经济增长并实现宏观经济增长目标，宏观调控政策不断放松，或者是不断在收紧和放松间摇摆，为加杠杆营造了政策环境；另一方面，国内 M2 快速增长，加上全球主要经济体普遍采用量化宽松政策，我国因为经济发展形势看好吸引了大量外资，为加杠杆创造了较好的流动性环境。

（一）宏观经济增长态势

2008 年国际金融危机前，我国宏观经济增长态势良好。2001 年加入世界贸易组织（WTO）后，我国经济外贸依存度快速提高，进出口快速增长，外商直接投资（FDI）快速增加，国际贸易对 GDP 增长的贡献率也较高，全球再分工过程中我国承接大量进口加工，固定资产投资高位运行，社会消费品零售总额保持高增长态势，加上人口红利因素，以及股权分置改革、银行的市场化改革完成充实了资本金，宏观经济保持较高的增长速度。2007 年第二季度，我国不变价 GDP 当季同比增长 15.0%，消费者价格指数（CPI）也阶段性持续提高，宏观经济快速增长甚至出现较为明显的过热特征。

2008 年国际金融危机发生后，我国虽然没有发生金融危机，但面临较大的经济增长硬着陆风险。受国际金融危机影响，国际经济形势急转直下，我国宏观经济增长速度也快速下降。2008 年第二季度，我国 GDP 当季同比增速降至 7.1%，2009 年第一季度跌至 6.4%，为 20 世纪 90 年代初至当时的最低点。2009 年全年国际贸易迅速跌入负增长区间，外向型小微企业大量破产倒闭，农民工大批返乡。也正是 2008 年国际金融危机后，我国虽然投资增速仍保持较高水平，但投资结构有所调整，从之

---

① 中国人民银行货币政策分析小组. 2017 年第三季度中国货币政策执行报告［R］. 2017-11-17：62.

② 国务院发展研究中心“经济转型期的风险防范与应对”课题组. 打好防范化解重大风险攻坚战：思路与对策［J］. 管理世界，2018（1）：1-15.

前的以制造业为主导转变为以基础设施建设和房地产投资为主导，投资中的政府行政调控色彩较浓厚。

在经历 2009 年出台 4 万亿元投资计划对宏观经济的强刺激后，我国宏观经济总体不仅企稳，而且呈现出一定过热。2010 年开始经济增长高位运行，CPI 不断走高，生产者价格指数（PPI）连续两年超过 5%，固定资产投资、社会消费品零售总额、进出口也都维持较好态势。为此，宏观调控政策又有所收紧，并且 2011 年之后经济增长速度进入下行通道，CPI、PPI 较低，固定资产投资完成额、社会消费品零售总额、进出口金额同比增速持续下滑，企业投资回报率下降。与此同时，欧债危机再次冲击我国的外向型经济，2015 年开始经济下行趋势更加明显，进出口金额同比开始负增长。具体见表2-1。

表 2-1　　2006—2016 年宏观经济指标同比增长　　单位:%

年份	GDP	CPI	PPI	固定资产投资完成额	社会消费品零售总额	进出口金额
2006	12.70	101.50	103.00	22.08	12.62	23.80
2007	14.20	104.80	103.10	20.15	12.48	23.51
2008	9.70	105.90	106.90	15.56	14.83	17.87
2009	9.40	99.30	94.60	33.19	16.95	-13.88
2010	10.60	103.30	105.50	19.53	14.77	34.72
2011	9.50	105.40	106.00	16.10	11.60	22.46
2012	7.90	102.60	98.30	18.99	12.10	6.19
2013	7.80	102.60	98.10	18.90	11.50	7.55
2014	7.30	102.00	98.10	14.70	10.90	3.43
2015	6.90	101.40	94.80	11.80	10.60	-8.10
2016	6.70	102.00	98.60	8.60	9.60	-6.77

资料来源：国家统计局、海关总署、Wind。

（二）宏观经济调控政策

面对宏观经济增长出现波动的情况，为追求宏观经济增长速度，宏观经济调控政策也经历了摇摆波动。这背后的原因是，对于经济增长速度面临下降的情况，宏观调控政策对经济发展规律考虑较少，仍然把稳定经济增长作为主要目标，从而不得不根据形势变化反复调整调控政策。总体来看，2008—2016 年，在经济增长较快时货币政策适度收紧，在经济增速下降时货币政策适度宽松，财政政策总体保持积极。具体见表 2-2。自 2010 年 12 月召开的中央经济工作会议定调稳健的货币政策后，在 2011—2016 年间经历“加准加息”“降准降息”，我国的货币政策持续多年保持稳健。[①] 对于稳健的货币政策，正确的理解不是看采用了什么政策工具，主要看是否符合当时的宏观经济金融形势，国内对货币政策变化表述在文字上体现得较少，在总体稳健的情况下政策操作中仍然有些微调。

表 2-2　　2006—2016 年财政政策和货币政策总体基调

年份	财政政策	货币政策
2006	稳健	稳健
2007	稳健	稳健
2008	稳健	从紧
2009	积极	适度宽松
2010	积极	适度宽松
2011	积极	稳健
2012	积极	稳健
2013	积极	稳健
2014	积极	稳健
2015	积极	稳健
2016	积极	稳健

资料来源：根据中央经济工作会议、政府工作报告等公开报道资料整理。

从财政政策看，2009—2016 年，国家一直实行积极的财政政策，并

① 王俊岭. 中国货币政策关键词仍是稳健 [N]. 人民日报海外版，2016-10-29 (02).

且结构性减税力度也比较大。2006 年 4 月至 2007 年 12 月，公共财政收入同比增长率持续高于公共财政支出同比增长率。2008 年国际金融危机发生后，从当年第四季度开始，公共财政支出同比增长率超过公共财政收入同比增长率，2009 年前 7 个月公共财政收入同比增长率持续为负，公共财政支出同比增长率为 20%～40%。在稳定经济增长压力较大的 2008—2009 年、2012—2013 年以及 2015—2016 年，公共财政支出同比增长率高于公共财政收入同比增长率，在宏观经济增长有过热苗头的 2010—2011 年，公共财政收入同比增长率明显高于公共财政支出同比增长率，2011 年中央财政赤字规模为 6 500 亿元，比预算少 500 亿元。具体见图 2-1。

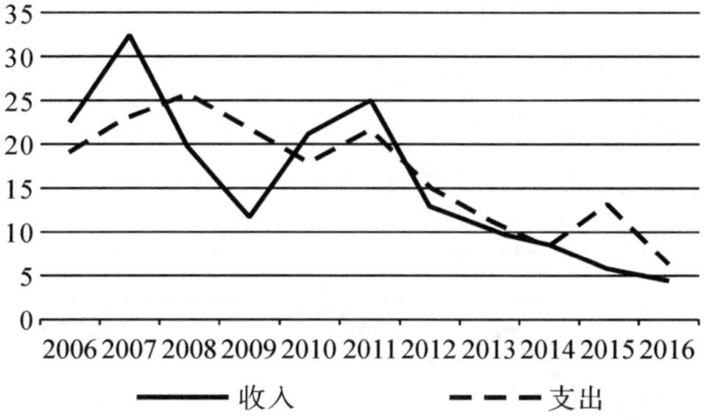

图 2-1　2006—2016 年全国公共财政收支同比增长率（单位:%）

资料来源：国家统计局、Wind。

货币政策方面，2006 年 6 月至 2008 年 6 月期间，人民银行 7 次加息，一年期存款、贷款基准利率分别提高 1. 89、1. 62 个百分点；19 次提高法定存款准备金率，存款类金融机构法定存款准备金率提高 10 个百分点。2008 年国际金融危机发生后，当年 9～12 月，人民银行 5 次降低贷款利率，一年期贷款基准利率下降 2. 16 个百分点；4 次降低存款利率，一年期存款基准利率下降 1. 89 个百分点。随着 4 万亿元投资计划等一揽子稳定经济增长计划的实施，宏观经济增长速度回升，货币政策又开始不断收紧。2010 年年初至 2011 年年中，人民银行 12 次提高法定存款准备金率，大型、中小型存款类金融机构法定存款准备金率均提高 6 个百分点。从 2010 年 10 月开始，人民银行在 9 个月内 5 次加息，一年期存款、贷款基准利率均提高 1.25 个百分点。2012 年，面对欧债危机爆发及国内经济存在下行压力，人民银行两次降准降息，大型、中小型存款类金融机构法定存款准备金率均下调 0.5 个百分点，一年期存款基准利率下调 0.5 个百分点，一年期贷款基准利率下调 0.56 个百分点。由于国内经济经历“三期叠加”，即经济增长速度换挡期、结构调整阵痛期、前期刺激政策消化期，经济面临较大下行压力。2014 年 11 月，人民银行实施降息。2015 年，人民银行 4 次下调法定存款准备金率，大型、中小型存款类金融机构法定存款准备金率均下调 2 个百分点；5 次降息，一年期存款、贷款基准利率均下调 1.25 个百分点。2016 年，人民银行又实施了一次降准，大型、中小型存款类金融机构法定存款准备金率均下调 0.5 个百分点。具体见图 2-2、图 2-3。

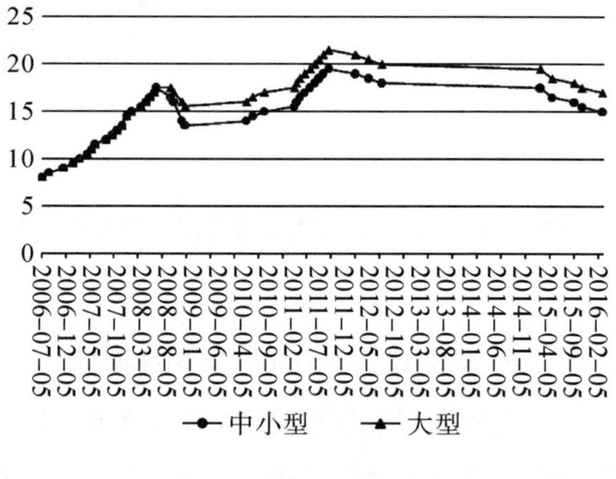

图 2-2　2006—2016 年存款类金融机构法定存款准备金率（单位:%）

资料来源：中国人民银行、Wind。

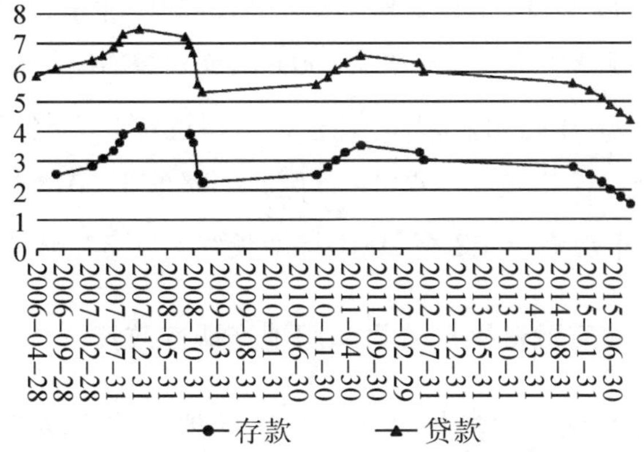

图 2-3 2006—2016 年一年期存款、贷款基准利率（单位:%）

资料来源：中国人民银行、Wind。

货币供应量总规模经历了快速增长。2008—2016 年，我国 M2 总规模从 47.52 万亿元增加至 155.01 万亿元，年均增长率为 15.89%。尤其是 2009 年，M2 年增长率为 27.68%，是我国自 1996 年统计公布 M2 至今①年增长率的最高值。具体见图 2-4。

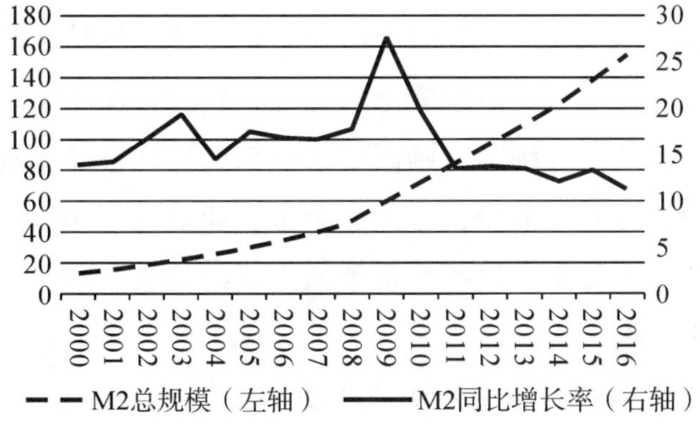

图 2-4 2000—2016 年 M2 总规模及增长率（单位：万亿元、%）

资料来源：中国人民银行、Wind。

① 具体指本书出版时。下同。

从图中也可以发现，我国 M2 总规模在 2008 年后经历了快速增长，至 2016 年绝对额增长了 2.26 倍，2009 年绝对额超过 50 万亿元，2013 年绝对额超过 100 万亿元，2016 年绝对额超过 150 万亿元。2008—2016 年，我国 M2 绝对额增长了 107.49 万亿元，略低于 2013 年的总规模，相当于从 1996 年开始统计 M2 至 2007 年增长绝对额 32.61 万元的 3.30 倍。

（三）地方政府融资平台公司和房地产调控政策

从非金融部门看，以城投公司为代表的地方政府融资平台公司和房地产企业是 2008—2016 年加杠杆的主体，其调控政策也经历了放松和收紧的左右摇摆。重点分析这两类主体的调控政策，不仅因为其是二轮加杠杆高潮的主体，还因为其是理解杠杆率快速提高的关键。从地方政府的角度看，地方政府承担着较大的经济建设责任，财政支出中建设性支出占比较高，收入中对土地出让金等基金性收入有较大依赖。地方政府为实施逆周期经济调控，完成经济建设责任，就需要扩大基础设施建设支出，也需要依靠土地财政的模式增加收入，补足基础设施建设资金来源的缺口。这样一来，地方政府就需要房地产价格维持上涨，以此来不断提高土地出让价格，刺激家庭部门加杠杆买房，保障土地财政模式的延续。也就是在这个过程中，刺激了家庭部门加杠杆。家庭部门加杠杆进行房地产投资并减少消费，导致非金融企业部门无法通过营业收入回流来扩大投资，不得不采用扩大负债的方式维持生产经营，也推动非金融企业部门加杠杆。

1. 地方政府融资平台公司调控政策

地方政府融资平台公司的调控政策不断变化，先后经历了 2009 年至 2010 年上半年的放松，2010 年下半年开始的收紧，以及 2015 年年中的再次放松。

2009 年 4 万亿元投资计划出台后，地方政府承担较重的基础设施建设投资责任，却面临财权和事权不匹配的问题，并且缺少有效的融资渠道，需要地方政府融资平台公司在其中发挥较大的作用。2009 年 3 月，人民银行和银监会提出，支持有条件的地方政府组建地方政府融资平台公司。因而，在 4 万亿元投资计划出台后，对地方政府融资平台公司的调控政策总体较为宽松。

在 2009 年下半年宏观经济增长企稳后，为防止地方政府融资平台公司大量借贷引发系统性风险，对地方政府融资平台公司的调控政策逐步收紧。2010 年 6 月 10 日，《国务院关于加强地方政府融资平台公司管理有关问题的通知》(国发〔2010〕19 号）要求，“抓紧清理核实并妥善处理融资平台公司债务，对融资平台公司进行清理规范，加强对融资平台公司的融资管理和银行业金融机构等的信贷管理，坚决制止地方政府违规担保承诺行为”，并提出“银行业金融机构等要严格规范信贷管理，切实加强风险识别和风险管理。要落实借款人准入条件，按商业化原则履行审批程序，审慎评估借款人财务能力和还款来源。凡没有稳定现金流作为还款来源的，不得发放贷款。向融资平台公司新发贷款要直接对应项目，并严格执行国家有关项目资本金的规定。严格执行贷款集中度要求，加强贷款风险控制，坚持授信审批的原则、程序与标准”。2010 年 7 月 30 日，财政部、发展改革委、人民银行、银监会《关于贯彻国务院关于加强地方政府融资平台公司管理有关问题的通知相关事项的通知》(财预〔2010〕412 号)，进一步明确国发〔2010〕19 号文的具体要求。2010 年 12 月 16 日，《中国银监会关于加强融资平台贷款风险管理的指导意见》(银监发〔2010〕110 号)，要求审慎发放地方政府融资平台公司贷款。2011 年，对地方政府融资平台公司贷款实施名单制管理。2014 年 10 月 2 日，《国务院关于加强地方政府性债务管理的意见》（国发〔2014〕43 号）提出：“加快建立规范的地方政府举债融资机制。明确划清政府与企业界限，政府债务只能通过政府及其部门举借，不得通过企事业单位等举借。剥离融资平台公司政府融资职能，融资平台公司不得新增政府债务。”对地方政府融资平台公司融资进行了严格限制。

在对地方政府融资平台公司进行了几年的严格调控后，面对宏观经济下行压力增大，2015 年 5 月 11 日，《国务院办公厅转发财政部 人民银行 银监会关于妥善解决地方政府融资平台公司在建项目后续融资问题意见的通知》（国办发〔2015〕40 号）指出："对于在 2014 年 12 月 31 日前已签订具有法律效力的借款合同并已放款，但合同尚未到期的融资平台公司在建项目贷款，银行业金融机构要在全面把控风险、落实信贷条件的前提下，继续按照合同约定发放贷款，不得盲目抽贷、压贷、停贷。"2015 年 5 月 19 日，《国务院办公厅转发财政部 发展改革委 人民银行关于在公共服务领域推广政府和社会资本合作模式的指导意见的通知》（国办发〔2015〕42 号）提出："着力化解地方政府性债务风险，积极引进社会资本参与地方融资平台公司存量项目改造，争取通过政府和社会资本合作模式减少地方政府性债务。探索通过以奖代补等措施，引导和鼓励地方融资平台存量项目转型为政府和社会资本合作项目。"

2. 房地产调控政策

我国的房地产调控政策主要包括两类：一类是利率调控政策，与人民银行的基准利率挂钩进行调控，是一种相对较为市场化的调控手段；另一类是行政调控，通过出台购房资格、限购限贷、增加税收等方式影响购房行为。2008 年国际金融危机前，房地产调控政策的主基调是稳定房价，而当年年底开始转变为刺激住房消费，并且 4 万亿元投资计划大量流入房地产领域引发 2009 年房价暴涨，当年年底开始遏制房价过快上涨直至 2013 年，2014 年宏观经济面临下行压力再次让房地产调控政策放松。

2008 年年底开始对房地产市场放松调控。1998 年 7 月 3 日，《国务院关于进一步深化城镇住房制度改革加快住房建设的通知》（国发〔1998〕23 号）印发，我国实行住房制度改革，房地产市场逐步建立，但一直到 2007 年我国房地产市场调控的总体思路可以认为是抑制房地产市场过热或者是稳定房地产市场。2008 年国际金融危机发生后，12 月

20 日，《国务院办公厅关于促进房地产市场健康发展的若干意见》(国办发〔2008〕131 号）提出：“加大对自住型和改善型住房消费的信贷支持力度。在落实居民首次贷款购买普通自住房，享受贷款利率和首付款比例优惠政策的同时，对已贷款购买一套住房，但人均住房面积低于当地平均水平，再申请贷款购买第二套用于改善居住条件的普通自住房的居民，可比照执行首次贷款购买普通自住房的优惠政策。对住房转让环节营业税暂定一年实行减免政策。将现行个人购买普通住房超过 5 年（含 5 年）转让免征营业税，改为超过 2 年（含 2 年）转让免征营业税；将个人购买普通住房不足 2 年转让的，由按其转让收入全额征收营业税，改为按其转让收入减去购买住房原价的差额征收营业税。”加上 2009 年在 4 万亿元投资计划实施过程中，大量资金流入房地产行业，一系列促进房地产市场发展的政策实施后，2009 年全国房价暴涨。

2009 年年底开始遏制房价过快上涨。4 万亿元投资计划有效稳定经济增长，商品房价格暴涨也导致调控政策迅速转向遏制房价过快上涨。2009 年 12 月 14 日，国务院常务会议出台“国四条”，提出遏制房价过快上涨。2010 年 1 月 7 日，《国务院办公厅关于促进房地产市场平稳健康发展的通知》(国办发〔2010〕4 号）提出：“金融机构在继续支持居民首次贷款购买普通自住房的同时，要严格二套住房购房贷款管理，合理引导住房消费，抑制投资投机性购房需求。要严格执行房地产项目资本金要求，严禁对不符合信贷政策规定的房地产开发企业或开发项目发放房地产开发贷款。”2014 年 4 月 14 日，国务院常务会议又提出“新国四条”。同月 17 日，《国务院关于坚决遏制部分城市房价过快上涨的通知》（国发〔2010〕10 号）提出，实行更为严格的差别化住房信贷政策，发挥税收政策对住房消费和房地产收益的调节作用，增加居住用地有效供应，加强对房地产开发企业购地和融资的监管等十条措施，又被称为房地产调控领域的“国十条”。2010 年 4 月 30 日，《北京市人民政府贯彻落实国务院关于坚决遏制部分城市房价过快上涨文件的通知》

（京政发〔2010〕13号）正式提出北京房地产限购政策，此后全国部分地区陆续开始实行限购政策。房价上涨在区域间有所分化的同时，过快上涨的势头也有所缓和。

2014年开始房地产市场调控又有所放松。2014年宏观经济增长下行压力开始显现，以及2006—2013年连续8年同比增速超过20%的房地产投资，导致房地产行业面临较大的去库存压力，而商品房销售面积累计同比增速在2014年连续为负。2014年6月，部分地区开始放开限购，拉开房地产行业再度爆发以及房价快速上涨的序幕。2014年9月29日，《中国人民银行 中国银行业监督管理委员会关于进一步做好住房金融服务工作的通知》提出："加大对保障性安居工程建设的金融支持，积极支持居民家庭合理的住房贷款需求，增强金融机构个人住房贷款投放能力，继续支持房地产开发企业的合理融资需求。"2015年9月24日，《中国人民银行 中国银行业监督管理委员会关于进一步完善差别化住房信贷政策有关问题的通知》提出："在不实施'限购'措施的城市，对居民家庭首次购买普通住房的商业性个人住房贷款，最低首付款比例调整为不低于25%。"加上棚改货币化的全面推进，拉动三四线城市房地产市场量价齐升。

2016年开始房地产调控再度收紧。2016年7月的中央政治局会议提出，"抑制资产价格泡沫"。2016年12月召开的中央经济工作会议提出，"房子是用来住的，不是用来炒的"。以此为基础，提高购房首付比例、取消住房按揭贷款利率优惠、限购限售限价等房地产调控政策不断出台并严格落实。根据人民银行的统计，2017年有50多个城市出台调控政策，有15个城市实行"认房又认贷"的二套房认定标准，有48个城市实行限售限购限贷等政策。①

① 中国人民银行金融稳定分析小组. 中国金融稳定报告（2018）［M］. 北京：中国金融出版社，2018：42.

二、三轮加杠杆的高潮

面对国际金融危机冲击，全球经济面临较大的下行压力，各国都采用宽松货币政策刺激经济增长，发达国家进入去杠杆阶段，我国和新兴经济体国家进入加杠杆阶段。为应对金融危机并稳定经济增长，我国实施积极的宏观调控政策，虽然短期刺激了经济增速提高，但难以扭转经济增长速度下行的趋势，因而在宏观调控政策收紧后，面对经济增长速度下降，又开始了新一轮的政策放松，导致加杠杆高潮不断涌现。根据加杠杆的速度和主要驱动因素，2009 年 4 万亿元投资计划带动形成第一轮加杠杆高潮，2012—2013 年非标等影子银行业务发展形成第二轮加杠杆高潮，2015—2016 年又因为居民加杠杆配置房地产，金融同业业务快速发展形成第三轮加杠杆高潮。

（一）第一轮加杠杆的高潮

为应对国际金融危机冲击，我国及时实施了宽松的宏观调控政策，即积极的财政政策和适度宽松的货币政策，2008 年第四季度开始降准降息，2009 年也大规模地增加财政支出，并实行结构性减税。更为重要的是，2008 年 11 月 5 日的国务院常务会议，按照“出手要快、出拳要重、措施要准、工作要实”[①] 的要求，确定了进一步扩大内需、促进经济增长的十项措施。具体包括：“一是加快建设保障性安居工程。二是加快农村基础设施建设。三是加快铁路、公路和机场等重大基础设施建设。四是加快医疗卫生、文化教育事业发展。五是加强生态环境建设。六是加快自主创新和结构调整。七是加快地震灾区灾后重建各项工作。八是提高城乡居民收入。九是在全国所有地区、所有行业全面实施增值税转型改革，鼓励企业技术改造，减轻企业负担 1 200 亿元。十是加大金融

① 人民网. 扩大内需促增长十项措施出台［N］. 人民日报，2017-11-10（01）.

对经济增长的支持力度。初步匡算，实施上述工程建设，到2010年年底约需投资4万亿元。”[①] 这又被称为4万亿元投资计划，资金重点投向的领域及其规模见表2-3。

表2-3　4万亿元投资计划重点投向和资金测算　单位：亿元

重点投向	资金测算
廉租住房、棚户区改造等保障性住房建设	约4 000
农村水电路气房等民生工程和基础设施建设	约3 700
铁路、公路、机场、水利等重大基础设施建设和城市电网改造	约15 000
医疗卫生、教育、文化等社会事业发展	约1 500
节能减排和生态工程建设	约2 100
自主创新和结构调整	约3 700
灾后恢复重建	约10 000

资料来源：国家发展改革委. 发展改革委通报4万亿元投资重点投向和资金测算［EB/OL］. http：//www. gov. cn/gzdt/2009-03/06/content_ 1252229. htm，2009-03-06.

4万亿元投资的资金主要来源于地方政府和社会投资。2009年3月5日，国家发展改革委《关于2008年国民经济和社会发展计划执行情况与2009年国民经济和社会发展计划草案的报告》中“关于对4万亿元投资的说明”指出：4万亿元的资金来源是，“从2008年第四季度到2010年年底，中央政府拟通过增加中央基础设施建设投资、中央政府性基金投资、中央政府其他公共投资和灾后重建投资等，安排1.18万亿元新增投资，加上地方配套和社会投资，可形成约4万亿元的投资规模”。也就是说，在4万亿元的投资计划中，地方政府和社会投资要解决2.82万亿元的资金，其来源主要包括：地方财政预算，财政部代理地方政府发行债券募集的资金，期限长、利率低的政策性贷款，发行企业债券募集资金，商业银行贷款以及吸引的民间投资。[②] 资金来源主要依靠地方政府筹集，

① 人民网. 扩大内需促增长十项措施出台［N］. 人民日报，2017-11-10（01）.

② 王建新，潘文轩. 构建地方债的风险防范与控制机制［J］. 中国财政，2009（16）：40-41.

加上十项稳定经济增长措施的最后一条，“取消对商业银行的信贷规模限制，合理扩大信贷规模，加大对重点工程、‘三农’、中小企业和技术改造、兼并重组的信贷支持，有针对性地培育和巩固消费信贷增长点”[①]，也为银行业金融机构扩大贷款进行了政策松绑。多种因素综合作用，对金融部门和非金融部门加杠杆的刺激作用较大。

2008 年第四季度开始的调控政策放松，推动非金融企业贷款在 2008 年最后两个月和 2009 年上半年快速增长，2009 年 3 月当月的非金融企业贷款新增额达到 1.63 万亿元的峰值。特别是 4 万亿元投资计划推出后，2009 年杠杆率快速提高，形成了加杠杆的第一轮高潮。就非金融部门看，2006—2008 年分季度数据显示，我国非金融部门杠杆率相对稳定并略有下降，政府部门杠杆率先上升后下降，家庭部门杠杆率大幅度提高，非金融企业部门杠杆率明显下降。但 2009 年非金融部门杠杆率快速提高，当年四个季度非金融部门杠杆率依次提高 14.9、11.6、6.3、3.0 个百分点，全年非金融部门杠杆率提高 25.87%，其中政府部门杠杆率提高 27.31%，家庭部门杠杆率提高 31.28%，非金融企业部门杠杆率提高 24.49%。具体见表 2-4。4 万亿元投资计划实施中的实际投资远超过 4 万亿元。根据相关研究估计，2009 年的经济刺激计划所导致的超出正常贷款需求的新增银行贷款有 4.7 万亿元，其中 2.3 万亿元流向地方政府融资平台公司，1 万亿元流向非金融企业部门，1.4 万亿元流向家庭部门。[②] 就金融部门看，2009 年银行业总资产增长 26.25%，保险业总资产增长 21.59%，证券业总资产增长 69.17%，基金业总资产增长 20.85%，快速加杠杆的特点也十分明显。具体见表 1-4。

---

① 人民网. 扩大内需促增长十项措施出台［N］. 人民日报，2017-11-10（01）.

② 何治国，陈卓，刘淳，刘津宇. “四万亿”政策背后的地方政府融资困局［J］. 清华金融评论，2017（9）：103-104.

表 2-4　　2006—2009 年分季度非金融部门杠杆率　　单位:%

时间	非金融部门	政府部门	私人非金融部门			私人非金融部门银行信贷
			合计	家庭部门	非金融企业部门	
2006-03	142.9	26.3	116.6	11.5	104.6	113.1
2006-06	143.7	26.1	117.6	10.8	106.2	113.4
2006-09	142.2	25.9	116.3	10.8	104.9	111.8
2006-12	140.0	25.7	114.3	10.8	102.9	109.4
2007-03	142.8	26.9	115.9	18.4	97.3	111.0
2007-06	144.4	27.9	116.5	18.9	97.3	111.2
2007-09	144.3	28.7	115.7	19.4	96.0	109.8
2007-12	142.0	29.3	112.7	18.8	93.5	106.1
2008-03	141.7	28.5	113.2	18.8	94.1	106.2
2008-06	140.2	27.8	112.3	18.6	93.4	104.7
2008-09	139.1	27.3	111.8	18.4	93.1	103.3
2008-12	138.4	27.1	111.3	17.9	93.1	102.1
2009-03	153.3	29.2	124.0	18.9	104.8	114.5
2009-06	164.9	31.3	133.6	20.5	112.7	122.8
2009-09	171.2	33.2	138.0	22.4	115.3	125.5
2009-12	174.2	34.5	139.6	23.5	115.9	125.6

资料来源：BIS。

与此同时，在这一轮加杠杆过程中，地方政府融资平台公司快速增加，融资规模迅速扩大。我国于 1994 年实施分税制改革，强化了中央政府财权，弱化了地方政府财权，但地方政府的事权却有所加大，需要承担更多的经济建设责任。1995 年开始实施的《预算法》规定：“地方各级预算按照量入为出、收支平衡的原则编制，不列赤字。除法律和国务院另有规定外，地方政府不得发行地方政府债券。”地方政府既缺乏足够的财力支持 4 万亿元投资计划，又不能直接作为融资主体获得融资支持。为解决地方政府的融资问题，各类地方政府融资平台公司大量出现，并充当地方政府融资主体承担了大量的地方政府融资职能。地方政府融资平台公司在2008—2009年快速增长，融资规模快速扩大。根据银监会的统计数据，2009年全国新增地方政府融资平台公司2 000多家，而1992—2008年全国新成立的地方政府融资平台公司只有6 000多家。[①] 另外，4万亿元投资计划中，地方政府通过政府融资平台公司大量融入资金并投向基础设施建设项目的较多[②]，中长期贷款较多，中间面临项目投资计划增加扩大贷款的问题。作为基础设施建设投资的一个重要资金来源，财政支出规模的扩大，也直接导致基础设施建设投资同比增速大幅度提高。2009年，我国基础设施建设投资累计同比增速为42.16%，全年基础设施建设投资累计同比增速是2008年的近两倍，年中的累计同比增速一度超过50%。

（二）第二轮加杠杆的高潮

4万亿元投资计划在实现快速扭转经济增速下滑的同时，也导致宏观经济开始出现通货膨胀的苗头。2010年年底4万亿元投资计划实施完成时，“保障性安居工程、农村民生工程和社会事业投资占43.7%，自主创新、结构调整、节能减排和生态建设占15.3%，重大基础设施建设占23.6%，灾后恢复重建占14.8%。政府投资引导带动社会投资，国内需求大幅增加，有效弥补外需缺口，在较短时间内扭转经济增速下滑趋势，在世界率先实现回升向好”[③]。面对宏观经济形势好转，2010年宏观调控政策开始收紧，尤其是对第一轮加杠杆高潮中的地方政府融资平台公司、房地产行业，在2010—2011年期间出台了较多的约束政策。2012年开始货币政策又有所放松，金融监管却相对更加严格，信贷规模也受

---

① 金微. 融资平台启动全面转型 顶层设计或出台［N］. 华夏时报，2017-07-10（026）.

② 何治国，陈卓，刘淳，刘津宇. “四万亿”政策背后的地方政府融资困局［J］. 清华金融评论，2017（9）：103-104.

③ 温家宝. 政府工作报告——2011年3月5日在第十一届全国人民代表大会第四次会议上［EB/OL］. http：//www. gov. cn/2011lh/content_ 1825233. htm，2011-03-15.

到严格控制，在非标等影子银行带动下引发了第二轮加杠杆高潮。

面对地方政府融资平台公司信贷政策的收紧，地方政府不仅要积极为未完成的基础设施建设投资项目融资寻求债务展期，而且要寻找其他途径为长期投资项目进行后续融资。在第一轮加杠杆高潮期间，基础设施建设项目主要通过地方政府融资平台公司获得较多的融资，宏观调控政策趋紧，财政支出力度减弱，引发大量尚未完工的基础设施建设项目资金来源问题较为突出。面对基础设施投资项目的资金短缺，银行业为防止基础设施建设项目成为“半拉子”工程而导致贷款无法收回、贷款质量恶化，也有较大的动力提供续贷资金。然而，金融监管机构对银行贷款实施较为严格的监管，银行自身的信贷风险偏好也较低，直接为基础设施建设项目续贷面临较大的困难。在此情况下，金融创新就应运而生。最典型的是银行和信托公司合作即银信合作，绕道为地方政府融资平台公司提供非标融资，并且快速发展。随着利率市场化改革进程的加快，2011 年国内商业银行理财业务开始处于规模扩张期，通过银行理财募集资金，并将资金购买信托公司的信托受益权，再由信托公司将资金以信托贷款的方式投向实体经济。银信合作过程中，信托公司信托贷款往往投向银行事先指定的客户，也就是银行的客户，并且主要集中在地方政府融资平台公司和房地产企业。

与此同时，委托贷款等影子银行快速发展，地方政府融资平台公司通过大量发行城投债扩大融资，都在这一轮加杠杆的过程中起到助推作用。根据相关研究估算，2008—2016 年，地方政府债务存量从 5 万亿元提高至 27 万亿元，地方政府融资平台公司贷款的占比在下降，2014 年地方政府债务置换之前，信托贷款和城投债在快速增长，之后地方政府债券占比快速提高。在地方政府融资平台公司 2009 年获得的贷款中，国家开发银行发放的贷款平均期限是 7. 2 年，商业银行发放的贷款平均期限是 4. 3 年。这也导致在地方政府融资平台公司发行的城投债中，2013 年之前的城投债主要是筹资用于投资，2014 年及之后的城投债主要是筹资用于偿付贷款。在4万亿元投资计划中获得贷款较多的省份，其城投债的发行额也明显较高。①

房地产企业作为吸纳信贷资金的主要主体，在4万亿元投资计划实施中也获得了较多的贷款，并购置了较多的土地，但在项目开发阶段则面临货币政策收紧的情况。商品房价格快速上涨，需求端的不断膨胀致使房价居高不下。此时，为了开发地产项目，房地产企业一方面是更多的自筹资金，另一方面通过影子银行或者非标融资。尤其值得注意的是，地方政府融资平台公司的项目虽然基础设施类较多，盈利能力较弱，但背后有政府信用背书，面临着较为突出的预算软约束问题，对负债成本不敏感。房地产企业在房地产市场火爆期间盈利能力较强，也对融资成本不敏感。所以，这两类主体在货币政策收紧阶段仍然能够承受高成本的融资，并获得较多的融资支持。这些资金中相当大的部分是通过影子银行渠道投放的资金，或者是非标方式的融资。

在非标为代表的影子银行快速发展的情况下，带动第二轮加杠杆高潮出现。从非金融部门看，2012—2013年，非金融部门杠杆率、非金融企业部门杠杆率年增长都超过7%，政府部门、家庭部门杠杆率增长也较为明显，具体见表2-5。从金融部门看，同期信托业总资产保持高速增长态势，具体见表1-4。虽然信托业在银信合作中的资金主要来源于银行业，但一方面银行通过理财募集的资金大部分是表外资金不影响其资产负债表；另一方面银行业总资产规模较大，通过信托业发放贷款的总额绝对值相对于银行业总资产较小，从而银行业在这一轮加杠杆高潮中总资产并未出现快速增长。从新增社会融资规模结构看，信托贷款的占比在2012—2013年快速提高并且是一个高峰，委托贷款的规模和占比也随之快速提高，银行本外币贷款占比处于一个低谷期。具体见表2-6。

① 何治国，陈卓，刘淳，刘津宇．“四万亿”政策背后的地方政府融资困局［J］．清华金融评论，2017（9）：103-104.

表 2-5　　2010—2014 年分季度非金融部门杠杆率　　单位：%

时间	非金融部门	政府部门	私人非金融部门			私人非金融部门银行信贷
			合计	家庭部门	非金融企业部门	
2010-03	177.1	34.4	142.7	25.6	116.9	127.6
2010-06	178.9	34.2	144.8	26.7	117.8	128.2
2010-09	178.6	33.9	144.7	27.1	117.3	127.8
2010-12	177.8	33.7	144.1	27.2	116.7	126.7
2011-03	178.1	33.6	144.4	27.6	116.6	125.9
2011-06	177.7	33.5	144.2	27.9	116.0	124.9
2011-09	176.1	33.4	142.7	27.9	114.6	123.0
2011-12	177.3	33.5	143.8	27.7	115.9	123.1
2012-03	180.7	33.6	147.1	27.9	118.9	125.2
2012-06	183.6	33.9	149.8	28.4	121.1	126.8
2012-09	187.4	34.2	153.2	29.3	123.7	128.2
2012-12	190.5	34.4	156.2	29.7	126.2	128.8
2013-03	197.4	35.1	162.3	30.7	131.3	132.0
2013-06	201.4	35.9	165.4	32.0	133.2	133.3
2013-09	205.1	36.6	168.5	32.9	135.4	134.7
2013-12	206.6	37.2	169.4	33.1	136.0	134.1
2014-03	212.0	38.0	174.0	34.0	139.8	137.1
2014-06	216.3	38.7	177.6	34.8	142.5	138.7
2014-09	217.9	39.4	178.5	35.3	142.9	139.1
2014-12	221.0	40.2	180.8	35.7	144.9	140.4

资料来源：BIS。

表 2-6　　2002—2016 年新增社会融资规模结构占比　　单位：%

年份	人民币贷款	外币贷款	委托贷款	信托贷款	未贴现银行承兑汇票	企业债券融资	非金融企业境内股票融资	保险公司赔偿	保险公司投资性房地产	其他
2002	91.90	3.60	1.00	0.00	-3.30	1.80	3.10	2.10	0.00	0.00
2003	81.10	6.80	2.00	0.00	6.20	1.50	1.60	1.50	0.00	0.00
2004	79.20	5.10	10.90	0.00	-1.00	1.60	2.40	2.10	0.00	0.00
2005	78.50	4.70	6.50	0.00	0.20	6.70	1.10	2.50	0.00	0.00
2006	73.80	3.40	6.30	1.90	3.50	5.40	3.60	2.10	0.00	0.00
2007	60.90	6.50	5.70	2.90	11.20	3.80	7.30	1.80	0.10	0.00
2008	70.30	2.80	6.10	4.50	1.50	7.90	4.80	2.20	0.10	0.00
2009	69.00	6.70	4.90	3.10	3.30	8.90	2.40	1.20	0.10	0.50
2010	56.70	3.50	6.20	2.80	16.70	7.90	4.10	1.30	0.10	0.70
2011	58.20	4.50	10.10	1.60	8.00	10.60	3.40	0.00	0.00	0.00
2012	52.10	5.80	8.10	8.10	6.70	14.30	1.60	0.00	0.00	0.00
2013	51.35	3.38	14.71	10.63	4.48	10.46	1.28	0.00	0.00	0.00
2014	59.44	2.16	15.23	3.14	-0.78	14.74	2.64	0.00	0.00	0.00
2015	73.10	-4.20	10.30	0.30	-6.90	19.10	4.90	0.00	0.00	0.00
2016	69.86	-3.17	12.28	4.83	-10.97	16.85	6.97	0.00	0.00	0.00

资料来源：中国人民银行、Wind。

（三）第三轮加杠杆的高潮

从理论研究和国外的实际经验看：在利率市场化初期，利率是倾向于上升的，央行一般会选择在利率下行周期推进利率市场化改革，以避免对实体经济的负面影响过大。① 为顺利推进利率市场化改革，从 2014 年第四季度开始，人民银行多次降息，并降准来弥补外汇占款下降、外汇流入减少导致的资金缺口。加上从 2016 年年初开始，房地产调控中降

① 明明. 同业之乱十年记：中国式杠杆周期的起灭［EB/OL］. http：//www. sohu. com/a/224962304_ 313170，2018-03-06.

低居民购房的首付比例，并下调住房按揭贷款利率。[①] 利率下降、流动性充裕、房地产调控政策放松共同推动家庭部门加杠杆买房。杠杆来自房地产作为信贷的抵押物，且国外经验显示宏观杠杆率提高往往和房地产泡沫联系在一起。[②] 这些情况在2008年以来第三轮加杠杆高潮中得以更加明确的展现。金融领域加杠杆特点也很明显，人民币贬值带来外汇占款流失，以表外理财为代表的大资产管理业务迅猛发展，银行存款被大量替代、增速下滑并开始增加主动负债来弥补缺口，同业存单等融资工具被大量应用带动金融同业业务快速发展。[③] 金融机构以主动负债的方式扩大负债端后，需要资产端能够有效配置以赚取收益。然而，同业存单发行利率远高于存款，增加了金融机构主动负债的成本，需要其在资产配置时有更高的收益，此时金融机构却面临高收益资产较少、"资产荒"突出的问题，配置高收益资产赚取息差的难度加大，便采用加杠杆扩大投资规模的方式来保障收益。

在这一轮加杠杆的高潮中，地方政府融资平台公司融资规模前期较低，而后期提高。这一方面是由于地方政府融资平台公司的存量负债较高，另一方面是由于政府对地方政府融资平台公司实施了较紧的调控政策。2013年3月25日，《中国银监会关于规范商业银行理财业务投资运作有关问题的通知》（银监发〔2013〕8号）叫停了银行和信用社合作业务。即便如此，由于金融机构同业负债以及大资产管理业务从2013年起得到较大发展，各类通道业务盛行，信托贷款和非标融资在地方政府融资平台公司融资中的规模仍然较大，推动后期地方政府融资平台公司融资规模扩大。

受房地产市场需求火爆等因素影响，商品房销售额同比增长维持在高位，房地产企业负债在第三轮加杠杆的高潮中也大规模扩大，且除了

① 李迅雷. 去杠杆：这次真的不一样吗［J］. 新理财，2017（6）：20-21.

② 彭文生. 去杠杆进程需要政府适度干预［J］. 新金融，2018（7）：19-24.

③ 姜超，朱征星，李波. 经济去杠杆，债牛正回归［EB/OL］. 姜超宏观债券研究微信公众号，2018-02-27.

标准化的债券外，非标也受到房地产行业的青睐，非标融资规模也很大。房地产行业进入了房价快速提高、商品房销售同比高增长、资金回笼较好、盈利水平提高、去库存得以有效实现的循环周期。然而，除了房地产企业以外的民营企业，此时资产负债率不但没有提高反而在下降。以民营上市公司为例，2011—2015 年，民营房地产上市公司资产负债率从 61.19%上升至 63.45%，民营非房地产上市公司资产负债率从 41.63%下降至 38.34%。在融资渠道匮乏的情况下，2014 年下半年和 2015 年上半年的股市牛市中，上市公司大量采用股权质押和并购的方式融资。[①] 这不仅反映了非房地产行业民营企业在宽信用环境下仍然面临着“融资难”问题，也为去杠杆实施后 2018 年股票市场股权质押风险暴露埋下了伏笔。

在这种情况下，我国出现了第三轮加杠杆的高潮。从非金融部门看，整体的杠杆率在 2015 年提高 10.4 个百分点，2016 年提高 10 个百分点，虽然政府部门、非金融企业部门杠杆率提高不多，但家庭部门杠杆率在 2015 年提高 3.1 个百分点，2016 年提高 5.6 个百分点，甚至是在 2017 年杠杆率整体趋稳且非金融企业部门杠杆率下降的情况下，家庭部门杠杆率仍然提高 4 个百分点。具体见表 2-7。从金融部门看，银行对非银行金融机构的债权在总资产中的占比在 2016—2017 年快速提高，信托业资产仍然保持快速增长。具体见表 1-4、表 1-5。

表 2-7　　2015—2016 年分季度非金融部门杠杆率　　单位:%

时间	非金融部门	政府部门	私人非金融部门			私人非金融部门银行信贷
			合计	家庭部门	非金融企业部门	
2015-03	225.5	40.6	185.0	36.4	148.3	144.1
2015-06	228.0	40.9	187.1	37.3	149.6	146.7

① 李豫泽. 融资分层：“宽信用”的因果轮回［EB/OL］. 睿哲固收研究微信公众号，2018-10-23.

表2-7(续)

时间	非金融部门	政府部门	私人非金融部门			私人非金融部门银行信贷
			合计	家庭部门	非金融企业部门	
2015-09	229.4	41.3	188.1	38.2	149.7	149.2
2015-12	231.4	41.7	189.6	38.8	150.6	152.7
2016-03	237.3	42.5	194.8	40.0	154.6	155.7
2016-06	238.7	43.3	195.4	41.7	153.6	157.0
2016-09	239.9	43.9	195.9	43.3	152.6	157.1
2016-12	241.4	44.4	197.1	44.4	152.6	157.1

资料来源：BIS。

三、三轮加杠杆高潮的比较

2008年国际金融危机前，我国的杠杆率虽然也在上升，但制造业投资需求较大，货币政策趋势性收紧，金融监管中性偏严，金融机构资产规模扩张对应非金融部门加杠杆，且加杠杆主要是非金融部门，并没有太多地通过金融同业渠道加杠杆。在2008—2016年的三轮加杠杆高潮中，既有相同点，也存在明显差异。从金融周期的角度看，加杠杆的过程对应金融周期的上升阶段。在整个加杠杆期间，地方政府融资平台公司、房地产行业都是加杠杆的主要主体，并且每一轮加杠杆高潮都是非金融部门和金融部门同时加杠杆。这是三轮加杠杆高潮的相同点。从不同点来看，第一轮加杠杆高潮期间主要是银行贷款推动，而第二轮、第三轮加杠杆高潮期间非银行金融机构提供加杠杆资金的规模和占比均在提高，充分说明影子银行在加杠杆中的作用越来越大。

（一）三轮加杠杆高潮的相同点

根据加杠杆的速度和主要驱动因素，将2008—2016年的加杠杆周期划分为三轮高潮，在三轮加杠杆高潮期间也呈现出一些相同点。加杠杆不仅导致杠杆率提高，还引发了一些新问题，如非金融企业部门加杠杆导致制造业产能过剩，地方政府融资平台公司加杠杆加码基础设施建设引发政府隐性债务大幅度增长，家庭部门加杠杆推动房地产价格泡沫愈演愈烈。具体表现为：

一是每一轮加杠杆高潮期间都是金融部门和非金融部门同时快速加杠杆，并且是两个部门各自内部不同部门快速加杠杆。从非金融部门看，就杠杆率增长速度的百分比而言，在第一轮加杠杆高潮期间政府部门最大，第二轮加杠杆高潮期间非金融企业部门最大，第三轮加杠杆高潮期间家庭部门最大，呈现出轮流加杠杆的特点，在每一轮加杠杆高潮期间基本也都是三个非金融部门杠杆率快速提高的时期。从金融部门看，在每一轮加杠杆高潮期间，不同的金融细分行业总资产增长速度存在差异，也都是不同的金融行业总资产快速增长的时期。

二是地方政府融资平台公司、房地产行业基本是每一轮高潮中加杠杆的主要主体。这种情况出现背后有着深刻的原因，并且全面涵盖金融领域和非金融领域。从金融领域看：一方面，信贷资金流向具有结构性特点。地方政府融资平台公司背后有政府隐性担保，信用风险较低；房地产行业处于高增长期，盈利能力较强，市场风险较低，金融机构有对这两个领域提供融资的意愿；另一方面，金融机构提供融资的利润更高。地方政府融资平台公司背后有政府财政支持，预算软约束问题突出，对融资成本不敏感；房地产行业盈利能力更强，可以承受较高的融资成本。从非金融领域看，地方政府融资平台公司、房地产行业经营活动本身都具有高杠杆的特点。地方政府融资平台公司在基础设施建设领域的投资较多，对外部融资依赖度较高。房地产行业资金密集型特点突出，更多地需要高杠杆才能完成投资。这决定了地方政府融资平台公司、房地产行业融资需求更加强烈，即使在宏观调控政策紧缩阶段，仍然会采取多种措施以争取金融部门的融资支持。

三是家庭部门在每一轮加杠杆高潮期间，杠杆率都有较大幅度的提高。在2008—2016年加杠杆期间，家庭部门杠杆率提高了148.04%，远高于整个非金融部门、政府部门和非金融企业部门。具体见表1-3。其原因是，整个加杠杆期间也是我国房地产市场快速发展、商品房价格飞速上涨的时期。家庭部门本来资产可配置的领域就较少，房价持续上涨也让家庭部门有更强烈的动机来加杠杆配置房地产，以实现其资产的保值增值。就外部环境而言，充裕的流动性供给，金融机构积极提供贷款支持，也助推了家庭部门加杠杆购房。

（二）三轮加杠杆高潮的不同点

三轮加杠杆高潮期间，无论是金融部门还是非金融部门在每一轮加杠杆高潮期间都有着自己的特点。金融部门主要表现在加杠杆资金供给渠道方面，虽然都是银行业提供资金，但第一轮加杠杆高潮期间主要是银行直接提供贷款给非金融部门，第二轮、第三轮加杠杆高潮期间，金融机构同业合作带来影子银行等非银行金融机构为加杠杆提供的资金逐渐增多。也正是如此，第二轮、第三轮加杠杆高潮期间资金脱实向虚问题更加突出。这也可以从一个方面说明，4万亿元投资计划间接推动了我国金融系统变革以及银行间市场发展。① 从非金融部门看，第一轮、第二轮加杠杆高潮期间非金融企业部门和政府部门快速加杠杆的特点更加突出，第三轮加杠杆高潮期间家庭部门快速加杠杆的特点更加突出。

1. 第一轮加杠杆高潮的特点

在4万亿元投资计划的刺激下，我国在2009年经历了国际金融危机以来的第一轮加杠杆高潮。这一轮加杠杆高潮虽然仅有一年时间，但也呈现出以下两个特点：

一方面，银行传统贷款在加杠杆中发挥主导作用，影子银行等为非

① 何治国，陈卓，刘淳，刘津宇．“四万亿”政策背后的地方政府融资困局［J］．清华金融评论，2017（9）：103-104.

金融部门加杠杆提供的资金规模相对较小，在加杠杆中的作用相对较弱。在这一轮加杠杆高潮中，受当时我国资本市场发展状况，以及非银行金融机构总体实力较弱的制约，地方政府融资平台公司等加杠杆主体主要采用银行传统贷款的方式。这一论断的根据在于：第一，从私人非金融部门看，其从本国银行获得的信贷资金所形成的杠杆率比总体杠杆率低9~14个百分点，虽然较之前有所扩大，但绝对差距并不是很大。具体见表2-4。第二，从金融部门内部看，就可获得的统计数据而言，2009年保险业、基金业总资产增长率低于银行业。具体见表1-4。第三，从金融机构新增人民币贷款看，2009年新增9.59万亿元，比2008年增加4.68万亿元，接近2008年的两倍。其中，中长期贷款、非金融性公司及其他部门贷款分别比2008年增加4.18万亿元、2.93万亿元。具体见表2-8。

表2-8　　2001—2016年金融机构新增人民币贷款　　单位：万亿元

年份	合计	短期贷款及票据融资	中长期	居民户	非金融性公司及其他部门
2001	1.30	-	-	-	-
2002	1.80	-	-	-	-
2003	2.77	1.29	1.40	-	-
2004	2.26	0.85	1.37	-	-
2005	2.35	1.12	1.20	0.33	2.02
2006	3.18	1.24	1.89	0.61	2.57
2007	3.63	1.13	2.50	1.18	2.45
2008	4.91	2.27	2.52	0.70	4.21
2009	9.59	2.59	6.70	2.46	7.14
2010	7.95	1.56	6.16	2.87	5.07
2011	7.47	3.74	3.56	2.42	5.04
2012	8.20	5.09	2.87	2.52	5.66
2013	8.89	4.10	4.59	3.71	5.17
2014	9.78	3.42	6.06	3.29	6.48

表2-8(续)

年份	合计	短期贷款及票据融资	中长期	居民户	非金融性公司及其他部门
2015	11.72	4.38	6.59	3.87	7.38
2016	12.65	2.27	9.86	6.33	6.10

资料来源：中国人民银行、Wind。

另一方面，房地产投资在2009年年初经历短暂的低迷后快速回升。这一轮加杠杆的特点除了对银行贷款依赖较高外，由于中央直接兜底经济下行风险[①]，普遍加杠杆的特点也很突出。如政府部门、非金融企业部门、家庭部门杠杆率同时提高，国有企业和民营企业杠杆率同时提高，基础设施建设项目和房地产项目杠杆率同时提高。虽然通过4万亿元投资计划来稳定经济增长取得了明显的成效，2009年第四季度我国GDP同比增长11.9%，比2008年第四季度提高4.8个百分点，但是大规模的刺激计划，尤其是中长期贷款增加也为第二轮加杠杆高潮中通过非标融资加杠杆埋下伏笔，其不仅决定了第二轮加杠杆高潮的时间点，而且面对外部形势变化也让第二轮加杠杆高潮中出现了新的特点。

2. 第二轮加杠杆高潮的特点

就第二轮加杠杆的高潮来看，其有着不同于第一轮的特点，主要表现为：非金融部门快速加杠杆呈现不均匀的特点，非金融企业部门加杠杆的问题更突出，这背后主要是受到地方政府融资平台公司和房地产企业加杠杆的带动；金融部门加杠杆也呈现出明显的不均匀特点，信托公司快速加杠杆的特点突出，银行业通过开展金融同业合作，通过表外业务加杠杆的情况较为明显。

从金融部门的角度看，如果说第一轮加杠杆高潮是简单通过做大贷款量来实现，第二轮加杠杆高潮则开始表现出明显的规避金融监管、获取监管套利的特点。也正是从这一轮加杠杆高潮开始，国内金融机构通

① 李豫泽. 融资分层："宽信用"的因果轮回［EB/OL］. 睿哲固收研究微信公众号，2018-10-23.

过开展同业合作，层层嵌套推动大资产管理业务发展，影子银行开始逐步显现并获得快速发展。[①] 这种情况出现的金融监管方面的原因是，2012 年，我国对银行业开始实施《巴塞尔协议Ⅲ》，在具体监管标准上银行业为非金融企业发放贷款的资本金占用较高，而为非银行金融机构融资的资本金占用较低，通过同业合作的方式，银行资金借道非银行金融机构为实体企业融资，可以降低银行业金融机构的资本金补充压力。

从融资方式看，在非金融企业缺少直接融资渠道的情况下，商业银行对风险异质性企业实施差别化对待，经营风险小或者有政府信用支持的企业从银行获得较多的信贷支持，并将多余资金投向影子银行体系，造成企业金融化。[②] 地方政府在利用融资平台公司融资过程中，大量利用信托贷款、委托贷款等非银行渠道的资金，以满足债务展期或者支持已开工中长期项目的投资资金需求。2013 年之前发行的城投债基本是筹资用于投资，2014 年之后以偿付债务为目的的城投债发行规模快速扩张。[③] 影子银行的快速发展，不仅引起资金在金融领域空转和资金脱实向虚问题，也导致我国的整体杠杆率持续处于较高位置，还引发金融部门的杠杆率出现结构性特点。

3. 第三轮加杠杆高潮的特点

在第三轮加杠杆高潮中，金融领域的货币供给和家庭部门的储蓄负债结构都发生了明显变化。从金融领域的货币供给看，狭义货币（M1）与 M2 月度同比增速在 2015 年 10 月至 2018 年 1 月期间持续存在“剪刀差”。这是我国自开始货币供应量统计至今出现的持续时间最长、最高增速差最大的“剪刀差”。其背后的一个主要原因是，从 2015 年下半年开始，商品房销售额快速增长，资金由个人存款转变成单位活期存款，

---

① 娄飞鹏. 影子银行研究的新进展［J］. 浙江金融，2013（7）：36-39.

② 彭俞超，黄志刚. 经济“脱实向虚”的成因与治理：理解十九大金融体制改革［J］. 世界经济，2018（8）：3-25.

③ 何治国，陈卓，刘淳，刘津宇. “四万亿”政策背后的地方政府融资困局［J］. 清华金融评论，2017（9）：103-104.

推动 M1 月度同比增速快速提高。[①] 具体见图 2-5。从家庭部门的储蓄负债结构看，家庭部门年度新增贷款额超过年度新增存款额。根据人民银行的统计数据，2016 年家庭部门新增贷款首次超过新增存款，2017 年延续了这种态势，并且超过 70%的家庭部门贷款是中长期贷款，这背后是居民加杠杆买房。在这两年当中，家庭部门贷款增长率较之前的年份提高，而存款增长率则在 2016—2017 年是个位数。具体见表 2-9。

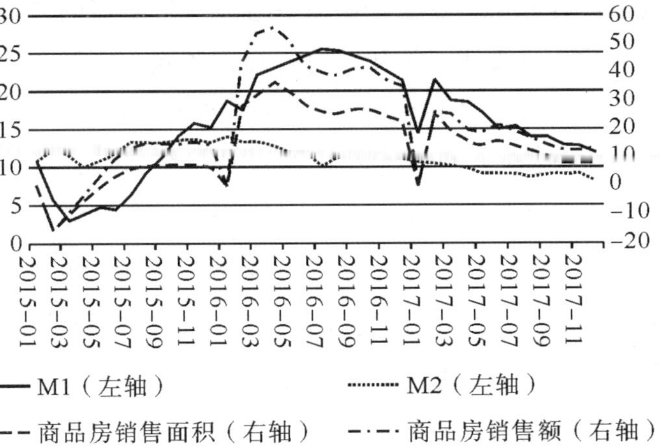

图 2-5　2015—2017 年商品房销售面积、销售额累计同比和 M1、M2 同比增长率（单位:%）

资料来源：中国人民银行、国家统计局、Wind。

表 2-9　2006—2017 年家庭部门在金融机构的本外币存贷款

年份	存款			贷款		
	余额（万亿元）	增长额（万亿元）	增长率（%）	余额（万亿元）	增长额（万亿元）	增长率（%）
2006	16.93	2.01	13.43	3.83	0.67	21.20
2007	17.95	1.02	6.02	5.07	1.24	32.32
2008	22.56	4.61	25.69	5.71	0.64	12.64

① 娄飞鹏. M1、M2 月度同比增速剪刀差：成因、影响与应对［J］. 金融理论探索，2016（5）：3-9.

表2-9(续)

年份	存款			贷款		
	余额（万亿元）	增长额（万亿元）	增长率（%）	余额（万亿元）	增长额（万亿元）	增长率（%）
2009	26.86	4.30	19.06	8.18	2.47	43.34
2010	31.23	4.37	16.25	11.26	3.08	37.60
2011	35.20	3.97	12.70	13.61	2.35	20.86
2012	41.02	5.82	16.55	16.14	2.53	18.60
2013	46.54	5.52	13.47	19.86	3.72	23.06
2014	50.69	4.15	8.91	23.15	3.29	16.57
2015	55.19	4.50	8.89	27.03	3.88	16.76
2016	60.65	5.46	9.89	33.37	6.34	23.46
2017	65.20	4.55	7.50	40.52	7.14	21.40

资料来源：中国人民银行、Wind。

从金融部门看，第三轮加杠杆高潮与前两轮加杠杆高潮有着明显的不同，主要表现在：

第一，金融机构的同业合作规模快速提高，以同业存单为代表的金融同业业务大量兴起，非信贷资产成为银行加杠杆的关键推手①。一方面，实体经济的投资回报率较低，企业投资意愿不强，对资金的吸引力下降，推动资金更多滞留在金融领域。另一方面，从银行业金融机构资产负债表看，其对非银行金融机构的资产规模快速扩大，占比快速提高。这主要是由于两方面的原因：一方面，非银行金融机构的风险相对非金融企业较低，银行业为其融资的经济资本占用较低，通过给非银行金融机构融资，再由非银行金融机构给实体经济融资，可以降低银行的经济资本占用。另一方面，银行业金融机构和非银行金融机构的风险偏好不同，所接受的金融监管严格程度不同，采用同业合作的方式可以获取监管套利。银行的资金通过非银行金融机构流入实体经济，结果是银行表外资产规模快速扩张，影子银行在加杠杆中的作用更加突出。在第二轮

① 陆岷峰，杨亮. 金融去杠杆背景下商业银行风险管理与路径选择［J］. 金融论坛，2017（12）：3-10、78.

加杠杆高潮中，银行和信用社合作模式推出，但在2013年被金融监管部门叫停。第三轮加杠杆高潮中，通过金融机构合作开展的创新模式更多，银行业与证券业、信托业、基金业、保险业等开展更多方式的合作，同业套利和资金空转问题严重。

第二，金融工具得到较为充分的运用。这方面最典型的是同业存单，同业负债为银行业加杠杆提供了资金支撑①。2013年12月，人民银行再次允许商业银行发行同业存单后，同业存单规模快速扩大，被金融机构用来加杠杆。其具体流程是，国有商业银行利用其存款资金，或者从人民银行融入的资金投资同业存单以赚取利差，股份制商业银行和其他商业银行发行同业存单融入资金，并通过配置同业存单、同业理财、委外投资等赚取利差，非银行金融机构作为受托机构进行非标等各种投资并从中赚取利差。② 在这个循环中，也有非银行金融机构利用受托资金配置同业存单赚取利差的情况。

第三，也正是上面的特点，导致在第三轮加杠杆高潮中资金脱实向虚问题更突出。就第三轮加杠杆的货币金融背景看，金融同业业务急速发展也有其必然性。一方面，利率市场化改革推进中需要同业市场的价格发现和传导功能。我国的利率市场化改革在2015年取得阶段性成果，存贷款利率上限放开，市场化的利率定价需要同业市场发挥较大作用。就发达国家成熟的利率市场而言，基础利率是由央行和金融市场共同作用形成，央行设定基准利率，银行间市场交易形成基础利率，基础利率借助收益率曲线传导至长期利率，进而在风险偏好、信用利差等因素作用下影响大类资产价格，最终通过资本市场的资源配置功能服务于实体经济。不难发现，在整个传导过程中，同业市场是传导链条的前端，基

---

① 陆岷峰，杨亮．金融去杠杆背景下商业银行风险管理与路径选择［J］．金融论坛，2017（12）：3-10、78.

② 娄飞鹏．金融去杠杆视角的同业存单发展与监管分析［J］．金融发展研究，2017（7）：59-64.

础利率的形成需要有效的同业市场。[1] 另一方面，货币政策的实施和流动性传导也需要同业市场。2014 年以来，受人民币贬值、资本外流等因素影响，外汇占款从 2014 年 5 月底的 27.3 万亿元下降至 2017 年 12 月底的 21.48 万亿元，降幅达 21.32%。在此过程中，人民银行基础货币供给方式从外汇占款调整为通过公开市场逆回购、常备贷款便利（SLF）、中期借贷便利（MLF）、抵押补充贷款（PSL）等来实现。之前依靠外汇占款供给基础货币的方式不仅不再被采用，反而外汇占款成为基础货币的回笼方式，银行业金融机构也更加依赖人民银行的公开市场操作。[2] 在依靠外汇占款供给基础货币时，银行业金融机构基本都可以通过结售汇的方式获得基础货币。而改为公开市场操作后，并非所有的金融机构都可以直接从人民银行的公开市场操作中获得基础货币，也并非能够从人民银行公开市场操作中获得基础货币的金融机构就一定存在流动性紧张的问题，此时就需要通过金融同业业务来传导流动性，从而让货币政策得以有效实施。

① 明明. 同业之乱十年记：中国式杠杆周期的起灭［EB/OL］. http：//www. sohu. com/a/224962304_ 313170，2018-03-06.

② 余向荣，梁红. 中国货币政策框架转型的未尽之路［EB/OL］. http：//news. hexun. com/2017-03-17/188535870. html，2017-03-17.

第三章

去杠杆的历程

高杠杆率尤其是杠杆率快速提高是金融危机的一个重要导火索。高杠杆率往往意味着债务偿付能力下降，杠杆率快速提高往往意味着难以有效开展资金腾挪偿付债务。我国的杠杆率在2008—2016年快速提高，非金融企业部门杠杆率绝对水平较高，其中也隐藏了较多的风险，凸显了去杠杆的必要性。2016年下半年，我国开始实施去杠杆，通过及时出台多项政策，杠杆率快速增长的态势在2017年得到较好控制。作为主动的政策选择，去杠杆的目的不是单纯降低杠杆率，更重要的是排解杠杆背后的风险，防止发生系统性金融风险。然而，进入2018年以来，由于前期去杠杆的速度太快，去杠杆政策间缺乏协调，政策相互叠加共振所引发的问题逐步显现，让各界对此开始重新思考。本章从阐释去杠杆的必要性出发，介绍2018年以来去杠杆的主要做法，结合统计数据描述去杠杆的成效，最后分析快速去杠杆所引发的新问题。

一、去杠杆的必要性①

我国杠杆率快速提高，并且非金融企业部门杠杆率绝对水平较高，不仅导致资金使用效率低下，经济领域出现类似无增长的信贷的情况，加重各类主体的还款压力，更重要的是其中隐藏着较大的风险，不利于经济秩序与社会的稳定。从各类主体还款压力看，开始去杠杆的2016年

① 这部分内容主要参考：娄飞鹏. 去杠杆研究［M］. 北京：中国金融出版社，2018：145-158.

年底，我国金融机构人民币各项贷款余额为 106.60 万亿元，当年 12 月非金融企业及其他部门贷款加权平均利率为 5.27%[①]，据此粗略估算，全年需要偿还的贷款利息为 5.62 万亿元，这已经超过当年新增 GDP 总量 5.41 万亿元。如果考虑到其他负债以及偿还贷款本金的问题，则各类主体的还款压力更重。从高杠杆的风险看，金融部门和非金融部门杠杆率同时快速提高，让风险在两个部门间相互传导并彼此强化，增加杠杆率较高以及杠杆率快速提高的风险。国际货币基金组织（IMF）研究认为，亚洲新兴经济体国家的信贷繁荣约有 70%以危机结束，债务率高速增长是金融危机的先导指标之一。[②] 我国杠杆率快速提高，虽然不至于引发金融危机，但其中的风险也不容忽视，并且有些风险也在逐步暴露，因而有必要及时去杠杆。

从非金融部门看，高杠杆率和杠杆率快速提高的问题主要表现在：第一，拉低经济增长速度。从杠杆率的绝对水平看，其与经济增长之间存在“倒 U 形”关系[③]，在达到临界值前杠杆率提高会拉动经济更快增长，超过临界值后则对经济增长的拉动作用会下降甚至不利于经济增长。相关研究表明，以 GDP 增长率作为被解释变量，以私人部门信贷/GDP 衡量的金融杠杆拐点位置出现在 1.49，以 M2/GDP 衡量的金融杠杆拐点位置出现在 2.27。[④] 第二，不利于消费在经济发展中发挥基础性作用。我国家庭部门高杠杆主要是贷款购置房地产，房贷快速增长对居民消费的挤出效应已经显现[⑤]。加杠杆购房的家庭财产性收入较多，提升了消费能力但缺少流动性，未加杠杆购房的家庭财产性收入较少，影响消费

① 中国人民银行货币政策分析小组. 2016 年第四季度中国货币政策执行报告［R］. 2017-02-17：Ⅱ-Ⅲ.

② 孟蓼筠. 基于微观视角的非金融企业“去杠杆”问题研究［J］. 金融理论与实践，2016（8）：110-113.

③ 徐忠. 降杠杆并非利率越低越好［EB/OL］. http：//news. hexun. com/2017-10-31/191454747. html，2017-10-31.

④ 马勇，陈雨露. 金融杠杆、杠杆波动与经济增长［J］. 经济研究，2017（6）：31-45.

⑤ 崔云，温娇月. 透视我国居民杠杆率问题［J］. 中国金融，2018（20）：61-62.

能力提升，都不利于消费扩大和消费升级。第三，不利于去产能和经济转型升级。非金融企业部门高杠杆率具有显著的结构性特点，如果不及时推动结构性去杠杆，资金就被继续投向产能过剩行业，会导致去产能推进更困难，经济转型升级阻力也更大。[①] 第四，导致资金使用效率下降。2008 年国际金融危机后，我国信贷资金结构性错配问题突出，大量流入低效率企业，工业企业杠杆率与资本回报率呈负相关关系[②]，债务未形成有效投资进一步降低了资金使用效率[③]。第五，提高了非金融部门的融资成本和融资难度。在金融部门和非金融部门杠杆率都快速提高，且在资金脱实向虚问题突出的情况下，非金融部门融资难、融资贵问题更加突出。第六，增大系统性风险发生的概率。我国非金融部门、非金融企业部门高杠杆率具有明显的结构性特点，其实质是资金等金融资源存在错配，资金过度集中于某些领域形成较大的风险点，也会加大系统性风险发生的概率。[④]

从金融部门看，高杠杆的危害具体表现在：第一，增加期限错配风险。期限错配本身就会带来利率风险和流动性风险，是金融部门高杠杆的核心风险点。[⑤] 在加杠杆过程中用短久期负债资金开展长久期投资，需要负债能够持续滚动，否则投资资金来源将难以为继，从而引发风险。第二，增加收益错配风险。在刚性兑付仍未被有效打破、客户对资金收益率要求越来越高的情况下，金融机构更多地加杠杆扩大投资规模，或者提高风险偏好投资更多的高风险资产，以保障预期收益能覆盖成本，在实现刚性兑付的同时让自身更多地获益，但其中隐藏的风险也比较大。[⑥] 第三，增加流动性风险。在金融机构的同业存单套利链条中，商

---

① 娄飞鹏. 金融与非金融去杠杆［J］. 金融理论探索，2017（5）：20-26.

② 施康，王立升. 杠杆下的中国：流动性过剩与信贷错配［A］//潘英丽，黄益平. 激辩去杠杆：如何避免债务—通缩. 北京：中信出版社，2016：3-16.

③ 冯明. 宏观债务管理的政策框架及其结构性去杠杆［J］. 改革，2016（7）：104-114.

④ 张方波. 当前稳步推进金融去杠杆的战略考量［J］. 中国发展观察，2017（14）：12-14.

⑤ 王剑. 银行同业业务去杠杆［J］. 中国金融，2017（11）：51-53.

⑥ 娄飞鹏. 金融领域高杠杆的深层次成因与去杠杆建议［J］. 西南金融，2017（6）：22-28.

业银行间互相配置同业理财和同业存单，以及商业银行委托非银行金融机构开展委外投资时，除利用期限错配赚取期限利差外，也普遍存在层层加杠杆扩大投资规模以增加总收益的情况，引起部分领域资产泡沫问题突出，杠杆率居高不下，增加流动性错配，导致流动性风险增加。[①]第四，增加金融系统的脆弱性。金融同业业务多以同业信用担保，一旦整个链条中某个环节发生问题，就会牵涉多家金融机构，也会增加金融系统内部的不稳定性。[②]

从货币政策和金融监管方面看，一方面，高杠杆率易于引发货币政策对宏观经济调控的传导不畅，调控精准度降低。如在第二轮、第三轮加杠杆高潮期间，金融机构大量开展同业合作，银行对非银行金融机构的债权快速增加，降低了作为货币政策中介目标 M2 统计的准确性，不利于货币政策精准调控。这是由于，M2 统计中未全面涵盖银行间、银行与非银行金融机构间的资金往来，而随着影子银行的发展这部分资金绝对规模较大，不纳入统计就会低估货币总量，不利于货币总量调节，影响货币政策调控成效。另一方面，高杠杆率易于导致金融监管无法有效识别风险，降低监管的有效性。IMF 的相关报告也认为，中国的金融系统规模越来越大，复杂程度越来越高，透明度较低，对流动性压力更加敏感。[③] 金融机构以业务嵌套、延长资金链条的方式不断增加杠杆率，增加了交易模式管理和全面了解底层资产的难度，不仅金融机构自身无法有效识别风险，也增加了金融监管的难度。

二、去杠杆的主要做法

2014 年 12 月召开的中央经济工作会议首次提出提高杠杆后，高杠

① 娄飞鹏. 金融去杠杆视角的同业存单发展与监管分析［J］. 金融发展研究，2017（7）：59-64.

② 娄飞鹏. 金融与非金融去杠杆［J］. 金融理论探索，2017（5）：20-26.

③ IMF. Global Financial Stability Report October 2017：Is Growth at Risk?［R］. Washington，DC，2017：37-38.

杆和去杠杆就成为国内各界关注的热点。2014 年 12 月召开的中央经济工作会议提出："从经济风险积累和化解看，伴随着经济增速下调，各类隐性风险逐步显性化，风险总体可控，但化解以高杠杆和泡沫化为主要特征的各类风险将持续一段时间，必须标本兼治、对症下药，建立健全化解各类风险的体制机制。"[①] 这是中央经济工作会议首次提出高杠杆问题。2015 年 12 月召开的中央经济工作会议提出："着力加强结构性改革，在适度扩大总需求的同时，去产能、去库存、去杠杆、降成本、补短板，提高供给体系质量和效率，提高投资有效性，加快培育新的发展动能，改造提升传统比较优势，增强持续增长动力，推动我国社会生产力水平整体改善。"[②] 这是中央经济工作会议首次提出去杠杆。2016 年下半年，我国开启了金融部门和非金融部门去杠杆。本部分主要介绍 2018 年以来的去杠杆做法。[③]

（一）非金融部门去杠杆的主要做法

2018 年以来，非金融部门去杠杆的总体思路更凸显结构性去杠杆，重点围绕地方政府和国有企业等高杠杆领域出台相关去杠杆政策，实现宏观杠杆率的稳定以及逐步下降。2018 年 4 月 2 日召开的中央财经委员会第一次会议指出："打好防范化解金融风险攻坚战，要坚持底线思维，坚持稳中求进，抓住主要矛盾。要以结构性去杠杆为基本思路，分部门、分债务类型提出不同要求，地方政府和企业特别是国有企业要尽快把杠杆降下来，努力实现宏观杠杆率稳定和逐步下降。"[④] 防范化解金融风险是打好防范化解重大风险攻坚战的重点，结构性去杠杆是防范化解金融

---

① 新华网. 中央经济工作会议在北京举行 习近平、李克强作重要讲话［EB/OL］. http：//www. ce. cn/xwzx/gnsz/szyw/201412/11/t20141211_ 4103857. shtml，2014-12-11.

② 新华网. 中央经济工作会议在北京举行 习近平、李克强作重要讲话［EB/OL］. http：//www. xinhuanet. com//fortune/2015-12/21/c_ 1117533201. htm，2015-12-21.

③ 娄飞鹏. 去杠杆研究［M］. 北京：中国金融出版社，2018：183-201.

④ 新华网. 习近平：打好决胜全面建成小康社会三大攻坚战［EB/OL］. http：//www. xinhuanet. com//politics/leaders/2018-04/02/c_ 1122627816. htm，2018-04-02.

风险的重要切入点[①]。2018 年 7 月 31 日召开的中央政治局会议指出："把防范化解金融风险和服务实体经济更好结合起来，坚定做好去杠杆工作，把握好力度和节奏，协调好各项政策出台时机。"[②] 此后的政策措施逐步从去杠杆转向稳杠杆，但去杠杆的总体方向没有变。2018 年 12 月召开的中央经济工作会议指出："打好防范化解重大风险攻坚战，要坚持结构性去杠杆的基本思路，防范金融市场异常波动和共振，稳妥处理地方政府债务风险，做到坚定、可控、有序、适度。"[③]

1. 重点解决地方政府债务特别是隐性债务问题

在地方政府债务管理方面，仍然延续"开前门、堵后门"的总体思路，有效防范化解地方政府债务风险，坚决打好防范化解重大风险攻坚战。2018 年 2 月 24 日，财政部《关于做好 2018 年地方政府债务管理工作的通知》（财预〔2018〕34 号）提出："地方政府举债要与偿还能力相匹配，是必须遵循的经济规律"，"将防范化解地方政府债务风险作为当前财政管理工作的重中之重，依法健全规范的地方政府举债融资机制，既要开好'前门'，稳步推进政府债券管理改革，强化政府债券资金绩效管理，提高政府债券资金使用效益，发挥政府规范举债的积极作用，支持补齐民生领域短板，又要严堵'后门'，守住国家法律'红线'，坚守财政可持续发展底线，加大财政约束力度，硬化预算约束，坚决制止和查处各类违法违规或变相举债行为，促进经济社会健康持续发展"。同时，从"依法规范地方政府债务限额管理和预算管理，及时完成存量地方政府债务置换工作，着力加强债务风险监测和防范，进一步强化地方政府债券管理"4 个方面提出 13 条具体措施。具体见表3-1。2018 年 3 月 28 日，财政部《关于规范金融企业对地方政府和国有企业投融资行

---

① 高善文. 中国企业部门杠杆率之谜［J］. 清华金融评论，2018（5）：73-74.

② 新华网. 稳中求进 精准施策——从中央政治局会议看下半年中国经济六大信号［EB/OL］. http：//www. xinhuanet. com/fortune/2018-07/31/c_ 1123204368. htm，2018-07-31.

③ 新华网. 中央经济工作会议在北京举行 习近平、李克强作重要讲话［EB/OL］. http：//www. xinhuanet. com/politics/leaders/2018-12/21/c_ 1123887379. htm，2018-12-21.

为有关问题的通知》（财金〔2018〕23 号）要求，国有金融企业“除购买地方政府债券外，不得直接或通过地方国有企事业单位等间接渠道为地方政府及其部门提供任何形式的融资，不得违规新增地方政府融资平台公司贷款。不得要求地方政府违法违规提供担保或承担偿债责任”。

表 3-1　　做好 2018 年地方政府债务管理工作的要点

序号	要点	具体措施
1	依法规范地方政府债务限额管理和预算管理	合理确定分地区地方政府债务限额，加快地方政府债务限额下达进度，用好地方政府债务限额，落实全面实施绩效管理要求，推进地方政府债务领域信息公开
2	及时完成存量地方政府债务置换工作	加快存量地方政府债务置换进度，强化置换债券资金管理
3	着力加强债务风险监测和防范	健全地方政府性债务风险评估和预警机制，发挥地方政府财政重整计划作用
4	进一步强化地方政府债券管理	加快实现地方政府债券管理与项目严格对应，稳步推进地方政府专项债券管理改革，完善地方政府债券本金偿还机制，大力发展地方政府债券市场

资料来源：财政部. 关于做好 2018 年地方政府债务管理工作的通知［EB/OL］. http：//yss.mof. gov. cn/zhuantilanmu/dfzgl/zcfg/201803/t20180326_ 2851243. html，2018-02-24.

2018 年 5 月 11 日，国家发展改革委、财政部《关于完善市场约束机制 严格防范外债风险和地方债务风险的通知》（发改外资〔2018〕706 号）提出：“严禁企业以各种名义要求或接受地方政府及其所属部门为其市场化融资行为提供担保或承担偿债责任，切实做到‘谁用谁借、谁借谁还、审慎决策、风险自担’”，“对涉及地方政府违法违规融资和担保的企业、承销机构、会计师事务所、律师事务所等主体及其主要负责人，加大惩处问责力度，纳入相关领域黑名单和全国信用信息共享平台归集共享，实施跨部门联合惩戒，及时公开通报，并限制相关责任主体新申请或参与外债备案登记工作”。

在严格管理地方政府债务的同时，有关地方政府隐性债务①问题及

① 2014 年以来，中央对地方政府债务的表述经历了从“政府性债务（2014 年前）”到“地方政府债券（2015 年至今）”到“隐性债务（2017 年 7 月至今）”的变化。

其管理也进一步强化。2018 年 4 月 18 日，审计署《2017 年第四季度国家重大政策措施落实情况跟踪审计结果》（审计署 2018 年第 2 号公告）指出：内蒙古自治区包头市、湖南省邵阳市、湖南省双峰县、四川省乐山市高新区、甘肃省白银市、宁夏回族自治区银川市西夏区“5 个省的 6 个市县通过违规出具承诺函、融资租赁、签订工程类政府购买服务协议等方式变相举债，形成政府隐性债务 154.22 亿元”。2018 年 8 月，《中共中央 国务院关于防范化解地方政府隐性债务风险的意见》（中发〔2018〕27 号）《中共中央办公厅 国务院办公厅关于印发〈地方政府隐性债务问责办法〉的通知》（中办发〔2018〕46 号），以强化对地方政府隐性债务的管理，推进政府投资基金、政府和社会资本合作（PPP）、政府购买服务中不规范行为的整改，以及各种违法违规担保和变相举债行为的整治。

与此同时，地方政府举债的“前门”也在不断放开，并且予以规范。2018 年 4 月 24 日，财政部《关于进一步加强政府和社会资本合作（PPP）示范项目规范管理的通知》（财金〔2018〕54 号）对核查存在问题的 173 个示范项目分类进行处置，部分项目将直接清退出全国 PPP 综合信息平台项目库，并要求加强项目规范管理，“坚持政企分开原则，加强 PPP 项目合同签约主体合规性审查，国有企业或地方政府融资平台公司不得代表政府方签署 PPP 项目合同，地方政府融资平台公司不得作为社会资本方”，切实强化信息公开，接受社会监督，建立健全长效管理机制。2018 年 8 月 14 日，财政部《关于做好地方政府专项债券发行工作的意见》（财库〔2018〕72 号）提出：“加快专项债券发行进度，提升专项债券发行市场化水平，优化债券发行程序，简化债券信息披露流程，加快专项债券资金拨付使用，加强债券信息报送”，尤其是明确提出，2018 年“地方政府债券发行进度不受季度均衡要求限制，各地至 9 月底累计完成新增专项债券发行比例原则上不得低于 80%，剩余的发行额度应当主要放在 10 月份发行”。

2. 着力降低非金融企业部门尤其是国有企业杠杆率

经党中央、国务院同意，2018 年 4 月 27 日，中国人民银行、中国银行保险监督管理委员会、中国证券监督管理委员会联合印发《关于加强非金融企业投资金融机构监管的指导意见》（银发〔2018〕107 号）提出："企业应当强化资本约束，控制杠杆率，加强风险管理，确保对金融机构的投资行为与企业资本规模、经营管理水平相适应。""金融机构的主要股东或控股股东，应当核心主业突出、资本实力雄厚、公司治理规范、股权结构清晰、管理能力达标、财务状况良好、资产负债和杠杆水平适度，并制定合理明晰的投资金融业的商业计划。"针对非金融企业投资金融机构，甚至是部分非金融企业忽视自身主营业务、盲目向金融业扩张、助长脱实向虚和杠杆率高企问题提出了有针对性的解决措施。

2018 年 5 月 11 日，中央全面深化改革委员会第二次会议审议通过《关于加强国有企业资产负债约束的指导意见》，之后中共中央办公厅、国务院办公厅予以联合下发。该文件明确提出：要"加强国有企业资产负债约束，降低国有企业杠杆率"，"要通过建立和完善国有企业资产负债约束机制，强化监督管理，促使高负债国有企业资产负债率尽快回归合理水平，推动国有企业平均资产负债率到 2020 年年末比 2017 年年末降低 2 个百分点左右，之后国有企业资产负债率基本保持在同行业同规模企业的平均水平"，"相关国有资产管理部门要加强过程监督检查，将降杠杆减负债成效作为企业考核和评价的重要内容"。从"分类确定国有企业资产负债约束指标标准，完善国有企业资产负债自我约束机制，强化国有企业资产负债外部约束机制，加强国有企业资产负债约束的配套措施，加强国有企业资产负债约束的组织实施"等方面提出了指导意见。

为加快推进降低企业杠杆率各项工作，打好防范化解重大风险攻坚战，使宏观杠杆率得到有效控制，2018 年 8 月 3 日，国家发展改革委、人民银行、财政部、银保监会、国资委联合下发《关于印发〈2018 年降低企业杠杆率工作要点〉的通知》（发改财金〔2018〕1135号），从“建立健全企业债务风险防控机制，深入推进市场化法治化债转股，加快推动‘僵尸企业’债务处置，协调推动兼并重组等其他降杠杆措施，完善降杠杆配套政策，做好降杠杆工作的组织协调和服务监督”等6个方面提出27条去杠杆措施。具体见表3-2。

表3-2　　2018年降低企业杠杆率工作要点

序号	要点	具体措施
1	建立健全企业债务风险防控机制	充分发挥国有企业资产负债约束机制作用，加强金融机构对企业负债的约束，完善国有企业资本管理机制，健全企业债务风险监测预警机制，完善大型企业债务风险联合处置机制
2	深入推进市场化法治化债转股	壮大实施机构队伍增强业务能力，拓宽实施机构融资渠道，引导社会资金投向降杠杆领域，完善转股资产交易机制，开展债转优先股试点，推动市场化债转股与完善现代企业制度有机结合，加强转股股东权益保障
3	加快推动“僵尸企业”债务处置	完善“僵尸企业”债务处置政策体系，破除依法破产实施障碍，完善依法破产体制机制
4	协调推动兼并重组等其他降杠杆措施	积极推动企业兼并重组，多措并举盘活企业存量资产，有序开展资产证券化，多方式优化企业债务结构，积极发展股权融资
5	完善降杠杆配套政策	稳妥给予资本市场监管支持，提高国有资产处置效率，加强会计审计业务指导
6	做好降杠杆工作的组织协调和服务监督	指导重点行业和地区开展降杠杆工作，发挥典型案例的示范带动作用，强化监督约束，确保有序开展，继续做好宣传与舆论引导工作

资料来源：国家发展改革委、人民银行、财政部、银保监会、国资委. 关于印发《2018年降低企业杠杆率工作要点》的通知［EB/OL］. http：//www. ndrc. gov. cn/zcfb/zcfbtz/201808/t20180808_895401. html，2018-08-03.

3. 通过激发居民消费潜力来全面推动去杠杆

2018年9月20日，《中共中央国务院关于完善促进消费体制机制 进一步激发居民消费潜力的若干意见》提出：“消费是最终需求，既是生产的最终目的和动力，也是人民对美好生活需要的直接体现。加快完善促进消费体制机制，增强消费对经济发展的基础性作用”，让“消费生产循环更加顺畅。以消费升级引领供给创新、以供给提升创造消费新增长点的循环动力持续增强，实现更高水平的供需平衡，居民消费率稳步提升。消费结构明显优化。居民消费结构持续优化升级，服务消费占比稳步提高，全国居民恩格尔系数逐步下降。消费环境更加安全放心”。并且要“进一步提升金融对促进消费的支持作用，鼓励消费金融创新，规范发展消费信贷，把握好保持居民合理杠杆水平与消费信贷合理增长的关系”。为落实该文件精神，2018 年 10 月 11 日，《国务院办公厅关于印发完善促进消费体制机制实施方案（2018—2020 年）的通知》（国办发〔2018〕93 号），从“进一步放宽服务消费领域市场准入，完善促进实物消费结构升级的政策体系，加快推进重点领域产品和服务标准建设，建立健全消费领域信用体系，优化促进居民消费的配套保障，加强消费宣传推介和信息引导”等 6 个方面提出 26 条具体方案。

从去杠杆的角度看，扩大消费在 GDP 中的比重是我国去杠杆的根本出路。①

第一，扩大消费推动家庭部门去杠杆。居民消费水平主要受收入的影响，收入水平决定消费水平。在居民收入既定的情况下，扩大消费就会减少储蓄。一般情况下，不论杠杆率高低，加杠杆都需要有自有资金撬动。国内家庭部门高杠杆主要是用于购买房产，购房需要支付一定比例的首付款，居民将收入用于消费后，可用于支付购房首付款的资金就会减少，抑制房地产投资快速增长和规模扩大，推动家庭部门杠杆率降低。

第二，扩大消费推动企业部门去杠杆。一方面，扩大消费推动房地产企业去杠杆。从第一点可以看出，扩大消费有助于抑制家庭部门加杠杆投资购房，减少家庭对房地产投资的需求。这可以降低房地产企业投

① 姚洋. 美丽的烦恼——如何用好中国的巨额储蓄？［EB/OL］. http://www.yicai.com/news/5289129.html，2017-05-22.

资开发的积极性，减少房地产开发投资。房地产行业本来就是高杠杆行业，2008 年以来国内加杠杆的历史也充分说明了这一点，降低房地产投资总规模有助于降低房地产行业在非金融企业中的占比，并以此带动非金融企业部门去杠杆。另一方面，扩大消费推动非金融企业部门总体去杠杆。在总体流动性既定的情况下，扩大消费减少储蓄有利于非金融企业部门去杠杆。这是由于，消费往往会形成企业的收入，这让企业可以在不增加负债的情况下将收入用于扩大投资和生产规模，从而增加企业收入和利润进而降低杠杆率。而增加储蓄减少消费则意味着：一方面，非金融企业部门扩大生产规模面临收入和利润积累较少，需要扩大债务性融资来实现增加收入和利润的目标，从而提高杠杆率；另一方面，更有可能的是，消费减少意味着市场有效需求不足，非金融企业不会扩大生产规模而会缩减生产规模，从而导致收入和利润降低，面对原有负债会形成更高的杠杆率。①

第三，扩大消费对政府部门去杠杆也有一定的推动作用。消费需要交纳消费税，而消费税是典型的间接税，税负最终由消费者承担。消费品的生产者和批发零售商不承担最终的税负，从而有助于保证消费税足额征收。这样一来，扩大消费有助于提高消费者缴纳消费税的总规模，增加政府税收收入，丰富政府开展经济建设等方面的资金来源，在一定程度上有助于降低政府部门的杠杆率。

（二）金融部门去杠杆的主要做法

金融部门去杠杆的重点包括：以金融同业业务进行资金多层嵌套加杠杆，违规开展表外理财业务加杠杆，通过短久期负债配置长久期产等期限错配加杠杆，以及上述情况导致的资金脱实向虚。2017 年，按照中央经济工作会议提出的把防控金融风险放到更加重要位置的总体部署，人民银行实施稳健中性实质偏紧的货币政策，稳妥推进双支柱调控框架。

① 娄飞鹏. 去杠杆研究［M］. 北京：中国金融出版社，2018：221-222.

银监会发布了“三三四十”系列监管文件，证监会发文对证券公司资金池业务提出限制要求，保监会提出坚持去杠杆、去嵌套、去通道导向，从严监管保险资金投资各类金融产品。这些措施对推进去杠杆成效明显。进入2018年以来，中共中央、国务院周密部署；人民银行牵头发布《关于规范金融机构资产管理业务的指导意见》(银发〔2018〕106号，以下简称“资产管理新规”）及其配套政策；货币政策和金融监管政策协调配合，继续实施稳健中性的货币政策，以监管政策为主导，金融部门去杠杆工作仍稳步推进。与2017年有所不同的是，政策的推出节奏和力度更加优化，减少了政策间“几碰头”情况的出现。

1. 中共中央、国务院周密部署

2018年3月28日，中央全面深化改革委员会第一次会议审议通过了资产管理新规，并明确指出：“规范金融机构资产管理业务，要立足整个资产管理行业，坚持宏观审慎管理和微观审慎监管相结合、机构监管和功能监管相结合，按照资产管理产品的类型统一监管标准，实行公平的市场准入和监管，最大程度消除监管套利空间，促进资产管理业务规范发展。”①

2018年6月30日，《中共中央 国务院关于完善国有金融资本管理的指导意见》从“总体要求，完善国有金融资本管理体制，优化国有金融资本管理制度，促进国有金融机构持续健康经营，加强党对国有金融机构的领导，协同推进强化落实”等6个方面提出26条意见。

2018年8月，国务院金融稳定发展委员会召开第二次会议，认为“当前金融形势总体向好，宏观杠杆率趋于稳定，市场预期明显变化，金融机构合规意识增强，野蛮扩张、非法集资等金融乱象初步遏制，金融风险由发散状态向收敛状态转变”②，并研究了坚持结构性去杠杆等问

① 新华网. 习近平：加强和改善党对全面深化改革统筹领导 紧密结合深化机构改革推动改革工作［EB/OL］. http：//www. xinhuanet. com/2018-03/28/c_ 1122605838. htm，2018-03-28.

② 中国政府网. 国务院金融稳定发展委员会召开第二次会议［EB/OL］. http：//www. gov. cn/guowuyuan/2018-08/03/content_ 5311456. htm，2018-08-03.

题。2018 年 10 月 20 日，国务院金融稳定发展委员会召开防范化解金融风险专题会议，再次提出“从金融领域看，积极实施稳健中性的货币政策，市场流动性总体上合理充裕，人民币汇率弹性增强并保持基本稳定，结构性去杠杆稳步推进，部分机构前期盲目扩张行为明显收敛”①。

2. 稳步推进资产管理新规实施

2018 年 4 月 27 日，人民银行、银保监会、证监会、外汇局联合发布资产管理新规，明确资产管理产品要打破刚性兑付，实行净值化管理，按照产品类型统一监管标准，弥补监管短板，减少监管套利，治理市场乱象，防范系统性风险。虽然正式发布的资产管理新规较征求意见稿在过渡期限等方面进行了放松，也充分考虑了短期内面临的问题，但总体上属于框架性的指导意见，明确了总体方向和基本原则，具体实施还需要有相关的实施细则。资产管理新规发布后金融机构的资产管理业务一度基本处于停滞或者萎缩状态，需要进一步出台相关政策，保障政策的实施能够平稳过渡。

2018 年 7 月 20 日，人民银行办公厅《关于进一步明确规范金融机构资产管理业务指导意见有关事项的通知》要求：“进一步阐释公募资产管理产品的投资范围，明确过渡期内金融机构可以发行老产品投资新资产，优先满足国家重点领域和重大工程建设续建项目以及中小微企业的融资需求，明确过渡期内封闭期在半年以上的定期开放式资产管理产品、投资以收取合同现金流量为目的并持有到期的债券，以及银行现金管理类理财产品可适用摊余成本计量，明确非标回表的宏观审慎政策安排和自主有序整改”②。为金融机构规范发展资产管理业务进一步明确了方向。

2018 年 9 月 26 日，银保监会发布《商业银行理财业务监督管理办

① 中国政府网. 刘鹤主持国务院金融稳定发展委员会专题会议［EB/OL］. http：//www. gov. cn/guowuyuan/2018-10/21/content_ 5333237. htm，2018-10-21.

② 中国人民银行货币政策分析小组. 2018 年第三季度中国货币政策执行报告［R］. 2018-11-09：14.

法》(中国银行保险监督管理委员会令2018年第6号)，作为资产管理新规的配套实施细则，在总体框架上以及过渡期安排方面与资产管理新规保持一致，“与资产管理新规充分衔接，共同构成银行开展理财业务需要遵循的监管要求。主要内容包括：严格区分公募和私募理财产品，加强投资者适当性管理；规范产品运作，实行净值化管理；规范资金池运作，防范‘影子银行’风险；去除通道，强化穿透管理；设定限额，控制集中度风险；加强流动性风险管控，控制杠杆水平；加强理财投资合作机构管理，强化信息披露，保护投资者合法权益；实行产品集中登记，加强理财产品合规性管理等”①。

3. 货币政策保持稳健中性

2018年以来，人民银行继续实施稳健中性的货币政策，适时调整和完善宏观审慎政策，尤其是注重根据形势变化把握好调控的节奏、力度和工具组合，加强预调微调和预期管理，保持流动性合理充裕。“货币政策，既保持定力，又加强形势预判和预调微调，在有效控制宏观杠杆率的同时，适度对冲外部不确定性以及部分领域可能出现的信用收缩问题，并加大对小微企业等实体经济的支持力度。”②

在货币政策方面，“把握好流动性的总量和结构，并发挥价格杠杆作用。灵活运用逆回购、MLF、SLF等工具提供不同期限流动性”③，银行体系流动性合理稳定。2018年3月22日，人民银行将7天期逆回购操作中标利率上调5个基点，此后其他逆回购品种和MLF操作利率也以相同幅度上调。以此来缩小公开市场操作利率和货币市场利率的利差，增强公开市场操作利率对货币市场利率的传导作用，并在一定程度上起到

---

① 中国银保监会. 中国银保监会发布《商业银行理财业务监督管理办法》[EB/OL]. http://www.cbrc.gov.cn/chinese/newShouDoc/414FD35A484140B3BD3B8400751B78B5.html,2018-09-28.

② 中国人民银行货币政策分析小组. 2018年第二季度中国货币政策执行报告[R]. 2018-08-10：53.

③ 中国人民银行货币政策分析小组. 2018年第一季度中国货币政策执行报告[R]. 2018-05-11：1.

稳定宏观杠杆率的作用。[①] 2018 年 6 月，人民银行适当扩大 MLF 担保品范围，以降低中低等级债券的流动性溢价。“2018 年 7 月，人民银行下调大型商业银行、股份制商业银行、城市商业银行、非县域农村商业银行和外资银行人民币存款准备金率 0.5 个百分点，以支持市场化法治化‘债转股’和小微企业融资。其中，5 家国有商业银行和 12 家股份制商业银行释放资金约 5 000 亿元，有助于提高其实施‘债转股’的能力，加快已签约‘债转股’项目落地。”[②] 2018 年 10 月，根据国务院常务会议要求，人民银行设立民营企业债券融资支持工具。

在宏观审慎政策方面，“自 2018 年第一季度评估时起，人民银行把资产规模 5 000 亿元以上金融机构发行的同业存单纳入 MPA 同业负债占比指标进行考核。同时，对资产规模 5 000 亿元以下的金融机构发行的同业存单进行监测。”[③] 以解决金融机构通过同业存单实施加杠杆的问题。为配合定向降准支持市场化法治化“债转股”，人民银行对“金融机构使用降准资金支持‘债转股’和小微企业的落实情况已经纳入 MPA 考核”[④]。同时，2018 年第二季度以来，“为配合下调部分金融机构存款准备金率置换 MLF 等货币政策操作和资产管理新规的实施，人民银行适当调整了 MPA 结构性参数等指标和参数设置，引导金融机构将降准所释放资金主要用于小微企业贷款、将节约的资金成本向小微企业让利，以及支持符合条件的表外资产回表”[⑤]。再者，人民银行也从 2018 年第一季度开始，首次启动对 4 327 家金融机构的评级，对金融机构经营情况

---

① 中国人民银行货币政策分析小组. 2018 年第一季度中国货币政策执行报告［R］. 2018-05-11：11-12.

② 中国人民银行货币政策分析小组. 2018 年第二季度中国货币政策执行报告［R］. 2018-08-10：13.

③ 中国人民银行货币政策分析小组. 2018 年第一季度中国货币政策执行报告［R］. 2018-05-11：15-16.

④ 中国人民银行货币政策分析小组. 2018 年第二季度中国货币政策执行报告［R］. 2018-08-10：13.

⑤ 中国人民银行货币政策分析小组. 2018 年第二季度中国货币政策执行报告［R］. 2018-08-10：14.

和风险状态进行评价，并将评级结果作为确定 MPA 结果的重要依据。

4. 金融监管政策紧弛有度

通过松紧适度的金融监管打破刚性兑付，稳步推进去杠杆。“2017年年底，我国银行业金融机构表外业务余额 302.11 万亿元（含托管资产表外部分），同比增长 19.17%。表外业务余额相当于表内总资产规模的 119.69%。其中，担保类 18.34 万亿元，承诺类 21.98 万亿元，金融资产服务类 186.09 万亿元。商业银行表外业务管理仍然较为薄弱，表内外风险可能出现交叉传染。”① 因而，在金融部门去杠杆方面，金融监管主要围绕同业理财、表外业务等开展，以推动银行业金融机构的表外资产回表。但由此一来，银行业金融机构就会面临比较大的资本金补充压力，金融监管也在这方面予以充分关注，从而提高金融监管的科学性和可操作性。这不仅有利于金融机构的稳健经营，有利于规范金融机构对实体经济部门的融资行为，也有利于去杠杆工作的协同推进。

一方面，通过金融监管提升金融机构自身的稳健性。2018 年 1 月 5 日，银监会发布《商业银行股权管理暂行办法》(银监会令〔2018〕1 号)，以加强商业银行股权管理，规范商业银行股东行为，保护商业银行、存款人和其他客户的合法权益。同日，发布《商业银行委托贷款管理办法》（银监发〔2018〕2 号），规定商业银行不得接受受托管理的他人资金发放委托贷款，以规范商业银行委托贷款业务经营，加强委托贷款业务管理，促进委托贷款业务健康发展。2018 年 1 月 12 日，《中国银监会关于进一步深化整治银行业市场乱象的通知》（银监发〔2018〕4 号）指出，进一步深化整治银行业市场乱象，提出 2018 年整治银行业市场乱象工作要点。2018 年 1 月 18 日，银监会、人民银行、证监会、保监会、国家外汇管理局发布《关于进一步支持商业银行资本工具创新的意见》（银监发〔2018〕5 号），从“积极支持商业银行资本工具创新的有

① 中国人民银行金融稳定分析小组. 中国金融稳定报告（2018）［M］. 北京：中国金融出版社，2018：54.

益探索，拓宽资本工具发行渠道，增加资本工具种类，扩大投资主体范围，改进资本工具发行审批工作”等方面，为拓宽商业银行资本补充渠道提供政策支持。2018 年 3 月 2 日，保监会发布《保险公司股权管理办法》（保监会令〔2018〕5 号），以加强保险公司股权监管，规范保险公司股东行为，保护投保人、被保险人、受益人的合法权益。2018 年 4 月 24 日，银保监会发布《商业银行大额风险暴露管理办法》（中国银行保险监督管理委员会令 2018 年第 1 号），明确单家商业银行对单一客户或集团客户的授信总量上限，要求穿透监管，以加强大额风险暴露管理，有效防控客户集中度风险。2018 年 5 月 2 日，《中国银行保险监督管理委员会办公厅关于规范银行业金融机构跨省票据业务的通知》（银保监办发〔2018〕21 号），规范金融机构的跨省票据业务。2018 年 5 月 23 日，银保监会发布《商业银行流动性风险管理办法》（中国银行保险监督管理委员会令 2018 年第 3 号），以加强商业银行流动性风险管理，维护银行体系安全稳健运行。

另一方面，通过金融监管规范金融机构对实体经济的支持。2018 年 3 月 28 日，财政部《关于规范金融企业对地方政府和国有企业投融资行为有关问题的通知》（财金〔2018〕23 号）提出：“国有金融企业应严格落实《预算法》和《国务院关于加强地方政府性债务管理的意见》（国发〔2014〕43 号）等要求，除购买地方政府债券外，不得直接或通过地方国有企事业单位等间接渠道为地方政府及其部门提供任何形式的融资，不得违规新增地方政府融资平台公司贷款。不得要求地方政府违法违规提供担保或承担偿债责任。不得提供债务性资金作为地方建设项目、政府投资基金或 PPP 项目资本金。”2018 年 5 月 22 日，银保监会发布《银行业金融机构联合授信管理办法（试行）》（银保监发〔2018〕24 号），积极开展联合授信试点，优化银企合作关系，提高金融资源配置效率，抑制多头融资、过度融资行为，有效防控企业杠杆率上升引发的信用风险。

三、去杠杆的成效

2016 年下半年开始的去杠杆取得了较为显著的成效。2018 年 8 月，国务院金融稳定发展委员会召开第二次会议，认为“当前金融形势总体向好，宏观杠杆率趋于稳定”[①]。人民银行在《2018 年第一季度中国货币政策执行报告》中指出：“宏观杠杆率增速放缓，金融体系控制内部杠杆取得阶段性成效。”[②] 并在《2018 年第二季度中国货币政策执行报告》中明确：“宏观杠杆率保持稳定。”[③] 这些有关去杠杆成效的总体判断，也得到了金融部门和非金融部门相关数据的支持。

（一）非金融部门去杠杆的成效

非金融部门杠杆率快速提高的势头得到较好控制，部分领域增速下降明显。根据 BIS 统计数据，2017 年我国非金融部门杠杆率提高 0.1 个百分点，政府部门提高 1.8 个百分点，非金融企业部门下降 5.7 个百分点，家庭部门提高 4 个百分点。2009—2016 年，我国非金融部门、政府部门、非金融企业部门、家庭部门杠杆率年均分别提高 12.9、2.2、7.4、3.3 个百分点。同时，2017 年年底，我国金融机构与 102 家非金融企业签署市场化债转股协议，协议金额超过 1.6 万亿元。[④] 由此可见，在非金融部门总体杠杆率增速快速下降的同时，非金融部门内部杠杆率变化呈现出不同的特点，杠杆率较高的非金融企业部门杠杆率下降，杠杆率较

---

① 中国政府网. 国务院金融稳定发展委员会召开第二次会议 [EB/OL]. http://www.gov.cn/guowuyuan/2018-08/03/content_ 5311456.htm，2018-08-03.

② 中国人民银行货币政策分析小组. 2018 年第一季度中国货币政策执行报告 [R]. 2018-05-11：49.

③ 中国人民银行货币政策分析小组. 2018 年第二季度中国货币政策执行报告 [R]. 2018-08-10：Ⅱ.

④ 中国人民银行金融稳定分析小组. 中国金融稳定报告（2018）[M]. 北京：中国金融出版社，2018：25.

低的政府部门、家庭部门杠杆率仍然在提高，杠杆率在不同部门间出现一定的转移。

根据人民银行的解释，我国非金融部门杠杆率趋稳的主要原因包括："一是供给侧结构性改革取得明显成效，加之全球经济回暖，我国经济稳中向好，企业利润、财政收入、居民收入均保持较快增长，有助于稳定债务率。""二是稳健中性货币政策及结构性信贷政策效果显现，货币信贷总体保持适度增长。这主要受金融体系抑制内部杠杆影响。""2017 年产能过剩行业中长期贷款余额同比下降 1.7%，低效融资需求受到明显遏制；房地产贷款余额同比增长 20.9%，增速比 2016 年下降 6.1 个百分点，其中个人住房贷款余额增长 22.2%，增速比 2016 年下降 14.5 个百分点。此外，委托贷款、表外融资等业务在金融去杠杆和规范管理的大背景下，增速明显放缓。三是地方政府融资担保行为进一步规范，地方政府融资平台公司等预算软约束主体债务增长受到遏制，国有企业债务增速放缓。2017 年，国有企业贷款和债券余额与 GDP 之比较 2016 年上升 2.3 个百分点，增幅比 2012—2016 年平均增幅低 1.5 个百分点。"①

与此同时，2018 年以来，社会融资规模增长速度下降，尤其是表外融资增长速度较低，甚至是负增长，也说明非金融部门去杠杆成效明显。②

（二）金融部门去杠杆的成效

金融部门去杠杆也取得较为明显的成效，不仅是金融部门加杠杆速度降低，金融部门推动非金融部门加杠杆的速度也开始减弱。在金融去杠杆的过程中，抑制资金在金融机构内部空转或者无序循环，大大消除了金融机构间的套利交易，降低了系统性金融风险；控制了影子银行的

---

① 中国人民银行货币政策分析小组. 2018 年第一季度中国货币政策执行报告［R］. 2018-05-11：51-52.

② 曲庆. 去杠杆导致的社融回落难以带来货币政策宽松［EB/OL］. 曲庆债券论坛微信公众号，2018-06-12.

规模，也有效控制了金融机构不规范的业务，防止资金大量流入高风险领域。从 M2 和社会融资规模存量同比增速看，M2 同比增速从 2017 年 4 月开始持续低于 10%，并从 2017 年 11 月开始一直低于 9%。这被认为是金融部门去杠杆的结果，金融机构信用创造功能受到抑制导致 M2 增速回落[①]，具体原因包括：金融部门去杠杆导致银行体系投向非银行金融机构的资金减少，表外融资渠道减少以及货币创造的途径压缩[②]。总之，“2017 年 M2 增速较前些年有所放缓，主要是金融体系抑制内部杠杆，资金嵌套明显减少，挤出了过去积累的一部分‘水分’，有利于稳定宏观杠杆率，助力防范化解重大风险攻坚战。”[③]

M2 和社会融资规模作为金融机构的负债端和资产端，是一枚硬币的两个方面。如果说从 M2 增速下降的角度看，金融部门去杠杆取得了明显的成效，那么社会融资规模存量同比增速下降并且增速屡创新低，不仅是金融去杠杆进一步深化的表现，也预示着非金融部门去杠杆成效明显。M2 同比增速从 2016 年 4 月开始低于社会融资规模存量同比增速，之后在 M2 增速持续下降的情况下，社会融资规模存量同比增速在 2016 年 7 月开始升高，并一直到 2017 年 10 月都保持较高的增速，导致 M2 和社会融资规模存量同比增速间的缺口越来越大。此后，社会融资规模存量同比增速持续下降，2018 年 11 月开始降至个位数。这也被认为是金融部门去杠杆传导至非金融部门、非金融部门去杠杆效果明显的标志。具体见图 3-1。

进一步分析社会融资规模可以发现，社会融资规模存量同比增速下降，主要是在金融监管对委托贷款、银信合作、商业银行票据贴现进行严厉的整治后，表外融资项目委托贷款、信托贷款、未贴现银行承兑汇票增速下降所致。作为非标融资项目，委托贷款、未贴现银行承兑汇票

---

① 连平，陈冀. 理性审视 M2 的宏观指标意义［J］. 中国金融，2017（24）：34-37.

② 盛松成. 社融与 M2 增速背离看金融去杠杆［J］. 中国金融，2017（21）：22-24.

③ 中国人民银行货币政策分析小组. 2018 年第二季度中国货币政策执行报告［R］. 2018-05-11：7.

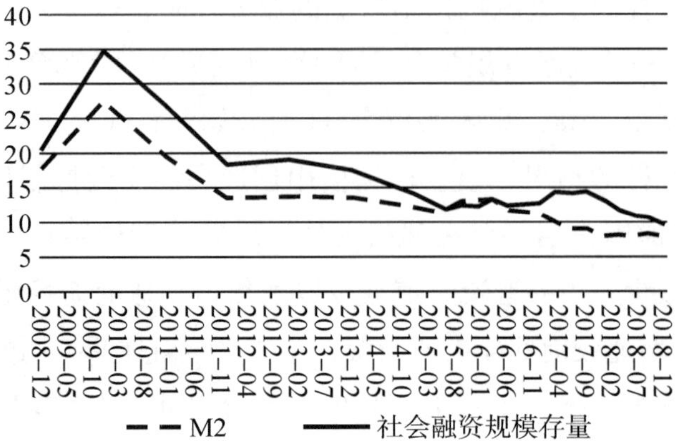

图 3–1　2008—2018 年 M2 和社会融资规模存量同比增速（单位:%）

资料来源：中国人民银行、Wind。

同比增速在 2017 年最后两个月快速下降，2018 年 3 月起委托贷款同比增速开始进入负增长阶段，6 月起未贴现银行承兑汇票同比增速也开始进入负增长阶段。信托贷款同比增速 2018 年 4 月开始快速下降，从 10 月开始进入负增长阶段。具体见表 3–3。出现这种情况主要是由于，去杠杆重点是围绕金融同业、表外理财业务开展，减少资金的多层嵌套，而这些资金投向非标领域的更多。

表 3–3　2008—2018 年社会融资规模存量分项同比增速　单位:%

时间	人民币贷款	外币贷款（折合人民币）	委托贷款	信托贷款	未贴现银行承兑汇票	企业债券	非金融企业境内股票	地方政府专项债券
2008–12	18.70	5.10	29.10	84.30	9.20	78.70	17.70	0.00
2009–12	31.30	55.50	35.80	63.40	36.50	86.20	18.30	0.00
2010–12	19.90	15.90	44.20	34.40	135.50	42.30	30.90	0.00
2011–12	16.10	13.10	21.20	13.50	24.80	36.20	17.70	0.00
2012–12	15.00	27.20	17.10	75.00	20.70	44.40	8.60	0.00
2013–12	14.20	7.20	39.70	61.10	12.60	24.20	6.70	0.00
2014–12	13.60	4.10	29.20	10.70	–1.80	25.80	12.70	0.00
2015–03	14.00	–7.20	23.60	4.60	–7.60	25.00	13.70	0.00

表3-3(续)

时间	人民币贷款	外币贷款（折合人民币）	委托贷款	信托贷款	未贴现银行承兑汇票	企业债券	非金融企业境内股票	地方政府专项债券
2015-06	13.80	-6.20	18.40	1.70	-10.40	19.10	17.30	0.00
2015-09	14.00	-7.50	18.80	4.20	-10.80	20.40	17.40	0.00
2015-12	13.90	-13.00	17.20	0.80	-14.80	25.10	20.20	0.00
2016-03	14.50	-20.20	19.60	4.90	-19.00	30.60	22.20	0.00
2016-06	13.80	-23.00	22.10	6.60	-34.10	29.70	23.20	0.00
2016-09	13.60	-21.00	21.00	9.80	-39.80	28.60	27.60	0.00
2016-12	13.40	-12.90	19.80	15.80	-33.40	22.50	27.60	0.00
2017-03	12.60	-2.90	19.70	24.90	-18.70	12.40	26.10	0.00
2017-06	13.10	-3.00	14.40	32.30	-2.30	7.10	21.70	0.00
2017-09	13.50	-5.70	10.80	35.90	14.80	5.20	17.10	0.00
2017-12	13.20	-5.80	5.90	35.90	13.70	2.50	15.10	0.00
2018-03	12.92	-8.64	-1.41	22.90	-0.45	5.71	12.34	51.62
2018-06	12.69	-3.40	-4.56	10.10	-6.74	8.63	11.22	37.13
2018-09	13.00	-1.58	-7.73	0.17	-13.89	7.04	9.16	42.48
2018-12	13.15	-10.72	-11.54	-7.98	-14.26	9.19	5.42	32.56

资料来源：中国人民银行、Wind。

另外，金融部门总资产增速快速下降，虽然仍高于 GDP 增速，但与 GDP 增速的差距也在缩小，金融机构内部也出现了一些变化，这也可以被视为金融部门去杠杆成效显现的一个标志。以银行业金融机构总资产与名义、实际 GDP 同比增速为例，根据银保监会和国家统计局的统计数据，银行业金融机构总资产同比增速从 2017 年第二季度开始低于名义 GDP 增速，并且两者的差距越来越大；银行业金融机构总资产同比增速与实际 GDP 同比增速的差值方面，2008—2016 年平均为 9.17 个百分点，2017 年为 1.80 个百分点，2018 年为负 0.20 个百分点。银行业内部的情况也可以说明去杠杆的成效。在商业银行内部，股份制商业银行、城市商业银行总资产同比增速长期远高于大型商业银行，而 2016 年下半年开始去杠杆以来，股份制商业银行、城市商业银行总资产同比增速大幅度下降，股份制商业银行总资产同比增速从 2017 年 6 月开始降为个位数并低于大型商业银行，城市商业银行总资产同比增速从 2018 年 3 月开始降为个位数，略高于大型商业银行。具体见图 3-2。这种情况出现的主要原因是，2016 年下半年开始的去杠杆重点是围绕规范和限制金融同业业务开展，与大型商业银行相比，股份制商业银行、城市商业银行在业务发展中金融同业业务占比较高，去杠杆导致其难以通过金融同业业务继续实现总资产的快速扩张，从而总资产增速下降较快。

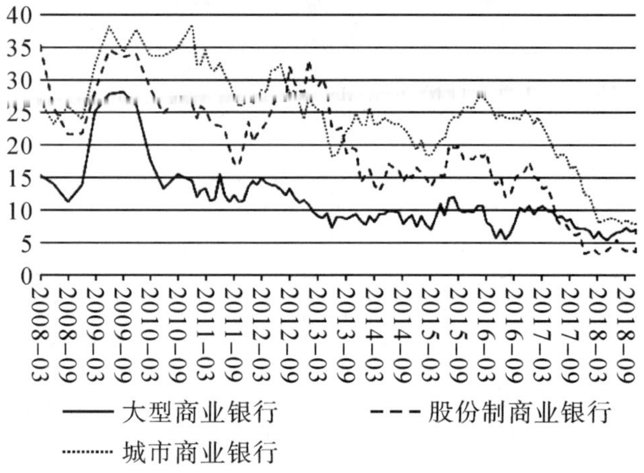

图 3-2　2008—2018 年商业银行总资产同比增速（单位:%）

资料来源：中国银保监会、Wind。

四、快速去杠杆所遇到的新问题

加杠杆尤其是杠杆率快速提高会引发风险，去杠杆过快或者片面强调去杠杆速度也会引发新的问题。从国际上看，1990 年，日本为抑制杠杆率过快上涨，采用较为暴力的方式去杠杆，刺破房地产等经济泡沫，导致日本的股票价格和土地价格深度调整，金融市场遭受重创，经济硬着陆并进入“失去的二十年”[①]。20 世纪 90 年代初，芬兰政府为降低信贷和货币快速扩张带来的通货膨胀，迅速收紧货币政策引发实际利率快速上升，加上外部苏联解体对芬兰出口不利，最终导致芬兰经济陷入衰退。[②] 国内从 2016 年下半年开始实施去杠杆，并围绕去杠杆出台多项有针对性的政策，在取得较好成效的同时，受去杠杆、去产能、环保限产等多项政策叠加、缺乏协调、执行偏离等因素影响引发了一些新的问题，突出表现为，金融体系不稳定加剧[③]。受融资条件收紧等因素影响，债券市场信用债券违约事件多发，股票市场股权质押风险暴露。在民营企业经营状况没有持续明显恶化的情况下[④]，其杠杆率不降反升[⑤]，债券违约、股权质押风险暴露的较多。

（一）民营企业融资难度进一步加大

民营企业缺少土地和房产抵押物[⑥]，经营过程中风险事件相对更多。金融机构在信息不对称的情况下，难以全面了解贷款客户，缺少有效的风险控制手段，往往在贷款融资时要求提供抵押物以分散风险，增加了民营企业融资难度。加之国内的金融机构以国有为主导，以银行业为主导的金融机构建立之初担负着为国有企业提供融资的使命，发放贷款时存在一定的所有制偏好，更偏好给国有企业提供融资，进一步导致民营企业的融资面临困难。2008 年国际金融危机后，金融机构大力发展小微金融，民营企业融资并不是很难。4 万亿元投资计划的实施，引起制造业出现较为严重的产能过剩，2012 年之后问题更突出，民营企业盈利能力明显下降，贷款风险开始逐步显现，并引发金融机构收紧对小微企业的融资支持。更值得

① 娄飞鹏. 日本去杠杆的做法与启示［J］. 福建金融，2018（6）：61-65.

② 高瑞东. 发达国家去杠杆启示［J］. 中国金融，2016（10）：94-96.

③ 中国人民大学中国宏观经济分析与预测课题组. 结构性去杠杆下的中国宏观经济——2018 年中期中国宏观经济分析与预测［J］. 经济理论与经济管理，2018（8）：5-19.

④ 周君芝. 如何理解当前信用条件变化？——基于宏观去杠杆视角［EB/OL］. 郭磊宏观茶座微信公众号，2018-05-29.

⑤ 沈建光. 对去杠杆执行层面问题的反思与建议［N］. 证券日报，2018-11-17（A03）.

⑥ 彭文生. 渐行渐近的金融周期［M］. 北京：中信出版集团，2017：196.

关注的是，相对于金融机构对国有企业贷款余额和每年的增长额而言，民营企业获得贷款的能力从2014年开始进一步恶化，大型、中型、小型、微型企业都是如此。[①] 具体见表3-4。其背景是，为解决4万亿元投资计划引发的产能过剩问题，商业银行收紧贷款条件，整体融资环境较之前有所恶化。2013年全国多地民营企业贷款风险暴露，尤其是民营经济发达的地区，不良贷款问题更加突出。金融机构为防控不良贷款风险，收紧民营企业贷款，民营企业贷款的可得性较之前大幅度下降。

表3-4　　2010—2016年国有企业和民营企业金融机构贷款　　单位：亿元

金额	规模	类型	2010	2011	2012	2013	2014	2015	2016
人民币贷款余额	大型	国有	94 147	97 401	98 248	107 435	130 030	131 273	160 434
		民营	14 972	16 896	22 390	26 915	31 669	32 259	36 076
	中型	国有	42 966	42 859	52 694	59 464	73 654	82 979	102 604
		民营	34 929	42 165	59 647	70 586	77 331	73 949	74 388
	小型	国有	21 122	30 687	32 570	34 122	40 089	48 319	66 292
		民营	41 256	58 252	55 061	69 098	79 850	83 918	90 082
	微型	国有	–	–	3 386	3 637	4 528	5 546	8 178
		民营	–	–	5 061	6 629	8 193	9 609	12 212
人民币贷款较年初增长额	大型	国有	–	–	7 220	5 889	9 327	13 028	14 332
		民营	–	–	2 663	2 774	1 861	3 056	2 065
	中型	国有	–	–	5 168	6 783	12 368	11 906	15 591
		民营	–	–	8 582	9 324	2 863	−55	−2 248
	小型	国有	–	–	1 683	3 539	5 803	8 620	16 179
		民营	–	–	10 903	13 393	9 919	5 069	4 388
	微型	国有	–	–	391	441	803	1 082	2 246
		民营	–	–	1 184	1 736	1 447	1 475	2 102

资料来源：中国人民银行、Wind。

① 观察固定资产投资数据可以发现，2014年开始，我国制造业投资占比显著下降，基础设施建设投资占比持续上升。就投资主体看，民营企业是制造业投资的主体，而政府主导基础设施建设投资。由此可以推断，基础设施建设投资的快速上升，占用大量的信贷资源，导致民营企业融资面临更大的困难。

（二）民营企业融资方式发生变化

相对而言，民营企业更有动力将企业做大，存在较强的规模扩张冲动，想以高杠杆的方式扩大企业规模，甚至是面对金融业高盈利而跨界进行金融投资。民营企业本身就面临融资难的问题，更有通过其他渠道获得融资支持的动力。在银行贷款逐渐收紧的情况下，2012 年非标业务兴起让民营企业开始大量通过非标业务融资，2014 年之后在债券市场大量发行信用债券融资，2015 年以后上市民营企业也大量通过股权质押融资，融资方式多元化特点日渐突出。在 2015 年供给侧结构性改革的相关政策实施后，国有企业杠杆率稳中有降；民营企业则因为自身内部造血功能不足、国家对环保等方面的要求更加严格、投资加大等，杠杆率快速提高。

从非标融资看，其在基数较大的情况下，年新增融资额仍然快速增长。在社会融资规模中，2013 年、2014 年，委托贷款、信托贷款、未贴现银行承兑汇票等非标融资新增额合计分别达到 2. 87 万亿元、2. 60 万亿元。2015 年、2016 年因为降准降息整体流动性环境宽松，非标融资新增额有所减少。2017 年因为严格的去杠杆，货币政策保持稳健中性，非标融资再度大幅度提高，新增额达到 2. 48 万亿元。在非标融资特别是委托贷款中，部分上市公司、大型国有企业利用自身易于获得商业银行贷款的优势，从商业银行贷款弥补生产经营资金缺口的同时，利用闲置资金和低成本借贷资金开展委托贷款①，也有一些利用国外相对便宜的资金，再以委托贷款的方式给中小企业融资②。

从债券融资看，非金融民营企业发行信用债券的总额、只数占信用债券的比例都有了快速提高。2014 年以前，非金融民营企业在债券市场

① 周宜强，张晓丽，邱峰. 当前国内资本“脱实向虚”倾向的表现、成因、危害及应对［J］. 征信，2017（6）：20-25.

② 彭文生. 渐行渐近的金融周期［M］. 北京：中信出版集团，2017：120.

的融资规模很小，几乎可以忽略不计，2014 年以来这种情况发生了变化。非金融民营企业信用债券的发行金额、只数分别从 2014 年的 3 940.37亿元、748 只提高至 2017 年的 11 123.36 亿元、1 774 只，占非金融企业信用债券发行金额、只数的比例分别从 6.45%、15.62%提高至 15.43%、22.69%。2018 年受去杠杆和债券违约影响，非金融企业债券发行规模整体下降，民营企业下降更明显，表现为债券发行金额、只数绝对数下降，在非金融企业债券发行中的占比降低。具体见图 3-3。

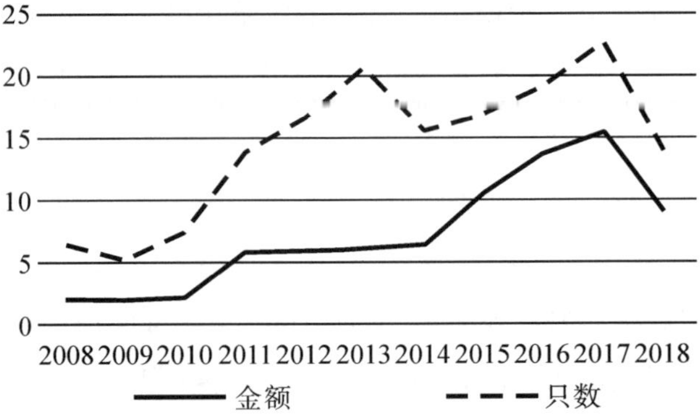

图 3-3　2008—2018 年非金融民营企业信用债券发行金额和只数占比（单位:%）

资料来源：Wind。

在发行信用债券融资过程中，也不乏资信较好、规模较大的民营企业通过发行信用债券来融资，并利用融来的资金购买理财产品，在这其中通过期限错配、加杠杆等方式赚取利差收益①，也就是套取资金开展金融投资，甚至是开展金融股权投资②。在民营企业发行信用债券规模快速提高的同时，金融机构以债券质押方式加杠杆投资获得利差收益。

① 李奇霖. 谈谈金融去杠杆的内涵与监测指标［EB/OL］. http：//mt. sohu. com/20170221/n481327441. shtml，2017-02-21.

② 周长富，张莅，冒建忠. “脱实向虚”的表现、成因及机制分析［J］. 区域金融研究，2016（3）：69-76. 李思龙. 企业“脱实向虚”的动机及系统性金融风险影响［J］. 广东财经大学学报，2017（4）：45-57.

尤其是金融同业杠杆资金大规模流入债券市场，引起债券市场收益率下降。金融机构通过融入短期资金开展长期投资，通过负债端和资产端的期限错配，以短搏长加杠杆投资债券来谋求更高的收益。①

从股权质押融资看，民营上市公司也大量进行股权质押融资。尤其是 2016 年以来，随着“资产荒”问题凸显，银行资金可以借助通道机构进入股权质押市场，以及之前对大股东、董事、监事和高级管理人员减持股份的新规定②，限制了民营企业从资本市场获得融资，促使其通过股权质押方式从信贷市场获得融资。与整个 A 股上市公司相比，民营企业通过股权质押融资的比例更高，主要表现在两个方面。一方面，与民营上市公司数、股本总数、市值在整个 A 股市场的占比相比，进行股权质押的民营上市公司数、股本总数、市值在整个 A 股市场开展股权质押中的占比更高。具体见表 3-5。另一方面，从民营上市公司股权质押、大股东累计质押数占持股数比例两个指标看，2014—2018 年，民营企业的算术平均数、中位数、加权平均数、最大质押比例数总体上高于 A 股对应指标。具体见表 3-6。2008—2018 年，民营上市公司开展股权质押的公司数占比、质押的股本数占比、质押的股票市值占比，以及开展股权质押的民营企业质押次数均高于 A 股总体水平。具体见表3-7。

---

① 娄飞鹏. 去杠杆研究［M］. 北京：中国金融出版社，2018：51.

② 2015 年 7 月 8 日，证监会发布〔2015〕18 号公告规定：“从即日起 6 个月内，上市公司控股股东和持股 5%以上股东（简称大股东）及董事、监事、高级管理人员不得通过二级市场减持本公司股份。”2016 年 1 月 7 日，证监会《上市公司大股东、董监高减持股份的若干规定》（证监会公告〔2016〕1 号），以及 2017 年 5 月 26 日，证监会《上市公司股东、董监高减持股份的若干规定》（证监会公告〔2017〕9 号）都规定：“上市公司大股东在 3 个月内通过证券交易所集中竞价交易减持股份的总数，不得超过公司股份总数的 1%。”

表 3-5　　2008—2018 年民营上市公司数量和股权质押占比

指标	类型	2008	2009	2010	2011	2012	2013	2014	2015	2016	2017	2018
公司数占比	质押（%）	55.15	60.11	67.06	69.07	72.62	75.85	78.36	79.09	77.91	80.24	81.53
	总计（%）	36.54	38.72	45.48	50.20	51.76	51.75	53.11	55.48	57.27	61.00	61.12
	差值（百分点）	18.61	21.39	21.58	18.88	20.87	24.10	25.25	23.60	20.64	19.24	20.42
股本数占比	质押（%）	60.96	68.76	66.71	69.86	71.55	72.41	75.81	79.08	76.10	74.89	73.17
	总计（%）	8.06	8.86	9.58	11.95	13.47	14.49	16.38	20.69	24.32	26.19	26.48
	差值（百分点）	52.89	59.90	57.13	57.91	58.08	57.91	59.43	58.40	51.78	48.70	46.69
市值占比	质押（%）	62.35	70.14	69.97	73.73	75.44	74.26	81.40	84.38	83.79	80.54	82.13
	总计（%）	8.75	11.87	17.99	18.67	18.98	24.78	23.82	35.89	36.32	34.84	31.50
	差值（百分点）	53.60	58.27	51.98	55.07	56.46	49.48	57.58	48.49	47.48	45.70	50.62

注：本表占比的计算方法是："总计"采用民营上市公司当年的公司数、股本总数、总市值除以 A 股上市公司对应年份的公司数、股本总数、总市值，"质押"采用民营上市公司当年开展股权质押的公司数、股本总数、总市值除以 A 股上市公司当年开展股权质押的公司数、股本总数、总市值。

资料来源：Wind。

表 3-6 2014—2018 年民营企业、A 股质押比例和大股东质押比例 单位:%

类型	年份	全部质押比例				大股东累计质押数占持股数比例			
		算术平均数	中位数	加权平均数	最大值	算术平均数	中位数	加权平均数	最大值
民营企业	2014	16.93	13.05	33.34	77.19	53.7	56.8	73.95	100.00
	2015	17.52	14.24	32.32	75.64	49.69	51.31	72.59	100.00
	2016	19.00	16.17	33.35	80.70	51.69	51.7	73.25	100.00
	2017	20.53	18.59	34.18	80.15	56.17	60.81	75.50	100.00
	2018	21.70	20.50	25.54	77.96	59.09	64.78	63.31	100.00
A 股	2014	11.73	3.91	31.46	77.19	51.86	52.08	73.27	100.00
	2015	12.33	6.07	30.59	75.64	47.32	47.03	70.93	100.00
	2016	13.75	8.17	31.63	85.54	49.38	48.52	72.37	100.00
	2017	15.42	10.24	32.76	80.15	53.63	55.46	74.67	100.00
	2018	16.17	11.26	9.99	77.96	56.45	59.53	57.74	100.00

资料来源：Wind。

（三）民营企业融资风险暴露

民营企业融资风险暴露既有自身原因，也是去杠杆等多种因素影响的结果之一。2016 年下半年开始的金融去杠杆，主要是围绕金融同业业务、银行表外理财等多层嵌套开展，非标融资和债券融资受到的影响更大。一方面，民营企业本身公司治理不健全，内控偏弱，有开展多样化经营、盲目扩张的冲动，非标和表外融资规模较大，这种融资结构决定了去杠杆会对民营企业融资带来较大负面影响。另一方面，民营企业融资处于相对弱势地位，流动性宽松时民营企业融资难度会有所降低，但也是在流动性持续宽松的后期才被惠及，流动性紧张时民营企业融资首先受流动性紧张影响。在去杠杆过程中，流动性总体保持合理稳定的态势，金融严监管持续开展，金融机构风险偏好下降，融资条件收紧，民营企业融资受到较大影响，资金紧张甚至是面临断裂的风险。民营企业

表 3-7　　2008—2018 年民营企业、A 股上市公司股权质押情况比较

指标	类型	2008	2009	2010	2011	2012	2013	2014	2015	2016	2017	2018
公司占比	民营（%）	31.76	35.04	30.90	34.90	40.38	54.22	60.60	71.35	73.69	75.72	74.13
	A 股（%）	21.05	22.57	20.95	25.36	28.78	36.99	41.07	50.05	54.16	57.56	55.56
	差值（百分点）	10.72	12.47	9.94	9.54	11.60	17.23	19.53	21.29	19.52	18.16	18.56
股本数占比	民营（%）	9.26	12.57	9.07	9.50	10.92	12.43	15.36	16.69	19.60	14.64	10.58
	A 股（%）	1.22	1.62	1.30	1.63	2.06	2.49	3.32	4.36	6.26	5.12	3.83
	差值（百分点）	8.04	10.95	7.77	7.88	8.87	9.94	12.04	12.32	13.33	9.52	6.75
市值占比	民营（%）	15.08	9.37	7.08	12.47	10.56	11.29	15.03	18.08	20.72	14.66	12.71
	A 股（%）	2.12	1.59	1.82	3.16	2.66	3.77	4.40	7.69	8.98	6.34	4.88
	差值（百分点）	12.96	7.79	5.26	9.32	7.90	7.52	10.63	10.39	11.74	8.32	7.83
质押次数	民营（次）	2.73	3.24	2.91	3.14	3.35	3.71	4.71	6.10	8.21	8.11	8.75
	A 股（次）	2.44	2.78	2.67	2.96	3.14	3.44	4.44	5.67	7.43	7.52	8.14
	差值（次）	0.29	0.46	0.24	0.18	0.22	0.27	0.28	0.43	0.78	0.59	0.61

注：本表占比的计算方法是分别用民营上市公司、A 股上市公司当年开展股权质押业务的公司数、股本数、市值除以对应年份民营上市公司、A 股上市公司各自的上市公司数、股本总数、总市值；质押次数的计算方法是分别用民营上市公司、A 股上市公司当年开展的股权质押次数除以当年开展股权质押的民营上市公司、A 股上市公司的公司数。

资料来源：Wind。

受借新债还旧债惯性思维影响，对偿还债务缺少预备方案，面对流动性收紧难以通过借新债还旧债来滚动借债，也难以通过融资扩大生产规模提高盈利能力，无法偿还债务最终引发风险暴露。在风险暴露过程中，前期快速扩张，依靠债券、非标、股权质押融资较多的民营企业问题更加突出。与此同时，去产能、环保限产等政策与去杠杆政策叠加，美国挑起贸易争端等也加剧了风险的暴露。具体见表 3-8。

表 3-8　　2018 年和 2014—2015 年债券违约情况比较

项目	2014—2015 年情况	2018 年情况
宏观背景	企业盈利持续恶化	融资条件收紧
违约主体	集中在“两高一剩”行业	前期新增投资较多的企业，尤其是依靠股权质押、债券发行、非标滚动融资大幅扩张的企业，行业集中度不高
违约性质	债项资质恶化	债券大量到期
违约原因	经营状况恶化甚至巨亏，偿债能力降低	融资条件的边际收缩，企业前期盲目扩张为主导因素

资料来源：CF40 研究部．结构性问题暴露，下阶段“去杠杆”何解？［EB/OL］．中国金融四十人论坛微信公众号，2018－08－07．姬江帆．黑天鹅启示录 2017—2018［EB/OL］．https：//wallstreetcn．com/articles/3412464，2018－09－26．

从非标融资看，金融机构以同业合作方式将资金投向非标的规模大幅降低。2015 年以来，金融机构间形成“同业存单—同业理财—委外投资”的加杠杆链条，资金从人民银行流向大型商业银行，大型商业银行配置中小型商业银行发行的同业存单并从中赚取利差，中小型商业银行利用同业存单获取的资金配置同业理财或者进行委外投资并从中赚取利差，受托投资机构再次加杠杆以扩大投资规模并增厚收益。资金的流向大致是“人民银行—大型商业银行—中小型商业银行—受托投资机构—实体经济”，整个过程不仅延长了资金链条，而且形成了较高的杠杆，存在较大的金融风险。同时，委外资金大规模投向非标领域，面对去杠杆的持续快速推进，委外资金规模快速缩小，导致非标融资缩减。2018

年全年，委托贷款、信托贷款、未贴现银行承兑汇票规模分别减少 1.61 万亿元、0.69 万亿元、0.63 万亿元。民营企业对非标融资依赖度较高，非标融资大规模缩小增加了其融资难度，外源融资较少且难以有效偿还既有债务，导致民营企业违约事件多发。

从债券融资看，金融机构债券质押融资在去杠杆过程中大规模缩减。金融机构是债券市场主要的投资主体，在去杠杆时随着资金成本的提高，通过债券质押回购方式开展杠杆操作的规模降低。2016 年 2 月 18 日起，人民银行将公开市场操作从每周二、四操作调整为每个工作日操作，并且利率较为固定。金融机构利用人民银行的低成本资金在债券市场开展质押回购投资，并从中赚取利差收益。为增厚收益，金融机构采用短期融资配置长期债券，或者加杠杆开展债券投资，存在较为严重的期限错配和加杠杆问题。2016 年第三季度中央政治局会议提出稳健货币政策和抑制资产泡沫后，人民银行及时采用缩减短期资金供给，增加长期资金供给，上调公开市场操作利率的方式，从数量和价格方面着手实施偏紧的货币政策，债券质押回购规模降低。民营企业信用债券往往是中小型商业银行和非银行金融机构配置，这些机构杠杆率高于大型商业银行，去杠杆压力更大，去杠杆速度更快，快速缩减对民营企业信用债券的配置，增加了民营企业融资的难度，让“借新债还旧债”模式难以延续，导致风险爆发。

民营企业本身信用风险较高，从 2014 年 3 月我国债券市场第一只违约债券“11 超日债”发生实质性违约以来，债券市场违约事件不断发生，在这其中民营企业信用债券占比较高。2014—2018 年，在信用债券违约事件中，从违约债券只数看，民营企业信用债券占比一直超过 40%，最高时接近 70%；从违约债券余额看，民营企业信用债券占比逐步提高，从 19.40%提高至 58.68%，2017 年甚至一度超过 80%。具体见表 3-9。

表 3-9　　2014—2018 年信用债券违约情况

项目		2014	2015	2016	2017	2018
违约债券只数	总数（只）	6	27	56	45	152
	民营企业（只）	4	14	29	31	67
	民营企业占比（%）	66.67	51.85	51.79	68.89	44.08
违约债券余额	总数（亿元）	13.40	114.14	393.77	337.49	1 166.51
	民营企业（亿元）	2.60	28.60	147.60	280.70	684.50
	民营企业占比（%）	19.40	25.06	37.48	83.17	58.68

数据来源：Wind。

总体来看，在民营企业信用债券发行规模远低于国有企业的情况下，无论是违约债券只数还是违约债券金额，民营企业信用债券占比都比较高。2018 年 4 月至当年年底，债券市场信用债券违约事件明显增多，虽然中央国有企业、地方国有企业、上市公司、中外合资公司都有违约的情况，但是民营企业信用债券违约问题更加突出，呈现出违约事件多发、总规模较大的特点。这种情况出现，一方面是受宏观经济下行压力逐步显现且有所增大等因素影响，企业尤其是民营企业投资增速较低，资产负债率上升，面临较大的经营压力；另一方面则是因为快速去杠杆导致民营企业融资更加困难，在总体经营不是很景气的情况下，需要新的融资来偿还到期债务。随着金融去杠杆的持续推进，民营企业融资面临的困难更大，新融资渠道狭窄，或者难以有效融资的结果是无法偿还到期债务，虽然经营状况没有持续恶化，但债券违约事件多发。

从股权质押看，在 2018 年 A 股总体大幅度下跌的情况下，股权质押风险不断暴露。国内 A 股市场 2018 年大幅度下跌，部分股票价格屡创新低。这意味着，对于有股票质押融资的上市公司而言，其质押的股票市值不断下降。此时，上市公司就要偿还部分资金，或者增加质押的股票数量，以保障质押股票足值，实际质押率不触及预警线或者平仓线，所质押的股票不被强制平仓。然而，受金融去杠杆等因素影响，上市公司面临融资渠道收窄的问题，不仅难以筹集足够的资金偿还部分融资，而且没有足够的资金回购股权以增加质押的股票总量，导致股权质押风险暴露。民营上市公司股权质押的情况更突出，也面临更大的融资问题，股权质押的风险更大。就制度方面看，2018 年 1 月 12 日，上海证券交易所、中国证券登记结算有限责任公司发布《股票质押式回购交易及登记结算业务办法（2018 年修订）》（上证发〔2018〕4 号）规定："单一证券公司接受单只 A 股股票质押的数量不得超过该股票 A 股股本的 30%。单一集合资产管理计划或定向资产管理客户接受单只 A 股股票质押的数量不得超过该股票 A 股股本的 15%。初始交易金额与质押标的证券市值的比率即股票质押率上限不得超过 60%"，单只 A 股股票市场整体质押比例不得超过 50%，质押融入的资金必须用于实体经济。由于之前上市公司股票质押比例、质押率较高，存在采用股票质押式回购融入资金从事股票交易等情况，新的制度规定实施后面临调低质押比例、质押率等问题，无法有效融资以续接之前的融资，让股权质押风险快速暴露。

第四章

理性看待杠杆及其加和去

对杠杆要理性看待，其出现是经济金融发展到一定阶段的必然结果，也是经济金融发展的一个标志。杠杆率高低与风险之间有一定的关系，但不是简单的线性关系，杠杆率高并不必然意味着风险较高，杠杆率低也不必然意味着风险较低。我国在2008—2016年经历了快速加杠杆，这个过程不仅导致杠杆率提高，还呈现出明显的特点，也反映出经济金融领域的深层次问题，以及体制机制方面的问题。2016年下半年，我国开始去杠杆且取得了较好的成效，去杠杆思路也值得深入的研究思考。从金融周期的角度看，加杠杆时期对应金融周期的上升期，去杠杆时期对应金融周期的收缩期，金融周期周而复始，让杠杆也具有周期性。也正是如此，理性看待并深入研究2008年以来杠杆率情况，可为后续做好杠杆管理提供借鉴。本章从理性看待杠杆和杠杆率、理性看待杠杆率的特点与成因、理性看待去杠杆的思路选择三方面展开分析。

一、理性看待杠杆与杠杆率

从资源跨时空配置的角度看，杠杆具有把资金资源在不同时期、不同地域重新配置的作用，通过金融手段将资金资源跨时期、跨区域配置来优化其分布，不仅可以调剂资金在不同区域间的余缺，而且可以将未来的资金转移到当前债务人手中。这意味着，杠杆就是对资金资源的占有，加杠杆就是扩大资金资源的占有，对资金资源占有得越多就会有越大的权利，并且占有更多的生产性资本增加未来的收入，从而经济主体都有内在的加杠杆动力。金融业从事资金资源的跨时空配置，其产生、存在和发展也是为了更好地应用杠杆，以推动经济发展。在看待杠杆和杠杆率方面，需要从杠杆和杠杆率本身，杠杆和杠杆率变化的速度，杠杆和杠杆率与经济金融发展之间的关系等方面全面考虑，做出客观理性的评价。

（一）杠杆和杠杆率的应用需要适中

杠杆的应用需要适中。就杠杆本身而言，没有好坏之分，在正常合理的范围内，杠杆的存在有利于推动经济发展，如果超出正常合理的范围，则不利于推动经济发展。在市场定价完全有效的情况下，合适的杠杆就是市场定价内生决定的负债水平。① 也正是从这个角度看，适当应用杠杆可以充分发挥其撬动作用，在资金有限时以较少或者适当规模的资金撬动更多的资金，提高资金使用效率，从而有利于经济增长。如果片面强调杠杆的撬动作用，不在正常合理范围内加杠杆，盲目追求杠杆则其中会隐含较大的风险。因此，既要看到杠杆的积极作用，也要看到杠杆的潜在风险。既不能为了利用杠杆的撬动作用，盲目加杠杆，也不能不考虑杠杆的撬动作用，一味回避杠杆。

杠杆率也是如此，本身没有好坏之分，杠杆率过高或过低都不利于经济发展。从杠杆率的绝对水平看，虽然理论上没有一个绝对的最优水平或者极限值，但杠杆率与经济增长之间存在“倒 U 形”关系②，在达到临界值之前，提高杠杆率会拉动经济更快增长，超过临界值后则对经济增长的拉动作用会降低甚至不利于经济增长。杠杆率较低意味着杠杆的跨时空资金配置功能没有得到充分发挥，杠杆率较高则说明杠杆的跨时空资金配置功能虽然得到了发挥，但是可能已经脱离了经济发展的现

---

① 周君芝．如何理解当前信用条件变化？——基于宏观去杠杆视角［EB/OL］．郭磊宏观茶座微信公众号，2018-05-29.

② 徐忠．降杠杆并非利率越低越好［EB/OL］．http：//news．hexun．com/2017-10-31/191454747.html，2017-10-31.

实需要，非金融部门的负债较多，影响其生产能力和支出水平[①]。当非金融部门面对高负债出现偿债能力不足时往往就会爆发系统性风险，从而都不利于经济发展。基于该理论的研究认为，我国政府部门杠杆率的最优区间为 33.4%~33.6%。[②]

无论是杠杆还是杠杆率，都要保持合理的水平，过高或者过低都不利于经济增长。这背后的根本原因在于，经济增长具有自身的规律，也需要各种要素的合理搭配，要素比例不协调不利于经济增长。从宏观经济的角度看，杠杆的作用是进行资金资源的跨时空配置，而不能及时有效调配其他要素。杠杆使用较少时资金资源相对短缺，其他要素的潜能不能有效发挥，从而影响经济增长速度。杠杆使用过多时资金资源相对充裕，其他要素没有及时增加，资金的潜能不能有效发掘，资金使用效率低下。同时，在加杠杆过多的情况下，本身就导致资金资源相对其他要素更多，资金易于受逐利动机的驱使集中在部分领域，增加该领域的需求，当供给不同步增加或者供给有限时，就会在供求机制作用下出现资产价格泡沫，甚至引发经济金融危机。另外，经济金融基本面因素可以解释杠杆率的大部分而且偏重长期，预期尤其是资产价格预期、投机行为也会在短期内影响杠杆水平。

至于从经济增长的角度看，杠杆和杠杆率高低的最优水平，由于各国经济发展阶段、经济结构、金融结构不同，偿债能力和抗风险能力也不同，并没有一个绝对的、统一的标准[③]，只有相关的经验研究可以提供一些参考。有研究表明，实体部门债务与 GDP 的比例超过 100%后，

---

① Zhang Xiaojing, Chang Xin. Deleveraging: Data, Risks and Countermeasures [J]. China Economist, 2017, 12 (1): 2-37.

② 王立勇，亓欣，赵洋. 基于全口径政府债务率数据的我国最优债务率估算 [J]. 经济理论与经济管理，2015 (2): 70-79.

③ 娄飞鹏. 结构性去杠杆是防范化解金融风险的重要切入点 [J]. 红旗文摘，2018 (10): 40-41.

产出增长波动会加大，金融深化对产出增长的边际贡献也将由正转负。[①]利用44个国家在200年中3 700个样本数据的研究表明，中央政府债务与GDP比值约在90%的国家，其经济增长率的中位数比其他国家低约1%，平均增长率低几百分点，无论是发达国家还是新兴经济体国家都是如此。[②] 根据101个国家1980—2008年的相关数据研究发现，发达国家、新兴经济体国家政府部门杠杆率的阈值分别为77%、64%，如果政府部门杠杆率超过阈值，则杠杆率每提高一个百分点，年度实际经济增长率将下降0.02百分点。[③] IMF研究认为，就家庭部门债务而言，其与GDP的比值低于10%时债务增加有利于经济增长，比值超过30%时债务增加开始不利于经济增长，而这一比值超过65%时债务增加与金融危机之间的关系就更为明显。[④]

（二）杠杆和杠杆率提高的速度需要适中

加杠杆的速度也要适当。以信贷扩张的方式加杠杆在资产泡沫、金融

---

① Jean-Louis Arcand，Enrico Berkes，Ugo Panizza. Too Much Finance？［R］. IMF Working Paper，WP/12/161，2012. William Easterly，Roumeen Islam，Joseph E. Stiglitz. Shaken and Stirred：Explaining Growth Volatility［R］. Annual Bank Conference on Development Economics，World Bank，2000.

② Carmen M. Reinhart，Kenneth S. Rogoff. Growth in a Time of Debt［J］. American Economic Review，2010，100（2）：573-578. 对于这一经验结论，也有研究指出：样本选择和权重处理方法存在误差，债务与GDP比例大于90%的国家，实际平均GDP增长率是2.2%，而不是原结论中的-0.1%。详见：Thomas Herndon，Michael Ash，Robert Pollin. Does High Public Debt Consistently Stifle Economic Growth? A Critique of Reinhart and Rogoff［J］. Cambridge Journal of Economics，2014，38（2）：257-279.

③ Mehmet Caner，Thomas Grennes，Fritzi Koehler-Geib. Finding the Tipping Point-When Sovereign Debt Turns Bad［R］. The World Bank Policy Research Working Paper Series 5391，2010-07-30.

④ IMF. Global Financial Stability Report October 2017：Is Growth at Risk？［R］. Washington，DC，2017：63-67. 据54个经济体1990—2015年的数据研究发现，家庭部门债务在短期内促进消费和GDP增长，主要是在一年内。而家庭部门债务占GDP的比例上升1个百分点，从长远来看GDP增长率往往会下降0.1个百分点。家庭部门债务占GDP的比例超过60%时，对消费的长期影响会趋于加剧，而当比例超过80%时负面影响会更加明显。详见：Marco Lombardi，Madhusudan Mohanty，Ilhyock Shim. The Real Effects of Household Debt in the Short and Long Run［R］. BIS Working Paper，No. 607，2017.

危机形成中有着重要的作用。[①] 根据经济发展实际需要，以适当的速度加杠杆，可以充分利用杠杆的积极作用，发掘经济增长的潜能。加杠杆的速度过慢，难以及时发挥杠杆的撬动作用，不利于经济增长，加杠杆的速度过快，又容易导致出现泡沫，并引发风险。欧文·费雪（Irving Fisher）提出了著名的“债务—通货紧缩”理论，认为一个经济体的过度负债和通货紧缩这两个最主要的变量间存在相互强化机制，过度负债会导致企业利润下降、存款减少、资产贬值等，并最终引发经济衰退甚至是萧条。[②] 长期中债务率与通货膨胀之间具有负相关关系，高债务率可能会引起通货紧缩。[③] 考虑到加杠杆的背后是占有更多的资金资源，微观层面的经济主体有内在的加杠杆冲动，宏观总体也有足够的动力加杠杆以透支未来，加杠杆的内在动力很强，也容易导致加杠杆速度加快。

加杠杆的速度变化体现为杠杆率的变化，加杠杆的速度适当决定了杠杆率提高的速度也要适中。杠杆率提高过快，一方面会对经济增长速度产生负面影响。对包括我国在内的41个经济体所做的计量研究发现，一国非金融部门的杠杆率年均增长率由5%提升至10%，将导致年均经济增长率下降约0.4百分点。[④] 另一方面则会隐含较大的金融风险。杠杆率增加较快，其中隐藏着较大资金链绷断风险、短借长贷的期限错配风险。过快增长的杠杆率甚至是系统性金融风险的主要隐患[⑤]，被视为金融危机的先导指标[⑥]。2013年3月，野村证券在《中国正在升起的金融

---

① Mathias Drehmann, Mikael Juselius. Evaluating Early Warning Indicators of Banking Crises [R]. BIS Working Paper, No. 421, 2013.

② Irving Fisher. The Debt-Deflation Theory of Great Depressions [J]. Econometrica, 1933, 1 (4): 337-357.

③ 伍戈. 去杠杆与结构性改革结合才能“脱虚向实”[N]. 21世纪经济报道, 2017-12-20 (004).

④ 徐忠. 国企治理问题和财政软约束是杠杆率飙升的核心原因 [EB/OL]. http://finance.sina.com.cn/wm/2017-04-30/doc-ifyetstt3995796.shtml, 2017-04-30.

⑤ 陆磊. 建立宏观审慎管理制度有效防控金融风险 [N]. 学习时报, 2017-04-05 (01).

⑥ 郭磊. 中国经济：分化的宏微观杠杆率 [EB/OL]. http://www.sohu.com/a/157810738_475968, 2017-07-17.

风险》报告中提出“5-30规则”，即发生危机之前的5年，信贷与GDP的比例一般都要上升30%以上。1985—1989年的日本、1993—1997年的泰国和马来西亚、1995—1999年和2003—2007年的美国[①]、2006—2010年的欧洲都满足“5-30规则”从而陷入危机[②]。对36个国家1951—2010年的债务和经济危机信息研究发现，138次危机中的100次是由家庭部门杠杆率快速提高引起。[③]

虽然实践经验表明，快速加杠杆，杠杆率快速提高更有可能引发较大的资产泡沫和风险，甚至是引发金融危机，但杠杆率快速提高与风险、资产泡沫之间不是简单的线性关系。杠杆率快速提高并不必然引发金融危机，也没有一个杠杆率指标阈值来精确判断发生系统性风险的概率。这一方面可以从经济发展的角度来解释。宏观经济处于转型发展阶段时，杠杆率往往会上升得较快。这主要是由于，经济转型发展阶段是经济结构调整力度最大的阶段，传统产业融资能力强但往往产能过剩，投入产出效率不高，拉低资金使用效率，新兴产业融资能力弱、规模较小，对经济发展贡献的潜力尚未充分挖掘，二者共同作用引发杠杆率快速提高。另一方面可以从加杠杆主体的结构性来解释，最著名的就是“明斯基时刻”。海曼·明斯基（Hyman P. Minsky）的“明斯基时刻”，其将债务人分为对冲型、投机型和庞氏型。对冲型债务人的现金流足以偿还负债的利息和本金；投机型债务人的现金流足以支付债务的利息，但不足以偿还本金，需要依靠借新还旧来维持债务的可持续性；庞氏型债务人的现金流不仅不能偿还本金，而且连支付利息都不够，需要借新债覆盖全部或部分利息。随着经济繁荣的持续，经济中后两类债务人的比例将提高，经济金融体系的脆弱性将增加，受到不利冲击后投机型债务人也有可能演变为庞氏型债务人，导致现金流不足以支付债务的利息，引发资产端

① 李迅雷. 日美去杠杆对中国的借鉴［J］. 新金融，2017（6）：4-8.

② 陈志龙. 良药苦口的“5-30”魔咒［N］. 国际金融报，2013-03-22（08）.

③ 张斌，何晓贝，邓欣. 不一样的杠杆——从国际比较看杠杆上升的现象、原因与影响［J］. 金融研究，2018（2）：15-29.

抛售及价格下跌甚至是崩溃，资产泡沫破裂，信用紧缩，经济主体变卖资产来还债，并最终导致经济衰退。[①] 保罗·麦卡利（Paul McCulley）在讨论俄罗斯债务危机时，提出“明斯基时刻”的说法。[②] 后来这一说法被广泛应用，主要是指资产泡沫破裂，危机爆发，经济由繁荣转向衰退的拐点时刻。也就是说，从“明斯基时刻”的角度看，杠杆率快速提高引发金融危机，主要是债务人类型的比例结构发生了变化。

（三）杠杆率高低与经济发展水平呈现一定的正相关性

就经济发展水平和杠杆率之间的关系看，随着经济发展水平的提高，杠杆率会逐步提高，二者呈现一定的正相关关系。总体而言，发达国家经济发展水平高于新兴经济体国家，其杠杆率也高于新兴经济体国家，这是信贷和金融共同作用于经济增长的结果[③]。金融部门和非金融部门杠杆是信用扩张这枚硬币的两面，因而这一规律性的特点在金融部门和非金融部门都有明显的表现。从非金融部门看，总体呈现出经济发展水平越高、杠杆率越高的特点。发达国家非金融部门杠杆率总体高于新兴经济体国家，政府部门、家庭部门都是如此。具体见表 4-1。从金融部门看，也是总体呈现出发达国家金融机构总资产与 GDP 的比例高于新兴经济体国家的特点。同时，在金融部门中，与银行业存款类金融机构总资产与 GDP 的比例相比，发达国家保险公司和养老基金、其他金融中介机构总资产与 GDP 的比例高于新兴经济体国家更多。具体见表 4-2。也就是从这个角度看，与银行业金融机构相比，发达国家的非银行金融机构比新兴经济体国家发展得更充分。

---

① Hyman P. Minsky. Stabilizing an Unstable Economy [M]. Columbus: McGraw Hill Education, 2008: 235-242. 李黎力. “明斯基时刻”之考辨 [J]. 经济理论与经济管理, 2013 (7): 39-45.

② Justin Lahart. In Time of Tumult, Obscure Economist Gains Currency [N]. Wall Street Journal, 2007-08-18 (A1-A2).

③ 张晓晶，常欣，刘磊. 结构性去杠杆：进程、逻辑与前景——中国去杠杆 2017 年度报告 [J]. 经济学动态, 2018 (5): 16-29.

表 4-1　　2008—2017 年发达国家和新兴经济体国家非金融部门杠杆率　　单位：%

年份	非金融部门		政府部门		家庭部门		非金融企业部门	
	发达国家	新兴经济体国家	发达国家	新兴经济体国家	发达国家	新兴经济体国家	发达国家	新兴经济体国家
2008	239. 1	106. 1	76. 3	31. 1	75. 9	19. 7	86. 9	54. 9
2009	267. 2	140. 1	90. 5	42. 3	83. 6	25. 9	93. 1	71. 4
2010	269. 3	137. 4	98. 2	40. 3	81. 3	26. 8	89. 8	69. 9
2011	261. 9	129. 8	100. 1	36. 1	75. 7	25. 4	86. 1	68. 0
2012	271. 9	143. 0	106. 3	38. 1	76. 6	28. 2	89. 0	76. 1
2013	268. 0	151. 0	103. 8	38. 4	75. 9	29. 8	88. 3	82. 5
2014	255. 5	156. 3	101. 7	39. 2	71. 0	30. 3	82. 9	86. 4
2015	266. 2	168. 0	105. 5	41. 5	73. 1	32. 4	87. 6	93. 8
2016	264. 8	177. 3	105. 4	45. 5	72. 2	36. 0	87. 2	95. 6
2017	276. 5	187. 1	108. 4	48. 7	75. 6	40. 0	92. 5	98. 1

资料来源：BIS。

表 4-2　　2016 年部分国家金融机构资产与 GDP 的比例　　单位：%

类型	国家	银行业存款类金融机构	保险公司和养老基金	其他金融中介机构	合计
发达国家	英国	591. 31	210. 50	308. 66	1 137. 69
	新加坡	613. 23	139. 76	99. 45	941. 65
	日本	364. 18	119. 81	96. 85	673. 61
	欧元区	274. 93	90. 27	283. 46	706. 07
	加拿大	187. 36	136. 68	310. 36	645. 08
	法国	353. 17	117. 48	118. 55	629. 14
	美国	120. 28	149. 09	145. 64	439. 23
	德国	257. 81	81. 62	85. 79	469. 49
	澳大利亚	227. 61	143. 77	67. 23	448. 74
	韩国	193. 92	77. 71	129. 42	427. 88
	意大利	205. 99	54. 14	74. 94	381. 55
	西班牙	226. 27	39. 94	79. 57	397. 83

表4-2(续)

类型	国家	银行业存款类金融机构	保险公司和养老基金	其他金融中介机构	合计
新兴经济体国家	中国	269.56	21.72	88.99	426.32
	南非	110.49	122.70	77.55	327.39
	巴西	99.20	27.05	66.95	241.58
	俄罗斯	101.52	6.19	30.04	171.43
	印度	80.92	18.50	24.97	145.75
	土耳其	99.22	4.56	10.80	134.91
	墨西哥	44.78	24.59	29.77	119.00
	印度尼西亚	55.16	6.58	8.16	85.65
	阿根廷	32.86	14.46	7.12	84.74

资料来源：Financial Stability Board. Global Shadow Banking Monitoring Report 2017 [R]. 2018-03-05.

杠杆率高低与经济发展水平呈现一定的正相关关系，这一现象可以从发达国家和新兴经济体国家杠杆率存在较为明显差异的角度解释。第一，发达国家和新兴经济体国家驱动经济增长的主导产业要素密集型特点不同。随着经济发展水平的提高，经济增长的驱动要素也在发生变化，发达国家主要依靠资本密集型产业、技术密集型产业驱动经济增长，新兴经济体国家则主要依靠劳动密集型产业驱动经济增长，资本密集型产业在经济增长中的驱动作用在逐步显现。由此一来，发达国家实现经济增长需要更多的资金，而杠杆的作用是进行资金的跨时空配置。加杠杆一方面可以让发达国家吸引新兴经济体国家的资金，另一方面可以利用未来的资金，从而形成较高的杠杆率。第二，发达国家和新兴经济体国家的金融发展水平不同。杠杆率高低受金融深化程度的影响①，金融发展程度越高企业杠杆率越高。从全球经济金融发展历史看，金融的发展

① 潘敏，荆阳. 我国家庭部门杠杆率变化趋势及影响 [N]. 光明日报，2018-11-20 (11).

主要是服务于实体经济，其发展水平高低与实体经济发展程度密切相关。发达国家经济发展水平高，本币国际地位较高[①]，金融发展程度也高，金融体系更完善，金融市场更发达，在运用金融工具加杠杆推动经济发展方面也有更多的经验积累，从而推动杠杆率提高。新兴经济体国家则经济发展水平低，金融发展也相对滞后，通过金融工具加杠杆推动经济发展方面经验欠缺，不利于其总体杠杆率提高。第三，发达国家和新兴经济体国家经济稳定性不同。发达国家经济稳定性总体高于新兴经济体国家，有利于吸引逐利的资金，新兴经济体国家经济风险发生的概率相对更高，不利于吸引资金流入，也导致两者杠杆率存在差异。

二、理性看待杠杆率特点与成因

2008 年国际金融危机后，在发达国家基本处于去杠杆的情况下[②]，我国经历了快速加杠杆的过程，并出现三轮加杠杆的高潮，非金融企业部门杠杆率水平较高，家庭部门杠杆率提高的速度非常快。从国际经验来看，一个经济体超常规较快发展或经济做出特定调整的阶段，债务水平会比较高，同时我国是以间接融资为主的国家，也会导致债务水平较高。[③] 2008—2016 年，我国杠杆率快速提高，既有着自己鲜明的特点，也有着深刻的原因，对杠杆率变化及其深层次原因要客观理性地看待。

（一）杠杆率的特点

在宏观经济增长速度总体处于下台阶的大背景下，我国杠杆率快速提高，即经济增长速度下降时杠杆率快速提高的问题更突出。总体来看，我国杠杆率快速提高的态势与新兴经济体国家较为相似，杠杆率水平高

① 张晓晶，常欣，刘磊. 结构性去杠杆：进程、逻辑与前景——中国去杠杆 2017 年度报告［J］. 经济学动态，2018（5）：16-29.

② 管清友. 去杠杆的本土化思考［J］. 新理财，2017（6）：52-54.

③ 贾康. 如何看待中国债务水平［N］. 经济日报，2017-09-29（014）.

于新兴经济体国家，与发达国家接近。非金融企业部门杠杆率具有逆周期性，在经济形势较好时杠杆率易于下降，而在经济形势不好时杠杆率易于上升。① 杠杆率具有较强的结构性特点，在金融部门和非金融部门、行业、区域等方面都有突出的表现。在加杠杆过程中，影子银行的作用越来越大，并且影子银行资金主要投向房地产、国有企业、地方政府融资平台公司，也导致杠杆率结构性特点突出。我国作为全球第二大经济体加杠杆的资金主要来源于国内，这也让杠杆率风险相对较小，还不至于引发金融危机。

1. 杠杆率变化及水平兼具不同类型国家特点

我国作为新兴经济体国家，2008—2016 年快速加杠杆的态势与新兴经济体国家较为一致，杠杆率快速提高后部分领域已达到或者超过发达国家。

具体特点是：第一，我国非金融部门杠杆率走势与新兴经济体国家较为类似，除了金融企业部门以外的非金融部门杠杆率比不上发达国家，但经历快速增长后已接近甚至超过新兴经济体国家。具体见图 4-1。2008 年国际金融危机后，发达国家纷纷实施宽松的货币政策，全球流动性相对充裕，大量资金流入新兴经济体国家，导致这些国家杠杆率快速提高。第二，与发达国家相比，我国非金融部门杠杆率快速提高，目前在全球处于中等水平，非金融企业部门杠杆率处于最高水平。2008—2016 年，在对比的发达国家去杠杆的情况下，我国非金融企业部门和家庭部门杠杆率快速提高。具体见表 1-2、表 4-1。第三，与新兴经济体国家相比，我国除政府部门杠杆率处于居中水平外，家庭部门、非金融企业部门杠杆率均处于最高位置，并且在 2008—2016 年杠杆率快速提高，与新兴经济体国家的差距越来越大。具体见表 1-2、表 4-1。第四，以上三方面的情况都表明，我国在 2008 年以来杠杆率快速上升，非金融

① 商瑾. 对中国非金融企业去杠杆问题的再思考［J］. 银行家，2018（8）：65-67.

企业部门杠杆率在全球范围内都处于较高水平。[1]

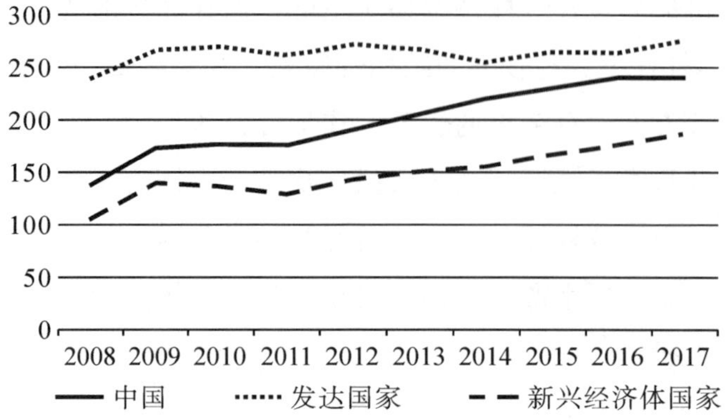

图 4-1　2008—2017 年我国与发达国家和新兴经济体国家非金融部门杠杆率（单位:%）

资料来源：BIS。

这背后的原因是：总体来看，发达国家和新兴经济体国家加杠杆之间存在一定的跷跷板效应。2008 年国际金融危机后，美国、欧洲、日本等发达国家纷纷实行宽松的货币政策，以推动去杠杆。发达国家的经济总量在全球占比较高，其货币政策放松时，全球流动性较为充裕。与此同时，新兴经济体国家杠杆率较低，有加杠杆的需求。全球相对充裕的流动性大量流入新兴经济体国家，导致在发达国家整体去杠杆的情况下，新兴经济体国家在加杠杆，结果是新兴经济体国家杠杆率快速提高，与发达国家形成鲜明对照。再进一步看，发达国家和新兴经济体国家加杠杆之间的跷跷板效应并非首次出现，而是在经济金融史上多次出现。

2. 杠杆率的结构性特点突出[2]

我国的杠杆率具有结构性特点。2008 年国际金融危机后，我国在杠杆率普遍快速提高的同时，加杠杆也呈现明显的结构性特点。

---

① 娄飞鹏. 去杠杆研究［M］. 北京：中国金融出版社，2018：24.

② 娄飞鹏. 杠杆率的结构性与结构性去杠杆［J］. 中国经济报告，2018（5）：87-89.

第一，从非金融部门看，与发达国家相比，我国非金融部门杠杆率整体不算高，政府部门、家庭部门杠杆率较低，但非金融企业部门杠杆率较高。[①] 根据BIS的统计数据，2017年年底，我国政府部门杠杆率为46.2%，不到发达国家总体水平108.4%的一半，家庭部门杠杆率为48.4%，全球范围内也属于较低水平，但非金融企业部门杠杆率为146.9%，是同期美国73.2%的两倍多。

首先，在政府部门内部，地方政府杠杆率较高而中央政府杠杆率较低，不同地区地方政府杠杆率高低也存在较大差异。根据审计署对全国地方政府债务的审计数据，2013年6月底，地方政府负有偿还责任的债务为10.89万亿元，负有担保责任的债务为2.67万亿元，可能承担一定救助责任的债务为4.34万亿元，同期中央政府对应的债务规模依次为9.81万亿元、0.26万亿元、2.31万亿元。[②] 可见，与中央政府相比，地方政府的或有债务规模更高。2016年年底，我国地方政府的杠杆率为30%，中央政府的杠杆率为16%，前者接近为后者的两倍。在地方政府债务中，各地也存在较大的差异。2015年年底，在可以查到地方政府债务余额的24个省（自治区、直辖市）[③] 中，按照地方政府债务除以GDP的杠杆率计算方式，排名第一、二的贵州、云南省地方政府杠杆率分别为83.36%、45.73%，河北、吉林、上海、山西、福建、湖北、天津、江苏、山东9个省（直辖市）地方政府杠杆率低于20%。

政府债务的结构性特点还表现为，地方政府显性债务和隐性债务具有结构性特点，地方政府隐性债务的区域结构性特点突出。从地方政府

---

① 娄飞鹏. 非金融部门杠杆率现状与去杠杆建议［J］. 西南金融，2017（7）：23-29.

② 中华人民共和国审计署. 全国政府性债务审计结果［EB/OL］. http：//www. audit. gov. cn/n5/n25/c63642/content. html，2013-12-30.

③ 可以查询到地方政府债务余额的24个省（自治区、直辖市）及其地方政府杠杆率依次为：贵州83.36%、云南45.73%、宁夏36.35%、内蒙古30.59%、辽宁29.97%、新疆28.24%、陕西25.98%、北京24.89%、四川24.86%、广西24.07%、甘肃23.39%、安徽23.21%、江西22.34%、湖南21.29%、黑龙江20.98%、河北19.75%、吉林19.57%、上海19.42%、山西16.63%、福建16.23%、湖北15.90%、天津15.67%、江苏15.06%、山东12.91%。其中，浙江、河南、广东、海南、重庆、西藏、青海的地方政府债务未查到。

显性债务和隐性债务的结构看，地方政府隐性债务的规模相对较高。从分省的地方政府隐性债务存量来看，2017 年年底，江苏省的存量最高为 2.5 万亿元，四川、浙江等 7 省存量也超过 1 万亿元，青海省的存量最低，不足 5 000 亿元。考虑到地方政府隐性债务后的总负债率结构性特点突出，青海、贵州、宁夏的总负债率排前三名，依次为 133%、121%、102%。此外，还有 15 个省（自治区、直辖市）高于 60%的国际警戒线标准。除广西区以外的所有西部省（自治区、直辖市），除黑龙江省以外的所有东北省份，总负债率均超过了 60%的国际警戒线标准。①

其次，在非金融企业部门内部，杠杆率高低分化明显。一方面，国有企业杠杆率较高而民营企业杠杆率较低。根据中国社会科学院的测算，国有企业债务在非金融企业债务中的占比约为 65%②，产能过剩行业问题更突出。这一点也可以从不同所有制类型工业企业的资产负债率方面得到印证。工业企业资产负债率中，国有企业、集体企业显著高于股份制企业、外商及港澳台商投资企业、民营企业，尤其以国有企业为最高。2008 年国际金融危机后，我国规模以上工业企业中，国有企业资产负债率快速上升，并在 2014 年达到顶峰，非国有企业资产负债率整体在下降。③ 另一方面，非金融企业部门杠杆率与企业规模、效率、所处行业等也有关。具体表现在：非上市的大中型企业杠杆率仍在上升，中小型企业杠杆率下降较快④；高效率企业杠杆率较低，低效率企业杠杆率较高⑤；高科技企业杠杆率下降，终端制造类企业杠杆率稳定，资源型企业杠杆率快速上升⑥；周期性企业、房地产行业的企业杠杆率较高⑦，成

---

① 张明. 中国政府债务规模究竟几何？[J]. 财经，2018（17）：72-77.

② 李扬. 综合施策去杠杆 [J]. 中国经济报告，2016（10）：83-85.

③ 高善文. 中国企业部门杠杆率之谜 [J]. 清华金融评论，2018（5）：73-74.

④ 潘晶. 我国非金融企业杠杆率高企原因及去杠杆路径 [J]. 武汉金融，2016（12）：58-60.

⑤ 张晓晶，常欣，刘磊，李育. 中国去杠杆进程 [J]. 中国经济报告，2017（10）：90-91.

⑥ 陆岷峰，葛和平. 中国企业高杠杆成因及去杠杆方式研究 [J]. 金融监管研究，2016（12）：63-73.

⑦ 彭文生. 去杠杆进程需要政府适度干预 [J]. 新金融，2018（7）：19-24.

长类、消费类企业杠杆率较低[①]。

即使在国有企业内部，杠杆率分化也很明显。结合国资委的统计数据分析，国有企业内部资产负债率呈现如下特点：第一，西部地区国有企业资产负债率最高，中部地区居中，东部地区最低。2015 年年底，东中西部地区国有企业资产负债率依次为 60.2%、64.0%、64.8%。第二，大中型国有企业资产负债率显著高于小微型国有企业。2015 年年底，大型、中型、小型、微型国有企业的资产负债率依次为 62.8%、66.2%、59.9%、54.9%。第三，中央国有企业资产负债率低，地方国有企业资产负债率高。2014 年年底，中央国有企业的资产负债率为 66.0%，地方国有企业的资产负债率为 67.1%。第四，盈利国有企业资产负债率较低，亏损国有企业资产负债率较高。2015 年年底，盈利国有企业的资产负债率为 59.4%，亏损国有企业的资产负债率为 70.1%。第五，国有独资企业资产负债率较低，国有控股企业资产负债率较高。2014 年年底，国有独资企业的资产负债率为 55.0%，国有控股企业的资产负债率为 64.6%。第六，不同行业国有企业资产负债率不同。2015 年年底，基础性行业、一般生产加工行业、商贸服务及其他行业国有企业的资产负债率依次为 56.6%、59.3%、66.9%。在具体行业上，煤炭工业、冶金工业、建筑业、房地产业、仓储业、批发零售和餐饮业等行业的国有企业资产负债率较高，科学技术和服务业、信息技术服务业、邮电通信业、医药工业等行业的国有企业资产负债率较低。[②]

最后，在家庭部门内部，杠杆率的结构性特点也很突出。从城乡分布看，农村地区家庭部门杠杆率低，城市地区家庭部门杠杆率高。从城市内部看，一线城市家庭部门杠杆率高，二线城市次高，三四线城市

① 高善文. 中国企业部门杠杆率之谜［J］. 清华金融评论，2018（5）：73-74.

② 娄飞鹏. 把国有企业降杠杆作为重中之重［N］. 学习时报，2018-04-27（02）.

低。[①] 从地区分布看，不同地区家庭部门杠杆率差异较大。[②] 上海财经大学高等研究院的调研显示，2017 年 9 月，家庭部门杠杆率最低的山西省仅为 20%，最高的福建省则高达 105%，[③] 两个省份家庭部门杠杆率数据相差悬殊。根据人民银行的测算，2017 年，家庭部门杠杆率为 49%，上海、浙江、甘肃、广东、北京、福建、重庆、宁夏、江西 9 个省（自治区、直辖市）家庭部门杠杆率高于全国水平，其中上海、浙江、甘肃、广东 4 个省（直辖市）家庭部门杠杆率比全国水平高 10 个百分点以上，上海、浙江、广东、福建、重庆 5 个省（直辖市）家庭部门债务与存款的比例以及债务收入比也超过全国平均水平。[④] 从家庭生命周期分布看，城市家庭部门杠杆率较高主要是贷款买房的中青年家庭[⑤]，这些家庭处于生命周期的形成期或成长期，收入相对较低。据西南财经大学中国家庭金融调查与研究中心的调查显示，2013—2017 年，有房贷家庭的债务收入比从 192% 上升至 211%，其中正规负债收入比从 169% 上升至 186%，民间负债收入比从 23% 上升至 25%。[⑥] 低收入群体杠杆率较高，也意味着高杠杆率背后的风险更大。

第二，从金融部门看，与银行业相比，非银行金融机构杠杆率更高；在银行业内部，表外资产相对表内资产杠杆率更高，中小型商业银行相对大型商业银行杠杆率更高。[⑦]

（1）非银行金融机构杠杆率更高。2008—2016 年，我国 GDP 年均增长率为 8.42%，同期银行业、保险业、证券业、基金业总资产年均增

① 伍戈. 去杠杆与结构性改革结合才能“脱虚向实”［N］. 21 世纪经济报道，2017-12-20（004）.

② 潘敏，荆阳. 我国家庭部门杠杆率变化趋势及影响［N］. 光明日报，2018-11-20（11）.

③ 降蕴彰. 家庭债务“灰犀牛”隐现［J］. 财经，2017（29）：56-61.

④ 中国人民银行金融稳定分析小组. 中国金融稳定报告（2018）［M］. 北京：中国金融出版社，2018：40.

⑤ 周哲. 年轻家庭负债缘何猛增［J］. 财经，2017（29）：62-67.

⑥ 甘犁. 投资购房比例上升 住房交易仍以投资为主［EB/OL］. https：//chfs. swufe. edu. cn/xiangqing. aspx？id=1906，2018-12-19.

⑦ 娄飞鹏. 协调推进金融和实体经济去杠杆［N］. 学习时报，2017-06-30（02）.

长率依次为 17.52%、21.11%、20.19%、16.25%，信托业 2011—2016 年总资产年均增长率为 36.69%，金融业总资产增长率远超 GDP 增长率，非银行金融机构增长更快。

（2）在银行业内部，一方面，从资产分类看，表外资产相对表内资产扩张速度更快，理财产品实际的刚性兑付提高了隐性的杠杆率。2010—2016 年，理财产品余额年均增长率达 50.6%，而理财产品中约有 70%~80%为非保本型理财，不计入银行资产负债表内。这足以说明，银行表外资产扩张速度大幅度高于表内，相对于表内而言银行表外杠杆率更高。另一方面，从银行类型看，受中小型商业银行风险偏好较高、加杠杆速度更快等因素影响，其总资产在银行业总资产中的占比快速提高，杠杆率更高，大型商业银行总资产占比快速降低，杠杆率相对较低。根据银监会的统计数据，2008—2016 年，大型商业银行总资产占银行业总资产的比例从 51.03%下降至 37.29%，股份制商业银行、城市商业银行总资产所占比例分别从 14.13%、6.62%上升至 18.72%、12.16%。

3. 影子银行在加杠杆中的作用逐渐凸显

在快速加杠杆过程中，我国的金融部门不断创新，并且影子银行在加杠杆中的作用更大。在 4 万亿元投资计划引发的第一轮加杠杆高潮中，主要是依靠传统的银行贷款，金融机构的创新并不多。然而，由于第一轮加杠杆高潮中的基础设施建设项目建设周期较长，银行贷款期限较短，为防止“半拉子”工程出现，稳定银行贷款质量，商业银行有继续提供贷款资金的动力。银行和非银行金融机构的风险偏好不同，银行表内和表外资金面临的金融监管严格程度不同，在宏观调控政策收紧阶段，商业银行资金借道非银行金融机构支持实体经济，各类影子银行业务快速出现，并在非金融部门加杠杆过程中发挥了较大作用。非银行金融机构或者银行表外资金主要投向房地产、国有企业、地方政府融资平台公司领域，导致这些领域杠杆率较高。当然，这其中也有非银行金融机构本身在这个阶段获得一定的发展，有一定的实力为非金融部门提供金融支持的因素。与此同时，资产管理业务向着更加复杂的方向发展，非标融资逐步成为非金融企业融资的重要工具，都推动了杠杆率快速提高。具体见图 4-2。

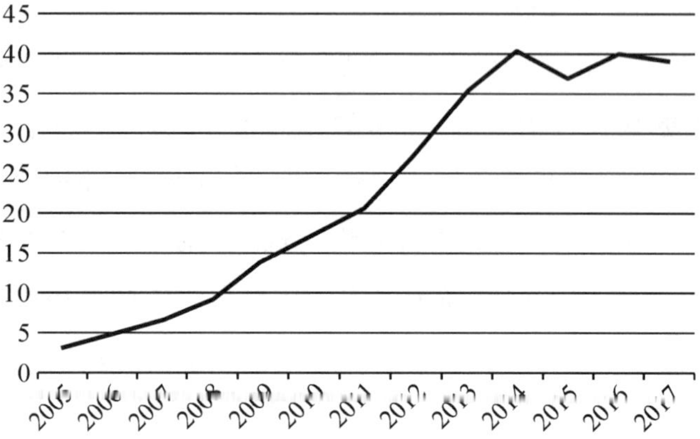

图 4-2　2005—2017 年私人非金融部门信贷、私人非金融部门银行信贷与 GDP 之比的差值（单位:%）

资料来源：BIS。

这种情况出现的原因也要从金融发展规律的角度思考。经济发展的过程也是经济活动迂回程度越来越高、经济越来越复杂的过程。金融在服务实体经济的过程中，也会随着经济的复杂化而变得更加复杂，单独依靠银行传统贷款已无法有效满足实体经济的金融服务需求。[①] 就国外的发展经验看，在利率市场化改革的中后期，为绕开利率管制，影子银行会出现并获得较快发展，以推动利率市场化改革。就我国的情况看，商业银行在融资支持实体经济中起着绝对主导作用，面临相对更加严格的金融监管，风险偏好相对较低，在无法有效满足实体经济各类金融服务需求的情况下，就需要进行业务创新或者是通过非银行金融机构来服务实体经济，影子银行出现就在所难免。具体表现在两个方面：一方面是银行表外理财产品快速发展，表外资产规模快速扩大；另一方面是银行表外资金大量流入非银行金融机构，非银行金融机构获得较大发展。

① 娄飞鹏. 经济视角的金融复杂性问题［J］. 金融市场研究，2017（1）：116-122.

这也是我国在 2012 年开始实施《巴塞尔协议Ⅲ》，商业银行寻求减轻资本充足率监管压力的一个结果。对这些情况，其中的风险尤其值得关注，商业银行表外业务的风险更分散、风险隐蔽性更强，同时和非银行金融机构的联系更密切，风险爆发后影响更广。

4. 杠杆率提高过程中外债规模和占比较小

我国作为全球第二大经济体，杠杆率提高的过程中，外债也在不断增加，但对外债的依赖较少。总体来看，我国外债余额有了较大增长，中长期外债占比有所降低，短期外债占比有所提高，短期外债与外汇储备的占比有所提高，但偿债率、负债率、债务率都处在相对安全的范围内。2008—2017 年，我国外债余额从 3 901. 60 亿美元增加至 17 106. 00 亿美元，增长 3. 38 倍；中长期外债占比从 42. 00%下降至 36. 00%；短期外债占比从 58. 00%上升至 64. 00%；短期外债与外汇储备的比例从 11. 63%上升至 35. 00%；偿债率从 1. 80%上升至 6. 90%；负债率从 8. 60%上升至 14. 00%；债务率从 24. 70%上升至 70. 60%。具体见表 4-3。

表 4-3　　2008—2017 年外债余额及外债风险指标

年份	外债余额				外债风险指标		
	余额（亿美元）	中长期外债占比（%）	短期外债占比（%）	短期外债与外汇储备之比（%）	偿债率（%）	负债率（%）	债务率（%）
2008	3 901. 60	42. 00	58. 00	11. 63	1. 80	8. 60	24. 70
2009	4 286. 47	39. 52	60. 48	10. 81	2. 90	8. 60	32. 20
2010	5 489. 38	31. 56	68. 44	13. 19	1. 60	9. 30	29. 20
2011	6 949. 97	27. 93	72. 07	15. 75	1. 70	9. 50	33. 30
2012	7 369. 86	26. 60	73. 40	16. 33	1. 62	8. 96	32. 78
2013	8 631. 67	21. 61	78. 39	17. 71	1. 57	9. 40	35. 59
2014	8 954. 60	30. 64	69. 36	16. 16	2. 60	17. 20	69. 90

表4-3(续)

年份	外债余额				外债风险指标		
	余额（亿美元）	中长期外债占比（%）	短期外债占比（%）	短期外债与外汇储备之比（%）	偿债率（%）	负债率（%）	债务率（%）
2015	14 162.00	35.00	65.00	27.64	5.00	12.50	58.60
2016	14 207.00	39.00	61.00	28.93	6.10	12.70	64.60
2017	17 106.00	36.00	64.00	35.00	6.90	14.00	70.60

注：偿债率指当年偿还的外债本息额与按国际收支口径核算的当年贸易和非贸易外汇收入的比例。负债率指外债余额与当年 GDP 的比例。债务率指外债余额与按国际收支口径核算的当年贸易和非贸易外汇收入的比例。

资料来源：国家外汇管理局、国家统计局、Wind。

我国加杠杆过程中对外债依赖较少，也意味着由此而引发的风险较小。一般外债刚性特点突出，需要有足够的硬资产和出口创汇能力来支撑，否则风险更大。① 从外债风险指标看，国际公认的偿债率安全线为20%，负债率在 10%～20%为正常且不宜超过 30%，债务率安全线为100%②，短期外债余额占比在 25%以内较为合理③。对新兴经济体国家而言，根据其历史上债务违约和通货膨胀率情况，外债负债率安全门槛大致为 15%～20%。④ 据此判断，我国外债结构中短期债务较多，外债风险指标都处于安全范围内。虽然我国短期外债占比较高，但有充裕的外汇储备，风险总体仍然可控。20 世纪 80 年代初期，拉美和加勒比地区的各国偿债率大都超过 20%，有的高达 30%甚至超过 40%，发生了严重的债务危机。东亚各国的偿债率普遍低于 10%，在这次债务危机中安全

---

① 张晓晶，常欣，刘磊. 结构性去杠杆：进程、逻辑与前景——中国去杠杆 2017 年度报告［J］. 经济学动态，2018（5）：16-29.

② 范爱军. 经济全球化利益风险论［D］. 济南：山东大学博士学位论文，2004：173-176.

③ 陆雄文. 管理学大辞典［M］. 上海：上海辞书出版社，2013：531.

④ Carmen M. Reinhart，Kenneth S. Rogoff，Miguel A. Savastano. Debt Intolerance［R］. NBER Working Paper，No. 9908，2003.

渡过难关。[①] 2018 年，阿根廷比索兑美元汇率一度贬值接近 120%，土耳其里拉兑美元汇率一度贬值超过 80%，引发了较大的风险甚至是货币和金融危机，其存在一个共同点即对外债依赖度较高，并且缺少足够的外汇储备偿债。具体见表 4-4。这些国家由于本币大幅度贬值，存在较大的输入型通货膨胀压力，债务不以本币标价，易于引发债务危机。[②] 我国在加杠杆过程中，外债使用较少，且有充足的外汇储备，本币贬值的压力较小，反倒有可能因为国内债务的收缩引发通货紧缩。

表 4-4　　2008—2017 年阿根廷、土耳其外债指标　　单位:%

年份	外债总额与外汇储备的比例		负债率	
	阿根廷	土耳其	阿根廷	土耳其
2008	332.19	396.05	42.62	36.79
2009	311.38	380.90	44.86	41.78
2010	277.41	361.75	34.15	37.83
2011	337.03	387.93	29.48	36.56
2012	361.46	342.36	28.66	39.15
2013	508.15	353.86	28.17	41.31
2014	504.86	379.48	30.16	43.43
2015	654.90	430.73	28.15	46.55
2016	460.90	444.49	32.65	47.38
2017	426.03	540.19	36.79	53.44

资料来源：阿根廷央行、阿根廷统计局、土耳其央行、土耳统计局、世界银行、Wind。

需要注意的是，汇率渠道对非政府部门杠杆率的影响可以通过金融和贸易两个渠道实现。在去杠杆的过程中，人民币本币贬值有利于扩大出口，降低非政府部门的杠杆率。金融渠道则不同，我国的非政府部门对外

① 范爱军. 经济全球化利益风险论［D］. 济南：山东大学博士学位论文，2004：173-176.

② 胡晨曦. 人生不仅是一场康波，还是一场超级债务周期［EB/OL］. http：//www. sohu. com/a/259309231_ 465500，2018-10-13.

是净负债，人民币贬值意味着以外币计价的资产减少而负债增加，会提高非政府部门的杠杆率。[①] 因此，即使我国非金融部门总体上在加杠杆过程中对外债利用较少，从宏观层面看风险不大，但对有外债的微观主体而言其面临的问题更加复杂，在去杠杆过程中也面临更多的制约因素。

（二）杠杆率快速提高的深层次原因

2008 年国际金融危机后，全球主要发达国家实施宽松的货币政策，流动性充裕并大量流入新兴经济体国家，这是我国杠杆率快速提高的国际成因。从国内来看，我国杠杆率快速提高背后有着理念问题和体制机制原因。

1. 发展理念问题

从发展理念看，为追求经济增长速度而出台较强的刺激政策，为稳定经济增长而不断调整宏观调控政策方向，推动了加杠杆。在经济发展过程中，过于看重并追求经济增长速度。2008 年国际金融危机后，我国及时出台了 4 万亿元投资计划来稳定经济增长，在实际实施过程中，基础设施建设和房地产行业成为支持的首选。这是由于，基础设施建设投资中财政资金占比较高，逆经济周期特点突出，稳定经济增长效果明显。房地产行业是我国的支柱行业，产业关联度较高，对上下游产业的带动作用较强。因此，选择这两个领域重点支持，有利于更好地实现稳定经济增长的目标。然而，这两个领域本身内生增长动力较弱，需要持续的刺激来推动其增长，刺激过度又容易引起经济过热，决定了为稳定经济增长的调控政策摇摆不定。典型的例子是对地方政府融资平台公司的监管，在短短的几年内经历了鼓励、严控、再鼓励、再严控的循环，甚至是在 2014 年年度内就有左右摇摆的情况。这些情况出现，背后都是出于实现稳定经济增长首要目标的需要。

金融业发展也存在一定的理念问题。一方面追求短期的业绩。金融业只有稳健经营才能基业长青，这一理念已经成为共识，也为国内外卓越金

① 彭文生. 去杠杆进程需要政府适度干预［J］. 新金融，2018（7）：19-24.

融机构的发展历程所证实。然而，由于风险爆发往往具有滞后性，收益则在当期体现。在实际经营过程中，金融机构往往很难平衡短期利益和长期利益，且易于为了短期利益而忽视长期危害，不能很好地坚持稳健经营发展理念。在金融加杠杆过程中，最典型的是商业银行借道信托公司、证券公司、资产管理机构为商业银行的客户提供资金支持。虽然中间经过了几个机构合作，最终仍然是为商业银行的客户提供贷款支持，资金也是来自商业银行，但借助通道机构最后贷款支持的一般是不符合宏观调控政策、信贷政策和监管政策的客户，存在较大的风险。金融机构之所以这么做，主要是为了规避监管，追求高收益而淡化对风险的关注。另一方面片面追求规模。以银行业为例，虽然面对外部宏观经济形势变化，目前有较大的转型发展压力，需要从经营存量向追求流量转变，从资金中介向资本中介转变。[①] 但因为其收入中的利差收入占比仍然较高，并且在利差固定的情况下扩大规模是增加收益的有效方式，决定了金融机构仍然存在较强的规模偏好，希望做大规模以获得更多的利润。在金融杠杆中，中小型商业银行大规模发行同业存单就是佐证。中小型商业银行机构覆盖面较小，吸储能力不足，便以发行同业存单的方式从大型商业银行获得资金，以此来扩大可投资资金规模。而中小型商业银行投资能力又相对较弱，在同业理财和同业存单之间存在利差的情况下，便大规模投资同业理财或者委外投资。这些仍然是为了赚取利差收益，增大收益的有效方式是加杠杆扩大投资规模，从而导致金融杠杆较高。[②]

2. 体制机制原因

从体制机制看，体制机制不健全导致杠杆率快速提高，并且出现结构性特点。分税制改革后，中央政府和地方政府财权和事权不匹配。财政体制更强调预算收支平衡，从财政功能的角度进行体制设计较少。地方政府也以实施财政收支平衡，预算赤字在预算范围内为目标，无法通

① 刘秋万. 新技术时代银行的转型发展［J］. 中国金融，2015（5）：51-53.

② 娄飞鹏. 金融领域高杠杆的深层次成因与去杠杆建议［J］. 西南金融，2017（6）：22-28.

过扩大赤字来增加投资。① 地方政府承担着较重的事权而财权较弱，加上缺乏融资渠道，便依赖地方政府融资平台公司融资。这一方面导致地方政府对融资平台公司债务提供隐性担保，另一方面也让地方政府融资平台公司预算软约束问题突出，不计成本地大规模融资，从而抬高了杠杆率。虽然地方政府融资平台公司的融资大多用于基础设施建设，部分项目有现金流，有助于降低债务风险，但是预算软约束的存在也让地方政府融资平台公司资金使用效率低下。也正是由于预算软约束，融资主体的融资需求被扭曲，不仅不计成本地大规模融资，还因此而绑架了金融机构，在经营状况恶化、无法还本付息的情况下，通过地方政府的积极介入可以从金融机构继续融资，以借新还旧的方式继续融资加杠杆。

非金融企业部门杠杆率在全球主要经济体中最高，也有着深刻的体制机制原因。我国社会保障体制不健全，居民出于养老等方面考虑预防性储蓄较多，而消费较低。在宏观经济分析框架中，家庭部门是重要的资金供给部门，企业部门是重要的资金需求部门。家庭部门可以通过扩大消费、增加对企业部门产品需求的方式让资金流入企业部门，此时企业部门有足够的收入来维持运营，对加杠杆的需求较弱。而大规模的预防性储蓄降低了家庭部门的消费需求，让家庭部门储蓄资金通过间接融资的方式大量流入企业部门，导致非金融企业部门杠杆率较高。在这其中，国有企业一直承担着较多的稳增长、保就业等公共职能以及社会服务职能，难以有效实施市场化运营，政企不分、行业垄断等也导致其经营效率较低，但国有企业拥有较多的土地等不动产，在银行贷款时抵押物充足，银行业金融机构更偏好为其提供金融支持，易于获得银行贷款，杠杆率较高。地方财力不足、公共服务机构不健全、基础设施不完善等，让地方政府有足够的动力依靠地方政府融资平台公司开展融资，此时就需要地方政府提供隐性担保，推动国有企业整体杠杆率上升。受经济发

① 彭文生. 去杠杆进程需要政府适度干预［J］. 新金融，2018（7）：19–24.

展阶段等因素影响，我国的经济结构中，国有企业和重工业企业占比较高，也进一步导致非金融企业部门整体杠杆率较高。

随着加杠杆的持续推进，金融自由化也导致监管套利盛行，影子银行崛起。银行业作为重要的金融机构，受到资本充足率、信贷政策等较为严格的金融监管。随着金融创新的快速出现以及对部分金融子行业监管的放松，商业银行通过发展表外业务规避了资本金约束，资产规模快速扩大。在资金运用时借助各种通道流入房地产企业和地方政府融资平台公司，金融同业合作规模快速扩大，形成“同业存单—同业理财—委外投资”的资金空转套利链条。在此过程中，银行理财、信托、券商资产管理、基金子公司等各种影子银行业务也获得较大发展，实现了爆发式增长。金融机构通过同业合作事实上在开展混业经营，金融监管仍然是严格的分业监管，也导致监管标准不一、监管空白和重复监管问题出现，金融机构为追求监管套利而快速加杠杆。与此同时，金融监管部门承担着规范金融机构经营的政治职能，也承担着推动金融机构发展的市场职能，功能监管和机构监管泾渭不分明，较多的职能也不利于其有效实施监管，这也在金融监管方面为金融部门加杠杆提供了空间。

三、理性看待去杠杆的思路选择

2016年下半年开始的去杠杆，是我国出于防范化解风险的考虑主动为之的。去杠杆的目的不仅是压降杠杆率，更重要的是解决杠杆率快速提高，以及部分领域杠杆率较高所隐藏的风险。这就要求去杠杆的思路要认真选择，“把防范化解金融风险和服务实体经济更好结合起来，坚定做好去杠杆工作，把握好力度和节奏，协调好各项政策出台时机”①，不仅要提高去杠杆的效果，还要减少或者杜绝因为去杠杆而引发的风险。目前来看，去杠杆的思路

① 新华网. 中共中央政治局召开会议 习近平主持会议［EB/OL］. http：//www. xinhuanet. com/politics/2018-07/31/c_ 1123203915. htm，2018-07-31.

有全面去杠杆与结构性去杠杆，好的去杠杆与坏的去杠杆，主动去杠杆与被动去杠杆，以及短期去杠杆与长期去杠杆等。在实践中需要充分利用每种思路的优势，规避其问题，从而更好地推进下一步去杠杆。

（一）全面去杠杆与结构性去杠杆[①]

1. 正确理解全面去杠杆与结构性去杠杆

全面去杠杆是指对各类主体、各个领域的杠杆一视同仁，通过全面降低各方面的杠杆率来实现去杠杆。全面去杠杆主要是通过刺激经济增长，扩大分母来实现，或者是通过全面收紧政策，通过压缩分子来实现。全面去杠杆的基础在于：不同部门杠杆率之间存在联系，同时去杠杆才能达到去杠杆的目标。如家庭部门和企业部门杠杆率存在螺旋式负反馈机制，去杠杆时需要同时去。[②] 然而，全面去杠杆需要有良好的外部条件，或者经济高增长来实现。1938—1943 年，美国的高增长被认为是应对 20 世纪 30 年代大萧条、实现去杠杆的根本驱动力，这与第二次世界大战期间美国大发“战争财”有密切关系；1975—1979 年，埃及通过经济高增长去杠杆，主要是受益于石油危机带来的高油价；2001—2005 年，尼日利亚通过经济高增长去杠杆，也是主要受益于原油价格暴涨。[③] 这些国家在特定时期能够通过经济高增长的方式全面去杠杆，也是有着有利的外部条件支持。在没有良好的外部条件，或者经济增长速度较低的情况下，通过收紧政策实施全面去杠杆，容易导致加杠杆能力强的主体杠杆不容易去，加杠杆能力弱的主体杠杆率下降快，进而对部分领域的发展造成负面影响。

结构性去杠杆则是重点关注杠杆率较高的主体，杠杆率较高的领域，或者是风险较大的领域，有针对性地实施去杠杆。结构性去杠杆更注重部

---

① 娄飞鹏. 杠杆率的结构性与结构性去杠杆［J］. 中国经济报告，2018（5）：87-89.

② 上海财经大学高等研究院课题组. 企业和家庭债务交互式负反馈效应增加去杠杆难度［J］. 中国经济报告，2018（10）：94-96.

③ 彭文生. 渐行渐近的金融周期［M］. 北京：中信出版集团，2017：327.

门间以及部门内杠杆率的结构性差异，去杠杆操作更加精准。[①] 在结构性去杠杆的过程中，也会出现杠杆率在不同领域的转移，实现杠杆率分布的优化。从更深层次看，由于市场体制不完善，市场定价中存在结构性扭曲，导致杠杆率出现结构性特点，结构性去杠杆过程中也要实现市场定价的纠偏，推动经济和金融结构调整，宏观杠杆率回归到均衡水平。[②] 结构性去杠杆的做法更容易实现去杠杆的目的，且不需要政策全面收紧，减少去杠杆过程中的经济剧烈波动[③]，在实践中也得到更多的应用。

2. 杠杆率的结构性特点决定了要结构性去杠杆

2018 年 4 月 2 日，中央财经委员会第一次会议指出："打好防范化解金融风险攻坚战，要坚持底线思维，坚持稳中求进，抓住主要矛盾。要以结构性去杠杆为基本思路，分部门、分债务类型提出不同要求，地方政府和企业特别是国有企业要尽快把杠杆降下来，努力实现宏观杠杆率稳定和逐步下降。"[④] 防范化解金融风险是打好防范化解重大风险攻坚战的重点，结构性去杠杆是防范化解金融风险的重点[⑤]，采用结构性去杠杆的思路也是由杠杆率的结构性特点所决定。高杠杆率在不同领域有不同的表现，去杠杆在不同领域的紧迫程度、实施难度也不一样，不同债务类型所形成的杠杆率风险也不一样，因而去杠杆需要统筹协调，也要突出重点。总体来看，结构性去杠杆的重点是去杠杆率高出正常合理水平、不利于经济发展、以及存在较大风险隐患的杠杆。

从非金融部门看，与发达国家相比，我国非金融部门杠杆率整体不算高，政府部门、家庭部门杠杆率较低，但非金融企业部门杠杆率较高。

---

① 陈小亮，陈彦斌. 结构性去杠杆的推进重点与趋势观察 [J]. 改革，2018 (7)：17-30.

② 周君芝. 如何理解当前信用条件变化？——基于宏观去杠杆视角 [EB/OL]. 郭磊宏观茶座微信公众号，2018-05-29.

③ 中国人民大学中国宏观经济分析与预测课题组. 结构性去杠杆下的中国宏观经济——2018 年中期中国宏观经济分析与预测 [J]. 经济理论与经济管理，2018 (8)：5-19.

④ 新华网. 习近平：打好决胜全面建成小康社会三大攻坚战 [EB/OL]. http：//www.xinhuanet. com//politics/leaders/2018-04/02/c_ 1122627816. htm，2018-04-02.

⑤ 高善文. 中国企业部门杠杆率之谜 [J]. 清华金融评论，2018 (5)：73-74.

在政府部门内部，地方政府杠杆率较高而中央政府杠杆率较低。在非金融企业内部，杠杆率高低分化明显。第一，国有企业杠杆率较高，民营企业杠杆率较低。第二，国有企业内部杠杆率分化也很明显。东中西部地区国有企业杠杆率变化趋势不同，大中型国有企业资产负债率显著高于小型国有企业。第三，非金融企业部门杠杆率与企业规模、效率、所处行业等也有关。在家庭部门内部，杠杆率结构性特点也很突出。从城乡分布看，农村地区家庭部门杠杆率低，城市地区家庭部门杠杆率高。从城市内部看，一线城市家庭部门杠杆率最高，二线城市次高，三四线城市低。从地区分布看，不同地区家庭部门杠杆率差异较大。从家庭生命周期分布看，城市家庭部门杠杆率较高主要是贷款买房的中青年家庭，这些家庭处于生命周期的形成期或成长期，收入相对较低。从金融部门看，与银行业相比，非银行金融机构杠杆率更高；在银行业内部，中小型商业银行相对大型商业银行杠杆率更高。①

就宏观层面而言，杠杆率的结构性是否可持续，比杠杆率绝对水平更值得关注。② 如果杠杆率的结构性不可持续，部分领域杠杆率过高引发局部风险，则往往会影响整体的信用派生机制并导致系统性风险。也就是说，结构性的高杠杆仍然会引发系统性金融风险，但杠杆率的结构性特点预示着整体的杠杆率可能并不高，不易为各界广泛关注，更容易导致由于重视程度不够引发局部风险并最终形成系统性风险。正是在这种意义上，对结构性高杠杆更要引起足够的关注，去杠杆也要更加强调结构性去杠杆。具体而言，非金融部门的地方政府、国有企业因为效率低、规模大、杠杆率高，容易引发系统性风险，金融部门的同业杠杆高企，容易引发资金脱实向虚，也会加重非金融企业部门的杠杆风险，这些应该成为去杠杆的重点。

---

① 娄飞鹏. 中国的杠杆率具有结构性特点［J］. 新华文摘，2018（20）：162.

② 周君芝. 金融杠杆和实体杠杆之间什么关系？［EB/OL］. 郭磊宏观茶座微信公众号，2018-02-06.

3. 结构性去杠杆的具体思路和做法

一是在杠杆的绝对水平和边际杠杆增速方面，去杠杆的重点是先控制边际杠杆增速，并根据进展情况压降杠杆绝对水平。[①] 也就是说，去杠杆的重点不仅是降低杠杆率，还要控制金融部门和非金融部门杠杆率的快速上升，相比之下后者更需要及时解决，也更容易及时解决，因而要先控制杠杆率增量再逐步疏解存量。[②] 边际杠杆增速要与经济发展需要相适应，既要防止其增速过低引起"债务—通货紧缩"风险，也要防止其增速过高引发资产泡沫。在边际杠杆率得到较好控制带动杠杆率增速稳定并有所下降后，再逐步疏解存量高杠杆率。从债务的角度看，就是处理好增量和存量的关系，先要控制好增量债务，之后再逐步调整存量债务。

二是在金融部门和非金融部门方面，从 2016 年下半年开始的金融部门去杠杆已初步取得较为明显的成效，考虑到金融部门去杠杆是整个宏观经济去杠杆的基础，也是防范化解系统性金融风险的基础[③]，金融部门去杠杆需要继续坚持[④]。非金融部门杠杆率增速逐步趋稳，但非金融企业部门杠杆率依然较高，非金融部门去杠杆应该进一步强化。这一做法与美国等发达国家先开展金融部门去杠杆，再推动非金融部门去杠杆的做法相似。其原因是非金融部门如果可以方便且低价地从金融部门获得加杠杆资金，其就缺少足够的动力去杠杆，因而就需要在流动性比较紧张，资金价格较高的情况下增加非金融部门去杠杆的压力。另外，国内去产能尚未完成，国有企业改革还有较多的工作要做，这也决定了优先大力推进非金融部门去杠杆风险较大。金融部门去杠杆也可以直接推动非金融部门去杠杆，如在非金融企业部门去杠杆过程中的重要举措债转股就需要商业银行在其中发挥积极作用，这也是金融业服务去杠杆的

① 娄飞鹏. 结构性去杠杆是防范化解金融风险的重要切入点［J］. 党政干部参考，2018（9）：17-18.

② 娄飞鹏. 金融与非金融去杠杆［J］. 金融理论探索，2017（5）：20-26.

③ 符林. 去杠杆的逻辑与策略［J］. 中国金融，2017（13）：82-83.

④ 娄飞鹏. 结构性去杠杆是防范化解金融风险的重要切入点［N］. 学习时报，2018-04-13（02）.

重要途径。[①] 金融部门和非金融部门去杠杆都不是笼统地去，而是要重点针对高杠杆和高风险领域。

三是在非金融部门内部，重点是去非金融企业尤其是国有企业的杠杆，以及地方政府的杠杆，控制家庭部门杠杆率快速提高。

首先，我国非金融部门的杠杆率总体水平并不算高，但非金融企业部门杠杆率高，需要把非金融企业部门作为去杠杆的重点。在非金融企业中国有企业杠杆率高，这决定了国有非金融企业是去杠杆的重中之重。对此，需要通过积极稳妥实施债转股，增加直接融资特别是股权融资，做好“僵尸企业”清理，扩大国有企业资本金补充渠道，提高国有企业资金使用效率等推进去杠杆。

其次，政府部门要重点去地方政府的高杠杆。这要求要科学界定中央政府和地方政府的财权事权，合理平衡中央政府和地方政府的杠杆率，建立地方财政收支激励相容机制，解决地方财税软约束问题，从而弱化其扩大负债的动力。[②] 地方政府债务置换将短期债务置换成长期债务，也是在积极稳妥降低政府部门的杠杆率。后续一方面需要规范地方政府融资，切实将发行债券作为地方政府唯一的融资方式，丰富地方政府债券品种，提高地方政府债券流动性；另一方面则需要对各类地方政府隐性债务加大打击力度，严格控制地方政府债务规模增长，提高资金使用效率。

最后，家庭部门杠杆率快速上升也需要引起足够的关注。[③] 家庭部门债务扩张是商业周期的主要驱动力，家庭部门债务增加也是自 20 世纪 70 年代以来许多国家 GDP 增长下降的有力预测因素。[④] 特别是家庭部门基于对房价上涨的预期，将资产大量配置在房地产领域，并利用中长期贷款加

① 杨筝. 国企去杠杆：重中之重［J］. 中国金融家，2017（8）：43-44.

② 徐忠. 国企治理问题和财政软约束是杠杆率飙升的核心原因［EB/OL］. http：//finance. sina. com. cn/wm/2017-04-30/doc-ifyetstt3995796. shtml，2017-04-30.

③ 娄飞鹏. 非金融部门杠杆率现状与去杠杆建议［J］. 西南金融，2017（7）：23-29.

④ Atif Mian，Amir Sufi. Finance and Business Cycles：The Credit-Driven Household Demand Channel［J］. Journal of Economic Perspectives，2018，32（3）：31-58.

杠杆投资房地产，存在较大的资产价格泡沫。家庭部门加杠杆配置房地产，也导致其对外部经济形势变化缺少足够的应对能力，一旦经济形势发生不利变化易于形成剧烈冲击。广发银行与西南财经大学联合发布的《2018 中国城市家庭财富健康报告》表明，2017 年我国城市家庭户均总资产为 150.3 万元，其中 77.7%配置在房地产领域，远高于美国的 34.6%，金融资产占比为 11.8%，远低于美国的 42.6%。国际经验也表明，为避免陷入"债务—通货紧缩"的恶性循环，应加快家庭部门去杠杆。这些都意味着，我国迫切需要按照"房子是用来住的，不是用来炒的"总体思路予以合理引导，解决家庭部门杠杆的结构问题。[①] 在结构性去杠杆中，家庭部门不应加杠杆，其主要理由包括：第一，家庭部门加杠杆不仅难以促进居民增加消费，反而会抑制居民消费支出增长；第二，虽然理论上存在家庭部门加杠杆会促进企业降杠杆的杠杆转移机制，但家庭部门加杠杆也会导致居民投机性行为显著增加，使得现实中杠杆转移效果显著减弱并会加剧资产泡沫风险；第三，家庭部门加杠杆不仅难以缓冲企业部门去杠杆带来的经济下行压力，而且会导致经济产出水平出现更大幅度的下滑，不利于结构性去杠杆的推进。[②]

四是在金融部门内部，去杠杆的重点是非银行金融机构杠杆、中小型商业银行杠杆、银行业的表外资产杠杆。首先，从非银行金融机构看，在我国非金融部门加杠杆的过程中，其信贷资金来源正在发生较大变化，国内银行直接提供的信贷资金占比在下降，非银行金融机构等提供的信贷资金占比在提高，而且非银行金融机构杠杆提高速度整体高于银行业。同时，由于通过非银行金融机构流入非金融部门的信贷资金部分存在多层嵌套，并且违规流入"两高一剩"或者房地产领域的情况较多、风险更大、透明度更低。[③] 因而，需要重点规制借道非银行金融机构为非金

---

① 娄飞鹏. 非金融部门杠杆率现状与去杠杆建议［J］. 西南金融，2017（7）：23-29.

② 刘哲希，李子昂. 结构性去杠杆进程中居民部门可以加杠杆吗［J］. 中国工业经济，2018（10）：42-60.

③ 娄飞鹏. 从资金来源变化看去杠杆的逻辑［J］. 金融与经济，2017（6）：25-30.

融部门加杠杆提供信贷资金的做法，减少通道业务形成的多层嵌套，重点压降非银行金融机构的杠杆，以提高其去杠杆的针对性和成效。其次，从银行业内部看，一方面，从资产分类看，银行的表外资产杠杆率更高，是去杠杆的重点。银行通过发行理财产品募集资金，并开展委外投资，不但导致表外资产杠杆率更高，而且存在较大的风险，因而需要引导表外资产转入表内以接受资本充足率监管，理财产品也要向真正的资产管理业务转型。另一方面，从银行类型看，大型商业银行杠杆率较低[①]，中小型商业银行通过同业存单扩表更明显，其杠杆率也高于大型商业银行，决定了银行业内部去杠杆的重点是中小型商业银行[②]。

（二）好的去杠杆与坏的去杠杆[③]

1. 好杠杆与坏杠杆

在经济领域，杠杆的实质就是以小博大，通过加杠杆的方式来扩大规模，实现更大的利润并推动经济发展。在正常合理的范围内，杠杆的存在有利于推动经济发展。如果杠杆应用不当，应用领域不对，或者是滥用杠杆，就会对经济发展产生不利影响。也就是从杠杆应用对经济发展可能产生的影响的角度看，根据加杠杆是否能够更好地提高经济效率并促进经济高质量发展，可以将杠杆分为好杠杆和坏杠杆。好杠杆可以提高效率，推动经济更好地增长，也就是债务增加可以带来更多的产出。从长远发展看，好杠杆所在的领域更符合经济未来发展趋势，更有助于推动经济实现高质量发展。坏杠杆则无助于效率提高，债务的增加并不能带来更多的产出，而是单纯引起资产泡沫扩大甚至是增加经济中的风险。从长远发展看，坏杠杆会占用更多的资金资源，不仅不利于经济转型发展，还会挤占好杠杆所需的资金，对好杠杆产生挤出效应。尤其需

① 郭磊. 同业存单撬动结构性杠杆：从何而来、向何处去？［EB/OL］. http：//business. sohu. com/20170329/n485419021. shtml，2017-03-29.

② 娄飞鹏. 金融领域高杠杆的深层次成因与去杠杆建议［J］. 西南金融，2017（6）：22-28.

③ 娄飞鹏. 提高去杠杆的针对性［N］. 学习时报，2018-08-24（02）.

要注意的是，即使是好杠杆，也要合理利用，努力保障杠杆增长速度与经济增长速度相匹配。否则，片面追求加杠杆，导致杠杆率绝对水平较高，杠杆率快速增长，往往容易引发较大的风险。

大体而言，判断好杠杆和坏杠杆的标准包括：第一，从杠杆率及其增长速度高低看，杠杆率处于合理范围内，增长速度与经济增长速度相匹配的杠杆大多属于好杠杆，而杠杆率明显偏高、增长速度明显偏快的杠杆大多属于坏杠杆。在这方面，对 18 个 OECD 国家的经验研究认为，政府部门、非金融企业部门和家庭部门的杠杆率警戒线分别为 85%、90%和 85%①，可以视作从杠杆率绝对水平方面判断好杠杆和坏杠杆的参考标准；野村证券在《中国正在升起的金融风险》报告中提出的“5-30 规则”，即发生危机之前的 5 年，杠杆率一般都要提高 30%以上，可以视作从杠杆率增速方面判断好杠杆和坏杠杆的参考标准。第二，从杠杆的投入产出看，能够带来较大的产出，也就是可以带来分母更快扩大的杠杆属于好杠杆，而不能带来较大的产出，也就是导致分子扩大速度快于分母扩大速度的杠杆属于坏杠杆。在具体衡量方面，微观层面可以参考资产负债率的相对变化，宏观层面可以参考债务与 GDP 比例的相对变化，来区分好杠杆和坏杠杆。第三，从杠杆运用的领域看，通过杠杆将资金投向符合经济未来发展趋势，能够推动经济转型发展，提高经济发展质量的杠杆属于好杠杆，而在加杠杆过程中将资金引入“僵尸企业”、夕阳行业等领域，阻碍经济转型发展，恶化经济发展质量的杠杆属于坏杠杆。在具体操作上，可以从企业或者行业从事的经营活动是否符合经济发展需要，顺应发展趋势来界定好杠杆和坏杠杆。

2. 不分好坏去杠杆的潜在风险

去杠杆是主动作为，但这并不意味着去杠杆就没有风险。在去杠杆的过程中不区分好杠杆和坏杠杆，对去杠杆的领域、方法、措施、节奏、

---

① Stephen Cecchetti, Madhusudan Mohant, Fabrizio Zampolli. The Real Effects of Debt [R]. BIS Working Paper, No. 352, 2011.

顺序等处理不好，简单追求快速去杠杆，去了好杠杆而留下坏杠杆，同样会带来新的风险，加速风险隐患发展成风险事件，甚至是引发较大的风险，造成更大的危害。

一是不分好坏去杠杆容易在金融领域引发新的问题。从金融与实体经济看，金融对经济环境、政策导向等方面的变化的反应速度更快。在经济增长的上行阶段，金融业发展和实体经济存在增函数关系，其扩张速度会快于实体经济；在经济增长的下行阶段，金融业发展和实体经济存在减函数关系，其收缩速度会快于实体经济。[①] 快速去杠杆更容易导致金融领域以更快的速度去杠杆，引发金融机构对实体经济融资支持快速下降，大规模缩减融资规模。2018 年，企业信用债券尤其是民营企业信用债券违约事件多发，其出现的主因并非民营企业经营状况快速恶化，而是受去杠杆等因素影响，企业新增融资较难，流动性紧张，资金链出问题，没有足够的现金流来偿还到期债务。

二是不分好坏去杠杆容易加剧小微企业融资难融资贵的问题，为了快速去杠杆需要限制商业银行的信用派生能力，也就是减少商业银行的放贷，降低商业银行的风险偏好。商业银行在放贷时有一定的偏好，更喜欢为信息透明度较高、能够提供有效担保、经营更加稳健的企业提供贷款，小微企业在从商业银行融资时并没有优势。在商业银行可以提供更多贷款时，其新增贷款不一定会流入小微企业领域，在商业银行压缩放贷规模时，其往往从风险防范的角度优先压缩小微企业贷款规模，进一步加剧小微企业融资难融资贵。随着去杠杆的推进，社会融资规模中表外融资降低，商业银行贷款加权利率在提高，小微企业融资难融资贵问题更加凸显。也正是如此，2018 年人民银行的定向降准中，一再强调加强对小微企业的信贷支持，解决小微企业融资难融资贵。

三是不分好坏去杠杆不利于经济高质量发展。党的十九大报告指出：“我国经济已由高速增长阶段转向高质量发展阶段，正处在转变发展方

---

① 李扬. 从长周期视角观察国内外经济形势［N］. 经济日报，2018-01-04（014）.

式、优化经济结构、转换增长动力的攻关期。”① 这需要有大批创新型企业来推动实现，而创新型企业往往成功率较低，在发展初期容易不被金融机构看好，其也存在难以有效获得金融机构融资支持的问题。虽然创新型企业更多地需要依靠创投、风投机构来融资，但金融机构中只有商业银行能进行货币创造，创投、风投机构的资金相当一部分来自商业银行，商业银行缩减放贷规模，也间接降低创投、风投机构的资金，不利于其支持创新型企业。创新型企业在发展初期往往更需要资金支持，没有足够的资金来源也不利于其发展，无法在经济发展中发挥主导作用，不利于经济实现高质量发展。

3. 支持好杠杆、去坏杠杆的思路建议

去杠杆不是没有成本的，去杠杆过程中引发新的问题就是表现之一，对此要有清醒的认识，并保持去杠杆的定力，以更科学、更合理的方式继续推进结构性去杠杆。为减少或防止去杠杆引发新的问题，需要在区分好杠杆和坏杠杆的基础上，根据形势变化采用不同的去杠杆措施，进一步提高去杠杆的针对性，把握好去杠杆的节奏和力度。

（1）去杠杆的导向方面

需要认真识别好杠杆和坏杠杆，重点去除坏杠杆，支持好杠杆。去杠杆不能操之过急，需要把握好节奏和力度，不能好杠杆和坏杠杆一起去。此时就需要建立明确的标准，严格区分好杠杆和坏杠杆。好杠杆该支持的要继续予以支持。对坏杠杆不仅不能支持，还要将其作为去杠杆的重点。在此过程中，为减少去杠杆的风险，即使对坏杠杆也要控制好去杠杆的节奏和力度，以时间换空间，防止风险集中爆发或者引发新的风险。

（2）去杠杆的政策方面

综合运用多种政策，依靠多种政策组合提高去杠杆的成效。货币政

① 习近平. 决胜全面建成小康社会 夺取新时代中国特色社会主义伟大胜利［M］. 北京：人民出版社，2017：30.

策作为总量型调控政策，在保持流动性总量合理的同时，需要采取结构性措施进行结构性引导。坏杠杆之所以持续存在，是因为其融资能力较强，也愿意承担更高的融资成本，简单放松货币政策，往往导致逐利的资金流向产生坏杠杆的领域，推动坏杠杆进一步提高。2008 年以来，我国基础货币增速明显低于商业银行资产增速，2012 年以来两者的差距更大，货币超发的主要原因不是基础货币扩大，更多的是商业银行的信用创造，在这其中影子银行发挥了较大作用。因而，有必要在去杠杆过程中让金融监管政策积极发力，强化对影子银行的监管。地方政府融资平台公司、房地产企业的高杠杆都与财税制度密切相关，这要求去杠杆过程中也要积极发挥财政政策的作用，区分政府信用和商业信用，杜绝政府的各种隐性担保，降低企业税负，改善企业的流动性。与此同时，从化解产能过剩、清理“僵尸企业”等方面看，发展改革委、国资委也要结合其自身职能，在去杠杆过程中发挥积极作用。

（3）去杠杆的策略方面

充分重视消费对去杠杆的积极作用，通过扩大消费降低企业杠杆。在美国主动挑起贸易摩擦、对我国出口造成负面影响的情况下，更需要充分重视扩大消费对去杠杆的积极作用。扩大消费减少储蓄有利于非金融企业部门去杠杆。这是由于，消费往往会形成企业的收入，让企业可以在不增加负债的情况下用收入扩大生产，增加企业收入和利润从而降低杠杆率。在市场机制作用下，消费可以起到对企业的筛选作用，提供的产品更容易被消费者青睐的企业，证明其产品符合消费者需求，也更有可能符合未来的发展方向。消费对企业的筛选机制，也为金融机构的信贷资金投放提供了参考。金融机构可以结合这一点，有针对性地对这些企业提供融资支持，保障其融资需求得到满足和杠杆率稳定，对产品不符合消费者需求或者没有销路的企业需要严格压缩信贷投放。因而，在去杠杆过程中也需要增强消费对我国经济发展的基础性作用。

（三）主动去杠杆与被动去杠杆

1. 对主动去杠杆与被动去杠杆的理解

主动去杠杆主要是为了防范高杠杆率和杠杆率快速提高的风险，在风险还没有爆发时，根据形势需要及时采取各种措施控制杠杆率不要快速提高，并压降部分领域的高杠杆率。也就是说，主动去杠杆主要是为了防患于未然，主动采取措施控制杠杆率快速提高，以温和的方式压降高杠杆率，避免市场自发进行的危机式出清，但这并不意味着主动去杠杆就不会引发风险。宏观经济系统及其运行十分复杂，主动去杠杆主要依靠政府政策来推动，其目的虽然是防范风险，但在实际实施中政府政策运用却难以有效把握分寸，也容易引发金融风险。[①] 我国从 2016 年下半年开始的主动去杠杆，在 2017 年就取得较为明显的成效，但快速压降非标和表外融资，全社会信用快速收缩，加上严格的环保等政策形成共振，导致民营企业融资难问题凸显，信用债券违约率提高，资本市场估值快速下降，股权质押风险逐渐暴露，P2P 等民间金融出现流动性风险。

虽然实施主动去杠杆的过程中出现了一些风险，但总体而言我国在实施主动去杠杆方面还有着明显的优势。这主要表现在："不同于市场自我出清式的被动去杠杆，主动去杠杆是一个复杂的系统工程，必须要有经济工程师通过系统设计整体的去杠杆方案。发达国家缺乏强大的政府力量来设计并实施这一系统工程，加之国外央行一般只负责制定并执行货币政策，较少参与经济政策的制定，因此对发达国家来说，主动去杠杆实现起来比较困难。这也是从历史上看全球主要经济体大多是被动去杠杆的重要原因。相比而言，我国在主动去杠杆上具有特殊的优势，政府具有强大的执行力，有利于调动资源、集中力量解决问题，避免出现大量违约、贷款损失以及经济的大幅下滑甚至危机。"[②]

---

① 李迅雷. 从主动去杠杆到被动去杠杆［J］. 股市动态分析，2018（43）：16-17.

② CF40 课题组. 主动去杠杆还是被动去杠杆［J］. 中国金融，2016（19）：12-14.

在主动去杠杆的挑战方面，我国面临的问题主要有："国有企业的公司治理架构和制度还不够完善，而国有企业是近年来加杠杆的主力，也是产能过剩较为集中的领域。法律制度尤其是企业破产制度还不完善，破产法执行力度不够，不利于保护债权人和企业合法权益，通过司法手段解决企业退出问题难度还比较大。此外，区域经济稳定、失业人员安置等问题都是主动去杠杆过程中需要考虑并解决好的问题。"① 在主动去杠杆的过程中，也确实出现了去杠杆的目标和去杠杆的实际之间出现偏差的情况。从非金融业的情况看，国有企业杠杆率较高，应该是去杠杆的重点，但在实际实施过程中民营企业去杠杆速度比国有企业更快，成为实际上去杠杆的重点。金融领域去杠杆的目的是解决资金脱实向虚问题，但 2018 年股市大幅度下跌，影响到了民营企业的经营流动性甚至是生存，股权质押风险持续爆发也会危及金融中介机构的安全。② 这些都是我国在实施主动去杠杆过程中遇到的问题，需要在下一步去杠杆的过程中予以研究解决。

被动去杠杆体现为市场性的自我调整和出清。③ 如果说主动去杠杆是温和式出清，被动去杠杆则是危机式出清。这是由于，金融市场的杠杆具有顺周期特征，完全靠市场出清容易导致超调和较为剧烈的震荡。就实际情况看，全球大多数国家都是在高杠杆率和杠杆率快速增长时期金融风险爆发，也就是在金融周期的下半场开始被动去杠杆。被动去杠杆往往是先爆发金融风险，之后才开始去杠杆，不但要付出较大的代价，而且过程也很痛苦。这方面最典型的例子是，20 世纪 90 年代初，日本以刺破资产泡沫的方式被动去杠杆，结果是杠杆率没有得到有效控制，经济长期陷入停滞，受到严重影响。美国在 2007 年次贷危机发生前，也通过加息收紧货币的方式来抑制家庭部门杠杆率快速上升，导致金融周

① CF40 课题组. 主动去杠杆还是被动去杠杆［J］. 中国金融，2016（19）：12-14.
② 李迅雷. 从主动去杠杆到被动去杠杆［J］. 股市动态分析，2018（43）：16-17.
③ CF40 课题组. 主动去杠杆还是被动去杠杆［J］. 中国金融，2016（19）：12-14.

期出现拐点，市场被动去杠杆。这说明，金融具有顺周期性，杠杆率也具有明显的顺周期性，完全依靠市场力量自发调整，往往会导致资产泡沫较大，调整过程就会比较痛苦。[①] 被动去杠杆通常先经历金融危机，之后才有政府的宏观调控政策介入，利用宽松的财政政策和宽松的货币政策来保证有效需求。[②] 在被动去杠杆过程中，如果缺少政府的有效调控引导，市场主体形成一致性预期后，容易出现个体理性引发集体非理性的情况，从而引发风险。

在自发的市场环境中，杠杆率往往会比较高，其背后隐藏较大的风险，最终不得不被动去杠杆。这是由于，从需求端看，加杠杆意味着占有更多的资金资源，经济主体往往对加杠杆缺少内在约束机制。从供给端看，在银行业金融机构在有抵押物的情况下，随着抵押物价格越来越高，会认为处置抵押物能够覆盖贷款本息，贷款的风险可控，有扩大贷款发放的激励。加上政府对银行业金融机构提供各种显性或者隐性的担保，即使是爆发风险也不是单家金融机构自己承担，这说明金融机构扩大贷款发放是负外部性行为。从经济学的角度看，负外部性行为的供给往往会超过社会合意的水平，供给端对加杠杆也缺少足够的约束机制。[③] 综合来看，依靠市场自发力量难以实现主动去杠杆，此时要么是政府积极介入主动去杠杆，要么是高杠杆风险爆发，迫使市场不得不被动去杠杆。

在去杠杆总体思路和方向不变的情况下，微观主体会先采用被动去杠杆，之后逐步开展主动去杠杆。以银行业金融机构同业负债为例，其将经历被动去杠杆和主动去杠杆两个阶段。[④] 由于前期银行业同业负债中采用了短借长用的模式，以短期负债资金开展长期投资套取期限利差，在资产

---

① 彭文生. 去杠杆进程需要政府适度干预［J］. 新金融，2018（7）：19-24.

② 周君芝. 从去杠杆路径到结构性对冲——2018 年年中货币金融环境分析与展望［EB/OL］. 郭磊宏观茶座微信公众号，2018-07-02.

③ 彭文生. 去杠杆进程需要政府适度干预［J］. 新金融，2018（7）：19-24.

④ 姜超，朱征星，李波. 同业存单监管趋严，影响几何？［EB/OL］. 姜超宏观债券研究微信公众号，2018-01-11.

端投资资产尚未到期的情况下，面对金融监管去杠杆的压力，银行业仍然有较强的动力扩张资产规模，此时是受金融监管压力驱动的被动去杠杆。随着资产端投资资产的到期，银行业可以及时开展资产腾挪，也会根据金融监管要求压缩同业资产。甚至是经历过这次风险之后，即使金融监管没有严格要求，银行业也会出于自身稳健发展的考虑实施主动去杠杆。

2. 综合运用主动去杠杆和被动去杠杆①

主动去杠杆和被动去杠杆的主导力量和实施路径不同。② 主动去杠杆更接近于充分发挥政府的功能去杠杆，政策应对在前；被动去杠杆则更接近于利用市场的自发调节去杠杆，危机爆发在前，政策应对在后。按照这一逻辑，无论是主动去杠杆还是被动去杠杆，其自身都存在一定的缺陷，自然需要把二者有机结合，充分发挥各自的优势，规避其中可能存在的问题，通过政府和市场的充分参与、有机配合实现平稳有效去杠杆。总体来看，为防范金融风险爆发，达到主动疏解金融风险的目标，在去杠杆初期采用主动去杠杆的方式，取得一定成效后由被动去杠杆来衔接，应该成为我国去杠杆的一个合理选择。③ 从我国的情况看，为应对被动去杠杆的风险，必须要优化杠杆结构，控制家庭部门杠杆率快速增长，降低非金融企业部门的杠杆率。非金融企业部门去杠杆重点是国有企业。

一方面，国有企业在去杠杆过程中需要考虑自身因素和外部环境，强化资产负债约束，采用主动去杠杆和被动去杠杆相结合的方式有效去杠杆。

一是既要普遍约束国有企业资产负债又要突出重点。国有企业总体资产负债率较高，需要降低资产负债率，但不宜采取“一刀切”的处理方式，而是需要突出重点，尤其是做好资产负债率高、风险较大国有企

① 国有企业主动去杠杆和被动去杠杆相结合的三点建议主要参考：娄飞鹏. 有效约束国企资产负债［N］. 学习时报，2018-10-26（02）.

② 周君芝. 从去杠杆路径到结构性对冲——2018 年年中货币金融环境分析与展望［EB/OL］. 郭磊宏观茶座微信公众号，2018-07-02.

③ 李迅雷. 从主动去杠杆到被动去杠杆［J］. 股市动态分析，2018（43）：16-17.

业的管理。就实际情况而言，在资产负债约束管理的过程中，从宏观层面看，需要结合国有企业所属的行业、所处的发展阶段、所在的地域、所具备的盈利能力、所代表的发展方向等综合考虑，分类对待，分步实施，确定合理的资产负债约束指标，并采取针对性的措施。对产能过剩行业国有企业的资产负债率要严格控制，而对有利于推动高质量发展、经济转型升级的战略性新兴产业、创新企业等领域的国有企业资产负债率需要灵活掌握。从微观层面看，国有企业自身需要做好资本结构规划与管理，考虑市场前景、资金成本、盈利能力、资产流动性等因素，合理设定企业资产负债率和资产负债结构。

二是既要深化国有企业改革又要充分发挥国有企业作用。国有企业资产负债约束的目标不只是简单的降低资产负债率，更重要的是推动国有资本做强做优做大，让国有企业在国民经济发展中的中坚力量得以充分发挥，并以此增强经济发展韧性，提高经济发展质量。这就要求在加强国有企业资产负债约束的过程中，要牢固树立新发展理念，以提高发展质量和效益为中心，继续深化国有企业改革，建立现代企业制度，优化企业治理结构，着力提升国有企业经营管理水平，通过创新驱动提高生产率，增强国有企业的盈利能力，以扩大分母的方式来降低资产负债率。同时，也要做好国有企业债务与地方政府债务的切分，既要防止国有企业作为融资主体为地方政府融资，又要防止国有企业融资过程中依靠地方政府提供相关的担保等。

三是既要强化国有企业资产负债约束又要深化金融体制改革。一方面，需要国有企业自身强化预算约束，强化资产负债约束，形成资产负债约束的长效机制，提高资金使用效率。完善国有企业资本金补充渠道，尤其是提高内源性资本的积累能力。另一方面，也要从外部尤其是融资方面约束国有企业，这就要求深化金融体制改革。从银行间接融资的角度看，国内银行业在融资过程中不同程度地存在所有制偏好，具体就是更偏好对国有企业融资，需要银行摒弃所有制偏好，客观审慎评估国有企业的债务融资需求，科学合理地支持国有企业。同时，在国有企业市场化债转股过程中发挥积极作用。从多层次资本市场发展的角度看，需要提高直接融资比重，促进多层次资本市场健康发展，为国有企业股权融资提供有效的金融服务，丰富国有企业在资本市场上的融资工具，不断扩大国有企业股权融资比例。

另一方面，考虑到家庭部门杠杆率快速提高，加杠杆主要是买房，资产大量配置在房地产领域，风险集中度较高的情况，对家庭部门杠杆率一定要审慎对待。与发达国家相比，我国家庭部门杠杆率绝对水平不高，在经济转向以内需消费拉动为主的过程中，家庭部门加杠杆有利于扩大居民消费，降低家庭储蓄率，推动企业部门去杠杆，促进经济转型升级。① 但是，我国家庭部门杠杆率的形成、结构与发达国家不同，在主动去杠杆过程中，家庭部门杠杆率还在快速提高，居民利用短期贷款违规买房，投机性购房需求规避一二线城市的限售限贷，大量流入三四线城市，并导致三四线城市房价虚高。我国家庭部门房贷余额与房产总市值虽然低于美国，但房贷余额占居民可支配收入的比例远高于美国，其潜在风险不容忽视，需要在房贷还属于优质贷款的时候严格控制其规模，推动家庭部门被动去杠杆。② 与此同时，也要采取各种预防措施，防止房价快速下跌，引发流动性危机。

（四）短期去杠杆与长期去杠杆

1. 杠杆是短期负债和长期负债的平衡

从微观主体看，杠杆是负债和资产之间的平衡，借助杠杆的撬动作用，进行金融资源的跨期配置。加杠杆的过程往往是以短期收入为基础，预支长期收入，也就是将长期收入折现进行现期消费或者投资。正如古典经济学逻辑所认为的那样，微观主体进行投资需要先有收入，企业将

---

① 潘敏，荆阳. 我国家庭部门杠杆率变化趋势及影响［N］. 光明日报，2018-11-20（11）.

② 李迅雷. 从主动去杠杆到被动去杠杆［J］. 股市动态分析，2018（43）：16-17.

收入扣除成本后剩余的利润部分，可用于投资以扩大生产。如果当期的投资决策中只根据利润规模来扩大投资，而不考虑加杠杆，就不涉及还债问题，但也无法充分利用杠杆的撬动作用扩大收入。如果企业加杠杆，短期来看，加杠杆之后扩大投资，收入会增加，利润也会扩大。但因为有了负债，新创造收入在支配过程中就面临短期和长期平衡问题。此时企业有两种选择，一种是新创造的利润用于偿还债务，杠杆率就会因此而下降，去杠杆的目标就实现了；另一种是新创造的利润不偿还债务，继续用于扩大再生产，由于借债有利息支出，时间越长需要偿还的债务本息规模就会越大，如果收入增加的速度赶不上负债本息增加的速度，就会导致杠杆率提高。从中不难发现，前一种选择降低了杠杆率，短期对经济增长不利，长期对经济增长则是有利的；后一种选择是在加杠杆，短期对经济增长有利，而因为债务的持续存在，一旦盈利能力不及预期，长期则对经济增长不利。[①]

从理论上看，无论是家庭部门、企业部门还是政府部门，过高的杠杆率都是不可持续的，杠杆率快速增长也是不可持续的，高杠杆率不是牺牲短期的经济增长就是危害长期的经济增长。也正是如此，各类经济主体在利用杠杆的资金配置功能时，需要充分考虑自身的偿债能力，在合理范围内适当加杠杆，以平衡好短期和长期问题。如果不考虑长期可能会面临的问题，以透支未来的方式盲目加杠杆，过度负债或者借新债还旧债，未来的债务规模会更高，杠杆率也会更高。最终有可能导致宏观层面出现信贷规模快速扩大，而经济增长速度较低，也就是无增长的信贷情况出现。在杠杆率水平较高的情况下去杠杆，不仅难以有效实现去杠杆的目标，而且面临更高的资不抵债风险，即使是采用违约或者资产变现的方式，也会影响投资者的风险偏好，不利于经济的持续健康增长。

2. 去杠杆是短期偿债和长期偿债的平衡

加杠杆需要平衡好短期和长期，去杠杆也需要平衡好短期和长期。

① 彭文生. 去杠杆进程需要政府适度干预［J］. 新金融，2018（7）：19-24.

一般情况下，去杠杆对经济稳定有一定的影响，抑制经济增长，加大经济波动。[①] 为实现长期中经济持续健康发展，就需要在短期中做好去杠杆。在去杠杆的过程中，宏观政策尤其是财政政策可以发挥积极作用。根据凯恩斯的观点，宏观经济上是先有投资，再有收入，投资增加就可以带来收入增加，从而可以用来偿还债务，以此来实现去杠杆。从宏观经济四部门分析框架的角度看，企业部门的利润决定于四个部门，即企业部门的投资和家庭部门的消费两个内生变量，政府部门的财政收支和国际贸易部门的国际收支两个外生变量。企业部门投资增加、家庭部门消费增加、国际贸易部门的顺差增加、政府部门的财政赤字增加，一个或者几个共同出现都有助于增加企业部门的利润，有利于增强企业部门的盈利能力，扩大企业部门的收入，推动企业部门去杠杆。[②]

从家庭部门看，去杠杆也需要充分考虑短期和长期的平衡。从理论上看，短期内家庭部门加杠杆有利于缓解当期的预算约束，有可能通过增加家庭收入或者提升房产价值产生消费效应，对消费具有刺激作用。长期来看，加杠杆过程中的负债导致偿债压力加大，再融资能力受到约束，影响长期的消费。因此，家庭部门加杠杆对消费的影响在长期和短期中并不同，短期具有消费刺激作用，长期中这种刺激作用并不具有持久性。[③] 尤其是我国家庭部门加杠杆主要是投资或投机购房，加杠杆的家庭拥有较多的财富而流动性不足无法消费，没有加杠杆的家庭因为没有财产性收入对未来收入预期不佳而不敢消费，综合来看家庭部门杠杆率对消费存在较强的挤出作用。在房价持续上涨阶段，家庭部门杠杆率快速上升的问题还不明显，一旦房价进入下行通道，居民的偿债能力和债务容忍度就会大幅度下降，家庭部门高杠杆对消费的挤出作用会更加突出，理论上加杠杆购房引起财富增加从而对消费带来的提升作用将不

---

① 潘敏，袁歌骋．金融去杠杆对经济增长和经济波动的影响［J］．财贸经济，2018（6）：58-72.

② 彭文生．去杠杆进程需要政府适度干预［J］．新金融，2018（7）：19-24.

③ 潘敏，荆阳．我国家庭部门杠杆率变化趋势及影响［N］．光明日报，2018-11-20（11）.

复存在。也正是从这个角度看，降低家庭部门杠杆率快速提高的关键在于，一方面通过扩大就业、降低税负的方式增加家庭部门的可支配收入，刺激其结合收入水平合理消费；另一方面通过加快推进资本市场发展，扩大金融领域的开放水平，为家庭部门配置金融资产提供更多的渠道。

第五章

进一步去杠杆的环境约束

杠杆充分利用了金融的资源配置功能，且杠杆本身意味着对资源的占有，各类经济主体都有足够的内在动力加杠杆，加杠杆更多是主动选择的结果。加杠杆过程中也隐含了较多的风险，需要及时去杠杆。2008年国际金融危机后，我国杠杆率快速上升，从2016年下半年开始去杠杆并取得明显效果，但非金融企业部门、地方政府杠杆率结构性较高，以及家庭部门杠杆率快速提高的问题仍然存在，还需要进一步推进去杠杆工作，真正通过去杠杆来纾解经济金融风险，推动经济结构优化、转型升级和健康持续发展。然而，总体来看，我国在进一步去杠杆的过程中还面临不少外部环境约束，不仅是已出现的信用债券违约和股权质押风险暴露问题，还有着更深层次的问题，具体包括经济领域的转型发展、经济增长速度下降问题，社会领域的人口老龄化、贫富差距扩大问题，体制机制方面的财政体制改革、金融体制改革、房地产调控长效机制以及国有企业改革问题。

一、进一步去杠杆的经济环境约束

党的十九大报告指出："我国经济已由高速增长阶段转向高质量发展阶段，正处在转变发展方式、优化经济结构、转换增长动力的攻关期。"[①] 国内经济正处于转型发展时期，经济增长速度也面临下台阶的问

① 习近平．决胜全面建成小康社会 夺取新时代中国特色社会主义伟大胜利［M］．北京：人民出版社，2017：30.

题。从国外的经历看，经济转型发展时期杠杆率往往容易提高而不容易下降。从我国经济发展的历史看，我国往往在宏观经济增长速度下降时期杠杆率上升更加明显。这成为我国进一步去杠杆过程中主要的外部经济环境约束。

（一）经济转型发展时期杠杆率易升难降

我国经济已由高速增长阶段转向高质量发展阶段，新一轮经济转型发展的特征也日益明显。“我国新一轮经济转型，本质上是经济发展的阶段性转换，即从高速增长阶段转向高质量发展阶段，从工业化中后期转向后工业化时期，从中等收入经济体转向高收入经济体。如果说，上一轮经济转型最鲜明的特征是通过建立社会主义市场经济体制和参与经济全球化进程，实现经济快速增长和财富积累，促进劳动力转移和居民收入水平大幅提升，加快工业化和城镇化进程，使我国发展成为经济大国的话，那么，新一轮经济转型是以全球经济环境深刻变化、外部需求扩张放慢，国内经济增长速度、结构、动力都发生明显变化为背景的，面临产能过剩、杠杆率高企和重大经济结构性失衡等多重挑战，转型的复杂度和艰巨度超过以往。这些挑战赋予新一轮转型不同于以往的新的内涵，那就是要通过全面深化改革、贯彻新发展理念和建设现代化经济体系，以供给侧结构性改革为主线，推动经济发展质量变革、效率变革、动力变革，跨越转变发展方式、优化经济结构、转换增长动力的关口，使我国发展迈上更高质量、更有效率、更加公平、更可持续的新台阶，为建设社会主义现代化强国奠定基础。”①

在经济转型发展过程中，经济结构和发展动力会发生变化，传统行业逐渐衰落带动杠杆率上升。从国际经验看，日本、韩国在经济转型，

---

① 国务院发展研究中心“经济转型期的风险防范与应对”课题组. 打好防范化解重大风险攻坚战：思路与对策［J］. 管理世界，2018（1）：1-15.

经济增长速度下台阶的时候，杠杆率都经历了快速上升。[①] 就我国的情况看，旧的经济增长模式是我国非金融企业部门杠杆率较高的主要原因。[②] 我国的宏观经济结构正在发生深刻的变化，传统的经济发展动力正在减弱，新兴的经济发展动力正在孕育。目前来看，我国经济中的“三新”即新产业、新模式、新业态正在逐步成为经济发展的新动力，新兴产业正在孕育发展。然而，尽管新兴行业代表着未来经济发展的方向，但其有一个从小到大、从弱到强的发展过程，在尚未有效成长起来之前，传统行业在经济发展中仍然会占有较大的比重，原有的经济发展模式仍然会居于主导地位。在经济转型发展阶段，传统行业不仅本身投资收益下降、增长变缓、产出规模缩小导致杠杆率提高，而且由于在整个经济中的规模和占比较大，也会直接影响整个宏观经济的杠杆率。如随着经济转型发展，我国部分领域产能过剩问题更加突出，“僵尸企业”问题也更受关注，其杠杆率较高势必带动非金融部门杠杆率提高。根据国家统计局公布的规模以上工业企业的数据，“僵尸企业”资产负债率平均为71.6%，正常企业为51.4%[③]，“僵尸企业”经营困难降低资产收益率，也在推动整体杠杆率上升。

在经济转型发展过程中，不仅非金融部门杠杆率易于提高，金融部门杠杆率也易于提高。从供求分析的角度看，经济转型发展过程中会产生更多的新的金融服务需求，金融服务需求会随着新型经济主体的出现而出现，金融服务供给的转变相对较慢，金融供求不匹配推动金融机构继续以既有模式服务于传统经济主体，为了追求盈利而不断加杠杆，从而推动金融部门杠杆率上升。在我国经济转型发展过程中，会更加注重经济发展的质量，创新在经济发展中的作用也会更加突出，“三新”将会在经济发展中发挥更大的作用，也会有新的金融服务需求。“三新”

---

① 张斌. 结构转型视角下的去杠杆与稳增长［N］. 21世纪经济报道，2018-11-16（004）.

② 唐建伟. 关于中国企业去杠杆问题的分析［J］. 新金融，2018（1）：22-26.

③ 唐建伟. 关于中国企业去杠杆问题的分析［J］. 新金融，2018（1）：22-26.

的共同之处是资本密集、技术密集的特点突出，在融资方面，银行业以重资产为基础的抵押融资模式对其不再适用，亟须通过金融机构商业模式、金融产品、风险管理模式等创新来加以满足，金融创新服务实体经济发展势在必行。[①] 然而，面对金融服务需求出现的变化，金融机构受自身创新能力较弱、严格的金融监管等因素影响，并不能根据宏观经济变化及时推出足够的真正具有实质性创新的金融服务，不得不继续大规模支持传统产业。而传统产业盈利能力较低，发展前景不被看好且由此导致的风险较大，在经济总量中的占比也有逐步缩小的趋势，有效金融需求较少，不利于金融机构扩大业务规模。为了获得较高的收益，产业部门将资金大量投入金融业和资本市场[②]，金融机构的资金选择在金融领域空转甚至是循环加杠杆投资，从而提高了金融部门的杠杆率[③]。

经济转型发展阶段是各类风险易于爆发的阶段，在转型发展过程中也会面临较大的风险。这都加大和提高了去杠杆的风险和难度，不利于去杠杆的有效推进。“经济转型是经济发展阶段、条件和外部环境变化共同作用的结果。经济转型意味着原有的平衡被打破，需要重构新平衡；原有的结构不适应新的发展条件，需要加快结构调整；原有的体制不适应新的发展格局，需要加快体制变革。转型必然有风险，没有风险的转型是不存在的。从国际经验看，无论是日本，还是拉美和前苏东国家，在经历经济转型过程中都曾面临严峻挑战，要么爆发了严重的经济危机，要么出现了发展停滞，落入中等收入陷阱，有的国家甚至发生剧烈的社会动荡并出现社会倒退。只有少数几个国家，成功应对和化解转型期的风险，进入到现代化国家行列。”[④] 去杠杆本身也会面临一些风险，操作不当风险还会相当高，并且会造成较为严重的危害。经济转型发展阶段

---

① 贾康. 金融改革需遵循七个“势在必行”［N］. 金融时报，2017-12-25（T2）.

② 国务院发展研究中心“经济转型期的风险防范与应对”课题组. 打好防范化解重大风险攻坚战：思路与对策［J］. 管理世界，2018（1）：1-15.

③ 娄飞鹏. 金融领域高杠杆的深层次成因与去杠杆建议［J］. 西南金融，2017（6）：22-28.

④ 国务院发展研究中心“经济转型期的风险防范与应对”课题组. 打好防范化解重大风险攻坚战：思路与对策［J］. 管理世界，2018（1）：1-15.

风险易发多发，去杠杆操作不当引发新的风险，容易与经济转型发展中的风险形成叠加共振。由此来看，经济转型发展也将对去杠杆形成掣肘，不利于去杠杆的有效推进。

（二）经济增长速度下降导致杠杆率易升难降

我国经济经历了高速增长后，增长速度面临着下台阶。就实际经济增长率而言，以不变价衡量的 GDP 同比增速从 2010 年的 10.6%波动下降至 2018 年的 6.6%。就未来潜在经济增长率而言，不同研究人员的预测虽然有高低差异，但和目前相比在面临下行趋势方面的结论是一致的。具体见表 5-1。潜在经济增长率是各种要素能够最大限度或者正常充分使用时所能实现的经济增长率，是一种相对理想的状态。受各种条件的限制，实际经济增长往往并不能达到较为理想的状态，甚至是距离理想状态有较大差距。考虑到这一因素，实际经济增长率更多情况下是低于潜在经济增长率的，我国未来的实际经济增长速度更有可能会低于潜在经济增长速度。

表 5-1　对我国潜在经济增长率的预测

研究者	研究结论
中国社会科学院经济研究所课题组	2016—2020 年潜在经济增长率为 5.7%~6.6%，2021—2030 年为 5.4%~6.3%
世界银行，国务院发展研究中心课题组	2016—2020 年潜在经济增长率为 7.0%，2021—2025 年为 5.9%，2026—2030 年为 5%
陆旸，蔡昉	2016—2020 年潜在经济增长率为 6.65%，2021—2025 年为 5.77%，2026—2030 年为 5.17%
杜修立，郑鑫	“十三五”期间经济增长率大约为 6.22%~7.17%
昌忠泽，毛培	2015—2025 年潜在经济增长率在 6.6%左右
郭学能，卢盛荣	在基准情景和悲观情景下，2016—2020 年的平均潜在经济增长率分别为 6.9%、6.5%，2021—2025 年分别为 6.3%、5.8%，2026—2030 年分别为 6.0%、5.7%，2031—2035 年分别为 4.9%、4.4%，2036—2040 年分别为 4.6%、4.3%

表5-1(续)

研究者	研究结论
易信，郭春丽	潜在经济增长率，2030 年在情景Ⅰ、情景Ⅱ和情景Ⅲ下将分别下降到 5.6%、4.9%和 4.2%，2049 年分别下降到 4.2%、3.7%和 3.1%

资料来源：中国社会科学院经济研究所课题组. 中国经济长期增长路径、效率与潜在增长水平［J］. 经济研究，2012（11）：4-17. 世界银行，国务院发展研究中心. 2030 年的中国：建设现代、和谐、有创造力的社会［M］. 北京：中国财政经济出版社，2013：8-10. 陆旸，蔡昉. 从人口红利到改革红利：基于中国潜在增长率的模拟［J］. 世界经济，2016（1）：3-23. 杜修立，郑鑫. 人口结构、产业结构与中国经济潜在增长率［J］. 统计与信息论坛，2017（3）：56-60. 昌忠泽，毛培. 新常态下中国经济潜在增长率估算［J］. 经济与管理研究，2017（9）：3-14. 郭学能，卢盛荣. 供给侧结构性改革背景下中国潜在经济增长率分析［J］. 经济学家，2018（1）：29-40. 易信，郭春丽. 未来 30 年我国潜在增长率变化趋势及 2049 年发展水平预测［J］. 经济学家，2018（2）：36-45.

在经济增长速度下降阶段，杠杆率往往会提高。杠杆率是债务与 GDP 之比，分子分母之间相对变化决定杠杆率变化。杠杆本身是以小博大，加杠杆也意味着对资源的占有，经济主体都有内在的加杠杆动力。这意味着，债务具有刚性，经济主体借债之后会对债务形成依赖，也有更大的动力借债。在经济增长速度下降的情况下，GDP 总量也会增长得比较慢。在债务形成过程中，特别是在债务增长速度较快，形成无增长的信贷之后，杠杆率往往会快速增长。这一点在国内外都有明显的体现。20 世纪 70 年代初期，日本经济活动从工业部门向服务业部门转移，也就是经济结构转型，经济增长速度下降的阶段杠杆率快速提高。具体见图 5-1。20 世纪 90 年代，韩国经济结构发生转型，经济增长速度下降，杠杆率快速提高。具体见图 5-2。

我国在 2008—2016 年杠杆率快速提高的阶段，正是经济增长速度下降的阶段。具体见图 5-3。在杠杆率快速提高的阶段，我国出现了类似无增长的信贷的情况，新增单位 GDP 所需要的新增货币大幅度增加。根据 BIS 的“信用-GDP 缺口”，2008 年国际金融危机后，我国的“信用-GDP 缺口”明显快速提高。这说明，金融部门的信用扩张远远超过了实

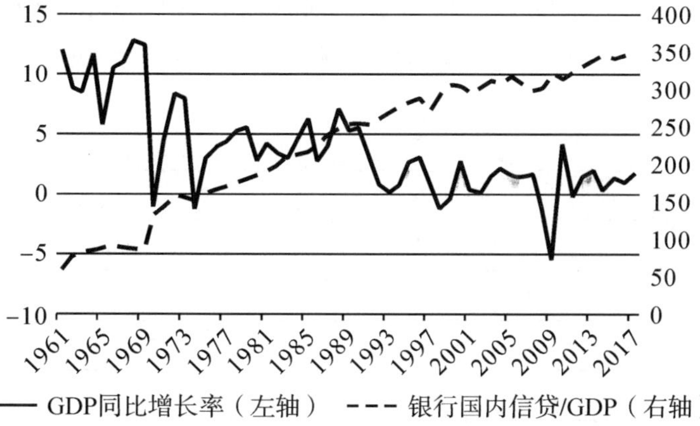

图 5-1　1961—2017 年日本 GDP 同比增长率与银行国内信贷/GDP（单位:%）

资料来源：世界银行、Wind。

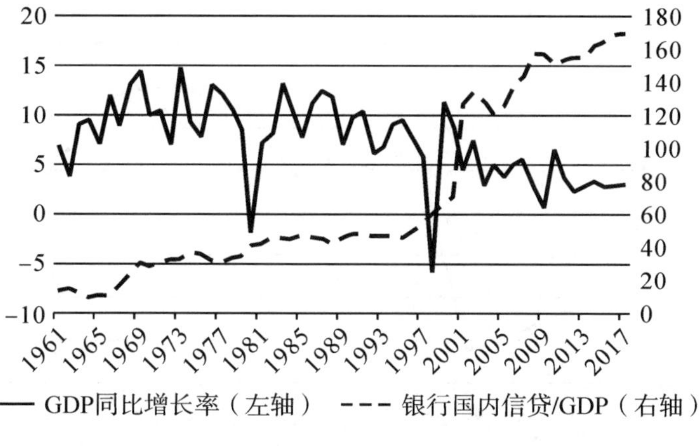

图 5-2　1961—2017 年韩国 GDP 同比增长率与银行国内信贷/GDP（单位:%）

资料来源：世界银行、Wind。

体经济的需要，这其中也有经济增长速度下降的因素。具体见图 5-4。根据 BIS 建议的标准，偏离幅度在一个标准差以内说明杠杆率增长正常，杠杆率增长长期大幅度高于趋势水平则意味着杠杆率水平较高。① 如果从这个角度理解，则意味着我国的金融行业面临较大的风险。②

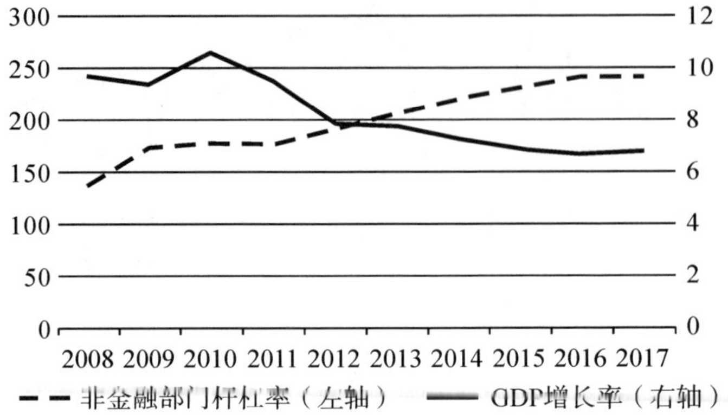

图 5-3　2008—2017 年非金融部门杠杆率和 GDP 增长率（单位:%）

资料来源：BIS、国家统计局、Wind。

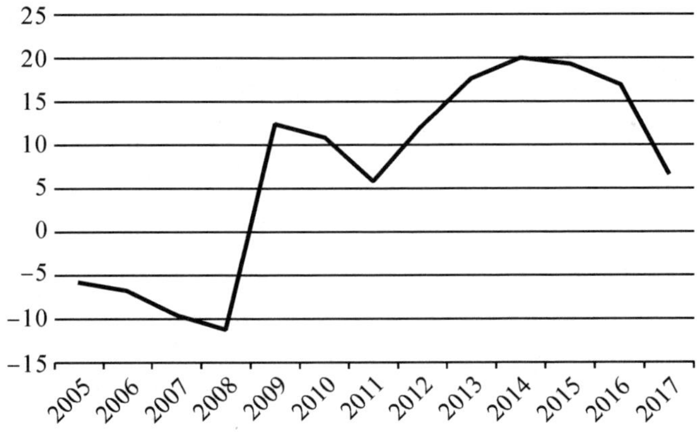

图 5-4　2005—2017 年“信用-GDP 缺口”（单位:%）

资料来源：BIS。

① 陆晓明. 美国经济去杠杆化的进程、效果、经验教训及对中国的启示［J］. 国际金融，2017（2）：29-39.

② 曾刚. 供给侧改革需有序去杠杆［J］. 中国金融，2017（4）：21-23.

在经济增长速度较高时，可以通过经济的高增长来消化债务，杠杆率问题往往并不突出。而经济增长速度下降时，杠杆率问题往往会逐步凸显。经济增长速度提高时，企业资产负债表改善，有助于其从银行获得信贷资金支持，进一步刺激经济增长。此时银行等金融机构不仅资本充足率较高、资产规模快速扩大，而且资产质量也相对较好。① 经济增长速度下降时则刚好相反，此时面临较大的去杠杆压力，大幅压缩债务的难度也相应增加。② 因为压缩债务会加剧经济下行压力，往往不得不采用试图扩大债务规模的方式来拉动或者稳定经济增长。如果此时经济发展理念还没有得到有效扭转，仍然对经济增长速度有着强烈的追求，往往会为了刺激经济增长而采用宽松的宏观调控政策，导致货币超发、利率下行、流动性过剩等问题，不仅难以推动去杠杆，反而会刺激各类经济主体加杠杆。因而，从这个角度看，经济增长速度下降不仅会对去杠杆效果产生不利影响，不利于去杠杆，也会推动杠杆率进一步上升。

二、进一步去杠杆的社会环境约束

我国目前还存在一些社会问题，有些社会问题还会持续存在，缺乏合适有效的解决办法，这些社会问题也会对进一步去杠杆形成制约，不利于去杠杆的继续推进，甚至是在杠杆率下降后，有可能导致杠杆率反弹。在这其中，人口老龄化成为不可逆转的大趋势，老龄化水平会逐步提高，导致经济增长速度下降、杠杆率上升，也会导致政府财政压力加大，制约政府加杠杆来实现杠杆的空间腾挪。贫富分化加剧制约通过扩大消费去杠杆，其机制在于富人群体边际消费倾向较低，有支付能力但消费愿望不足，低收入阶层边际消费倾向较高，有消费愿望但无支付能力，导致消费在去杠杆中的作用无法有效发挥。

---

① 娄飞鹏. 正视并积极应对金融周期［N］. 大众日报，2017-12-20（10）.

② 唐建伟. 关于中国企业去杠杆问题的分析［J］. 新金融，2018（1）：22-26.

（一）人口老龄化制约杠杆的空间腾挪

我国快速进入人口老龄化阶段，未来人口老龄化会进一步加剧。我国于2000年进入老龄化社会，“未富先老”“未备先老”的问题突出，老年人绝对数量较大，高龄化趋势明显，人口老龄化和高龄化同步出现，人口老龄化的结构性特点突出，也是发展中大国中人口老龄化程度最严重的国家。[①] 人口老龄化是经济社会发展的必然结果，其发展趋势具有不可逆性。根据联合国经济和社会事务部2017年的全球人口预测数据，我国的人口老龄化水平未来仍然会进一步提高。从65岁及以上人口占总人口的比例看，未来都呈现较长时期的快速提高态势，高、中、低出生率预测方案下，2100年，65岁及以上人口占总人口的比例依次为24.17%、31.72%、42.84%。在低出生率预测方案下，65岁及以上人口占总人口的比例快速提高的趋势将持续到2085年，之后趋于平稳。在中出生率预测方案下，65岁及以上人口占总人口的比例快速提高的趋势将持续到2060年，在2060—2075年有小幅下降，之后至2100年呈现缓慢上升并趋于平稳的态势。在高出生率预测方案下，65岁及以上人口占总人口的比例快速提高的趋势将持续到2055年，在2060—2080年呈下降趋势，之后将有略微的上升并趋于平稳。具体见图5-5。

人口老龄化的持续发展不利于去杠杆的有效实施。一方面，人口老龄化影响经济增长，拉低经济增长速度，从经济增长方面对去杠杆造成负面影响。IMF研究认为，中长期来看，人口老龄化将使发达国家、新兴经济体国家潜在经济增长率分别降低0.2个百分点、0.4个百分点。[②] 经济增长速度下降对去杠杆的抑制作用见第五章第一节的内容。另一方面，人口老龄化也加大财政支付压力，限制政府部门加杠杆的空间，不

---

① 娄飞鹏. 商业银行积极应对人口老龄化的思路建议［J］. 西南金融，2014（2）：27-28.

② 王虎. 国际货币基金组织总裁拉加德认为财政政策对应对人口结构变化至关重要［N］. 中国财经报，2016-05-07（006）.

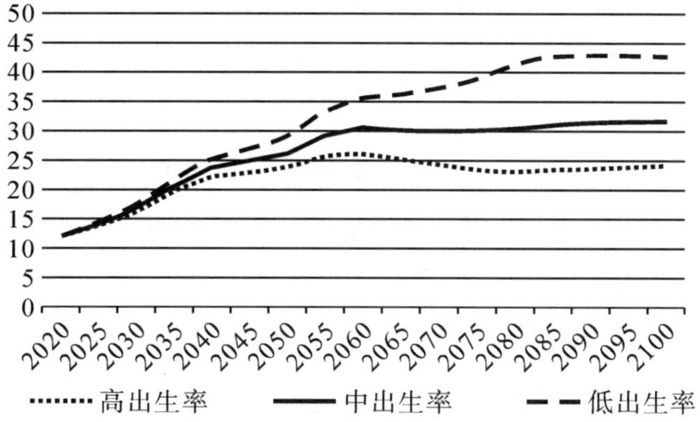

图 5-5　2020—2100 年 65 岁及以上人口占比预测（单位:%）

数据来源：联合国。

利于通过政府部门加杠杆来实现私人部门去杠杆。日本政府在去杠杆过程中也采用了积极的财政政策，试图以政府部门加杠杆的方式来降低私人部门的杠杆率。[①] 日本政府大量发行国债，并扩大公共投资规模，以财政刺激的方式来推动经济发展和杠杆率下降。但日本人口老龄化水平较高，财政的养老支出负担较重，限制了政府部门加杠杆的空间，导致日本去杠杆的成效整体较差。[②] 同时，日本政府前期在去产能政策方面的失误导致去杠杆效果不佳。20 世纪 70 年代，日本出现一定程度的产能过剩，政府采取扩大公共基础设施投资等方式从需求侧开展财政刺激，导致政府部门杠杆率提升，非金融企业预期得到稳定进而延缓了其去杠杆的步伐。[③] 2001 年，日本政府工作重点转向供给侧后，私人部门杠杆率才有明显下降。

我国应对人口老龄化的准备不足，进一步限制了去杠杆的腾挪空间，不利于去杠杆的有效实施。我国在没有充分准备的情况下快速进入人口老龄化社会，为养老准备的资产储备不足。2017 年年底，美国的养老资

---

① 杨金河. 日本去杠杆的得失［J］. 中国金融，2017（17）：82-83.

② 娄飞鹏. 日本去杠杆的做法与启示［J］. 福建金融，2018（6）：61-65.

③ 杨金河. 日本去杠杆的得失［J］. 中国金融，2017（17）：82-83.

产储备是28.22万亿美元，为其当年现价GDP的1.45倍；我国的基本养老保险基金累计结存50 202亿元、企业年金累计结存12 880亿元，合计占当年现价GDP的7.63%。在养老金三支柱框架中，我国第二支柱职业养老金发展迟缓，第三支柱个人养老金2018年刚开始试点，从而高度依赖第一支柱基本养老金，第一支柱基本养老金规模较小、公共养老金账户收不抵支的情况，也引发了个人养老金账户空账运行问题。虽然国内居民拥有较多的储蓄存款，但从实际情况看主要是用于购房、教育等，真正用于养老的比例较小，并不能解决养老金短缺的问题。为解决基本养老金缺口问题，需要加大财政对养老金的补贴支出。在经济发展水平总体不高、财政总体实力有限的情况下，财政大规模补贴基本养老金，也会限制政府加杠杆来转移私人部门的杠杆。人口老龄化也将加大医疗保障压力，影响政府债务的可持续性①，加大政府部门债务风险。美国、日本在去杠杆过程中都采用了政府部门加杠杆，转移私人部门杠杆的方式。从这个角度看，对人口老龄化的准备不足，也限制了通过政府部门加杠杆来转移私人部门杠杆的空间，不利于实现去杠杆的目的。

（二）贫富分化加剧制约扩大消费去杠杆

随着经济发展水平的提高以及居民收入来源的多样化，居民收入差距在逐步扩大，贫富分化在逐步加剧。虽然从基尼系数看，2008—2016年我国从0.49降至0.47，居民收入差距在缩小，但是在经济发展中，随着居民财产性收入的增加，高净值富裕人群的财富聚集更加明显，与中低收入人群的差距越来越大。2008—2017年，我国可投资资产超过1 000万元的高净值人群从32.20万人增加至187.00万人，高净值人群的可投资资产规模从8.80万亿元增加至58.00万亿元，占个人持有的可投资资产规模的比例从23.28%提高至30.85%。具体见表5-2。由此可以发现，

---

① 国务院发展研究中心“经济转型期的风险防范与应对”课题组. 打好防范化解重大风险攻坚战：思路与对策［J］. 管理世界，2018（1）：1-15.

我国居民的贫富分化仍然在加剧。财产性收入更容易拉大收入差距；富裕人群占有相对较多的财产，有利于其获得更多的收入，低收入人群占有相对较少的财产，不利于其获得更多的收入；两个群体财产占有量的差异不仅导致其收入差距会持续存在，并且有可能进一步拉大贫富差距。

表 5-2　　2008—2017 年个人持有的可投资资产规模

年份	个人持有的可投资资产规模			高净值人群数量（万人）	高净值人群人均持有可投资资产（万元）
	总体金额（万亿元）	高净值人群金额（万亿元）	高净值人群占比（%）		
2008	37.80	8.80	23.28	30.20	2 900.00
2009	52.00	12.10	23.27	41.10	2 944.04
2010	62.00	15.00	24.19	50.30	2 980.00
2011	72.00	17.70	24.58	58.50	3 025.64
2012	80.00	21.90	27.38	71.00	3 100.00
2013	92.00	27.00	29.35	84.00	3 180.00
2014	112.00	31.80	28.39	104.00	3 060.00
2015	129.00	37.20	28.84	126.00	2 930.00
2016	165.00	49.00	29.70	158.00	3 082.00
2017	188.00	58.00	30.85	187.00	3 109.00

注：1. 可投资资产：个人投资性财富（具备较好二级市场，有一定流动性的资产）总量的衡量指标。可投资资产包括个人的金融资产和投资性房产。其中金融资产包括现金、存款、股票（上市公司流通股和非流通股）、债券、基金、保险、银行理财产品、境外投资和其他境内投资（包括信托、私募股权、黄金、期货等）等；不包括自住房产、非通过私募投资持有的非上市公司股权及耐用消费品等资产。2. 高净值人士：可投资资产超过 1 千万元人民币的个人。详见：招商银行，贝恩公司. 2017 中国私人财富报告［R］. http：//images. cmbchina. com/cmbcms/201706/59d61c7c-8119-4444-92d5-af4ab6d5341f. pdf，2017-06-20.

资料来源：招商银行、Wind。

财产性收入推动贫富分化加剧，会刺激家庭部门加杠杆，让高杠杆率持续。日本 1990 年经济泡沫破灭，美国 2007 年的次贷危机，在危机发生前有一个共同的特点是房地产价格高涨。[①] 2008 年以来，我国家庭部门快速加杠杆也与房地产密切相关。2008—2017 年，我国家庭部门债务收入比从 43.2%增加至 112.2%，10 年上升 69 百分点；个人住房贷款与可支配收入的比例从 22.6%增加至 60.5%，10 年上升 37.9 百分点。[②] 我国房地产价格持续上涨对家庭部门加杠杆投资房地产有较大的吸引力。面对房地产价格上涨，特别是房地产价格上涨速度远超过融资成本的情况下，拥有更多房地产的群体可以获得更多的财产性收入，没有房地产的家庭缺少这方面的财产性收入，刺激家庭部门加杠杆配置房地产，以争取获得更多的财产性收入。此时不仅家庭部门加杠杆，其较强的融资需求也推动金融部门加杠杆。

贫富差距拉大，也让消费在去杠杆中的作用不能得到有效发挥，从而影响去杠杆的效果。家庭部门加杠杆会显著地抑制家庭总支出增加，强化资产对总支出和消费性支出的正向促进作用，促进生存型消费增加，但会抑制发展型与享受型消费；家庭部门加杠杆会抑制城镇居民家庭总支出增加，但会促进农村居民家庭消费性支出和生存型消费增加。[③] 一方面，部分居民是通过加杠杆配置房地产，获得较多的财产性收入来让自己跨入富裕阶层。这类群体虽然财产拥有量较大，但流动性不足或者边际消费需求下降，从而弱化其实际消费能力。根据人民银行的统计数据，2008—2018 年，我国家庭部门短期消费贷款占家庭部门贷款总额的比例从 7.28%上升至 18.39%，从 2017 年 6 月开始，家庭部门短期消费贷款同比增速持续高于中长期消费贷款。有研究认为，这种情况出现的一个重要原因是家庭部门购房开支骤增透支了部分消费能力，使其转向

① Kazuo Ueda. Deleveraging and Monetary Policy：Japan Since the 1990s and the United States Since 2007 [J]. Journal of Economic Perspectives，2012，26（3）：177-201.

② 中国人民银行金融稳定分析小组. 中国金融稳定报告（2018）[M]. 北京：中国金融出版社，2018：39.

③ 潘敏，刘知琪. 居民家庭“加杠杆”能促进消费吗？——来自中国家庭微观调查的经验证据 [J]. 金融研究，2018（4）：71-87.

利用短期消费贷款来维持消费水平。[①] 这也让家庭部门加杠杆的领域从房贷转向短期消费贷，去杠杆在家庭部门表现为杠杆转移，而不是杠杆率下降。另一方面，从边际消费倾向来看，富裕群体的边际消费倾向较低，低收入群体的边际消费倾向较高，贫富差距拉大也导致低收入群体想扩大消费却缺少消费能力，富裕群体有消费能力而缺乏消费意愿，从整体上降低对各类商品和服务的需求，不利于非金融部门去杠杆。也就是说，在家庭部门与非金融企业部门高杠杆率之间存在交互式负反馈。家庭部门高杠杆率造成的家庭流动性降低会降低总需求，直接影响非金融企业的生产经营。当家庭部门总需求不足时，非金融企业的销售收入就有可能下滑，从而降低非金融企业的经营活力，刺激非金融企业举债维持经营，推动非金融企业部门杠杆率上升。非金融企业经营不善又会减少对劳动力的需求，影响家庭收入提高，使得家庭流动性进一步降低以及杠杆率提高。[②]

三、进一步去杠杆的体制环境约束

我国高杠杆形成有着深刻的体制背景，并且在部分领域还表现得较为突出。如财政体制改革不到位，让地方政府和地方政府融资平台公司类国有企业债务之间的关系无法有效区分，地方政府隐性债务问题突出；国有企业改革进入深水区，预算软约束问题无法有效解决，国有企业效率未有效提升，也推动了国有企业杠杆率较高；房地产调控长效机制没有形成，房价持续快速上涨长期得不到有效遏制，让家庭部门加杠杆投资或者投机买房问题持续存在，家庭部门杠杆率较高；金融体制改革不深入，直接融资发展较慢，影子银行快速发展，也让金融部门杠杆率快

① 中国人民银行金融稳定分析小组．中国金融稳定报告（2018）［M］．北京：中国金融出版社，2018：35-36.

② 上海财经大学高等研究院课题组．企业和家庭债务交互式负反馈效应增加去杠杆难度［J］．中国经济报告，2018（10）：94-96.

速提高。各类体制制约因素之间相互联系，财政体制改革不到位让地方政府收入来源较窄，高度依赖土地出让金收入，推高房地产价格，刺激家庭部门加杠杆，不利于非金融企业部门去杠杆，相互交织影响，增加了去杠杆的难度。

（一）财政体制改革滞后不利于去杠杆

我国财政体制从改革开放之前的统收统支改革为分灶吃饭，并从1994 年开始进入分税制改革阶段。改革开放之初，我国财政体制改革的总体方向可以认为是中央和地方财政包干、分灶吃饭，以调动地方政府经济建设的积极性。但部分地方政府以减免企业税收等方式藏富本地，导致中央财政收入占比下降，中央财政占全国财政收入的比重从 1984 年的 40. 50%降至 1993 年的 22. 02%。[①] 为强化中央财力，1994 年我国开展了分税制改革，主要措施包括：按税种划分为中央税、地方税和共享税；分设中央、地方两套税务机构，分别征税；实行税收返还和转移支付制度。[②] 分税制改革强化了中央财权，弱化了地方财权，之后央地财政逐渐形成财权与事权不匹配的情况。如分别以中央政府、地方政府财政收入、支出占比衡量其财权和事权，则 2017 年中央政府以 47. 01%的财权承担 14. 68%的事权，地方政府以 52. 99%的财权承担 85. 32%的事权，地方政府承担更多的建设责任但税收收入规模缩小，地方政府财政自给率从 1993 年的 1. 02 下降到 2017 年的 0. 53。加上在既有的官员考核管理体制下，地方政府官员任期往往与偿债周期不一致，官员离任后基本无需对任期的债务负责，便积极举债开展基础设施建设以追求较高的 GDP 增长，谋求政绩。地方政府有较强的动机以增加负债的方式来推动经济发展。

---

① 屈庆. 从资金来源看下半年基建投资［EB/OL］. http：//finance. sina. com. cn/money/bond/20170816/133126985225. shtml，2017-08-16.

② 周飞舟. 分税制十年：制度及其影响［J］. 中国社会科学，2006（6）：100-115.

地方政府有较强的负债动机，却缺乏有效的融资渠道，便变通以地方政府融资平台公司作为融资主体开展融资，地方政府在其中承担还债责任或者提供隐性担保，从而增加地方政府隐性负债。地方政府在经济建设方面拥有较大的自主权却不具备融资资格，不得不借道各类政府融资平台公司开展融资。1995 年开始实施的《预算法》规定："地方各级预算按照量入为出、收支平衡的原则编制，不列赤字。除法律和国务院另有规定外，地方政府不得发行地方政府债券。"1996 年开始实施的《贷款通则》规定："借款人应当是经工商行政管理机关（或主管机关）核准登记的企（事）业法人、其他经济组织、个体工商户或具有中华人民共和国国籍的具有完全民事行为能力的自然人。"也把地方政府排除在外。1992 年全国首家城投公司上海市建设投资开发总公司成立后，各地纷纷成立城投公司等作为地方政府融资平台公司，通过贷款等方式为基础设施建设筹集资金。根据银监会的统计数据，2009 年全国新增地方政府融资平台公司 2 000 多家，而 1992—2008 年全国新成立的地方政府融资平台公司 6 000 多家[①]，这进一步助推了地方政府债务快速增长。

在地方政府债务治理中，面对形势变化，党中央、国务院提出了"开前门、堵后门"的总体思路。"开前门"主要是构建规范的地方政府发债融资机制，"堵后门"主要是推动地方政府融资平台公司市场化改革，坚决遏制地方政府变相举债融资。2014 年 10 月 2 日，《国务院关于加强地方政府性债务管理的意见》（国发〔2014〕43 号）明确规定："经国务院批准，省、自治区、直辖市政府可以适度举借债务，市县级政府确需举借债务的由省、自治区、直辖市政府代为举借。明确划清政府与企业界限，政府债务只能通过政府及其部门举借，不得通过企事业单位等举借。"2015 年实施的新《预算法》明确规定："经国务院批准的省、自治区、直辖市的预算中必需的建设投资的部分资金，可以在国务院确定的限额内，通过发行地方政府债券举借债务的方式筹措……除

① 金微. 融资平台启动全面转型 顶层设计或出台［N］. 华夏时报，2017-07-10（026）.

前款规定外，地方政府及其所属部门不得以任何方式举借债务。”不仅从法律层面准许地方政府发行债券融资，也规定了这是地方政府融资的唯一方式。2017 年 7 月 24 日，中央政治局会议也明确提出：“要积极稳妥化解累积的地方政府债务风险，有效规范地方政府举债融资，坚决遏制隐性债务增量。”①

“开前门、堵后门”总体思路存在难以执行的问题，地方政府隐性债务持续存在却难以有效化解，不利于地方政府去杠杆。从实际情况看，地方政府债务是利用政府信用直接形成的债务，而地方政府隐性债务是利用商业信用形成的债务。地方政府隐性债务实际仍然由地方政府承担，但在编制地方政府资产负债表时未被纳入，债务多表现为地方政府的担保性融资。② 其举债方式包括地方政府出具担保函、承诺函、伪 PPP、包装的政府购买服务、各类发展基金和引导基金等方式，资金来源包括传统的银行表内贷款，以及保理、银行承兑汇票、保函、资产管理计划等表外授信，部分还涉及明股实债、抽屉协议、承诺回购等违规方式。③根据财政部的统计数据，2017 年年底，我国地方政府债务余额为 16. 47 万亿元，债务率为 76. 50%，低于国际通行的 100%警戒线标准，显性债务风险相对可控。但是，一方面，地方政府债务本身收益高、期限短、违约风险低，并不符合市场规律，需要通过债务置换来延长久期、降低利率，其实质就是一种软性的违约。④ 这加剧了地方政府债务治理的难度。另一方面，为规避资本市场监督和约束，地方政府大量进行非标融资，⑤ 存在较大规模的隐性债务。根据相关研究测算，2017 年年底，我

① 韩洁，于佳欣，谭谟晓. 从中央政治局会议看中国经济走向［EB/OL］. http：//www. xinhuanet. com/politics/2017-07/24/c_ 1121372863. htm，2017-07-24.

② 姜超. 化解民企融资冰山，还需更大减税、打破国企刚兑［EB/OL］. 姜超宏观债券研究微信公众号，2018-11-11.

③ 中国人民银行金融稳定分析小组. 中国金融稳定报告（2018）［M］. 北京：中国金融出版社，2018：30.

④ 彭文生. 去杠杆进程需要政府适度干预［J］. 新金融，2018（7）：19-24.

⑤ 彭文生. 去杠杆进程需要政府适度干预［J］. 新金融，2018（7）：19-24.

国地方政府隐性债务余额约为23.57万亿元，2012—2017年年均增长率为28.04%，2016年地方政府隐性债务规模增长率甚至达到79.46%。[①]如果考虑到地方政府隐性债务，则政府部门杠杆率从2015年开始已经超过了《马斯特里赫特条约》规定的60%政府债务风险控制标准参考值。[②]这也意味着，政府部门尤其是地方政府部门去杠杆压力也很大。

（二）金融体制改革不到位不利于去杠杆

党的十九大报告强调指出，要“深化金融体制改革，增强金融服务实体经济能力，提高直接融资比重，促进多层次资本市场健康发展”[③]。改革开放以来，我国金融体制改革取得了明显成效，宏观上建立了独立于财政的金融体系，微观上形成了商业化的金融企业，利率市场化改革也取得较大进展，金融服务实体经济的能力大大增强。金融体制改革的成绩值得肯定，但与实体经济发展的需要相比，金融体制改革还不够完善，部分领域进展相对较为迟缓，主要表现为：直接融资比重较低，利率市场化改革有待进一步深入，影子银行发展问题较为突出等。这些问题不仅不利于金融业自身更好地发展，不利于金融更好地服务实体经济，而且也对杠杆率提高形成了助推作用。

我国是典型的以间接融资为主的国家，以间接融资为主的融资方式不仅不利于金融稳定，而且不利于去杠杆。一般而言，以直接融资为主的发达国家企业资金需求的60%~70%甚至更高比例通过资本市场解决，有利于稳定非金融企业部门的杠杆率。[④]英国、美国等资本市场发达的国家，非金融企业部门杠杆率也低于中国、日本等银行业金融机构规模

---

① 张明. 中国政府债务规模究竟几何？[J]. 财经，2018（17）：72-77.

② 张明. 中国政府债务规模究竟几何？[J]. 财经，2018（17）：72-77.

③ 习近平. 决胜全面建成小康社会 夺取新时代中国特色社会主义伟大胜利［M］. 北京：人民出版社，2017：34.

④ 刘志彪. 去产能、去杠杆、重构价值链与振兴实体经济［J］. 东南学术，2017（5）：110-117.

较大的国家。[①] 对间接融资的依赖度较高而直接融资较低，导致我国杠杆率整体较高，特别是非金融企业部门更是如此。这是由于，在会计记账处理中，债务融资是企业的负债，权益融资是企业的所有者权益，债务融资会提高企业的资产负债率，权益融资则不存在这一问题。[②] 从微观层面看，往往用非金融企业资产负债率来表征杠杆率[③]，债务融资占比较高的融资结构提高企业的资产负债率，也势必导致企业的杠杆率提高。如果考虑到税负问题，债务融资的利息支付可以抵扣应纳税额，也就是存在税盾效应，我国非金融企业税负较高，为充分利用税盾效应其更偏好债务融资，也推动了杠杆率的提高。[④] 在企业杠杆率普遍提高的情况下，也会最终导致宏观的杠杆率提升。

利率市场化改革有待进一步深入，也对杠杆率下降形成制约。我国利率市场化改革始于 1996 年，按照“先外币、后本币，先贷款、后存款，先长期、后短期”的总体改革思路有序推进，逐步实现债券市场利率、境内外币存贷款利率市场化，2013 年 7 月 20 日起全面放开金融机构贷款利率管制，2015 年 10 月 23 日起放开存款利率上限，标志着我国利率管制的基本放开。[⑤] 在此之后，利率的形成机制和传导机制将成为利率市场化改革的核心。但是，从利率形成机制看，我国还存在着多重基准利率体系，包括人民银行确定的存贷款基准利率、人民银行和金融机构共同确定的市场基础利率、金融机构间交易形成的上海银行间同业拆放利率（Shibor）等。人民银行确定的存贷款基准利率既是人民银行的政策目标利率，也仍然发挥着较大的作用。利率传导需要人民银行公开市场操作利率传导至货币市场，并进一步传导至信贷市场。在这个过程

① 朱鸿鸣，薄岩．“去杠杆”的五大误区：认知根源及其危害［J］．发展研究，2016（12）：35-38.

② 娄飞鹏．去杠杆研究［M］．北京：中国金融出版社，2018：131.

③ 魏革军．去杠杆的哲学［J］．中国金融，2016（12）：5.

④ 纪敏，严宝玉，李宏瑾．杠杆率结构、水平和金融稳定——理论分析框架和中国经验［J］．金融研究，2017（2）：11-25.

⑤ 易纲．在全面深化改革开放中开创金融事业新局面［J］．中国金融，2018（23）：15-21.

中，人民银行的公开市场操作利率向货币市场传导相对较为通畅，存贷款基准利率的存在使得利率从货币市场向信贷市场传导存在阻滞，导致利率传导机制不畅。金融机构也利用不同市场之间的利差加杠杆投资赚取利差收益。

金融体制改革不能很好地根据实体经济变化而变化，出于规避金融监管、获取监管套利，或者是满足实体经济融资需求等考虑，影子银行在我国快速发展，其中加杠杆问题较多。在影子银行发展过程中，影子银行不仅规模扩大，而且其金融产品更加复杂化。2008—2012 年，我国的影子银行主要采用“理财产品—通道业务—非标资产”的模式，非银行金融机构在其中仅发挥通道作用，并未真正进行资产管理。随着金融监管的演变，我国影子银行体系的主要模式从通道模式转变为同业模式。2013—2016 年，我国影子银行主要采用“同业存单—同业理财—委外投资”，同业存单、同业理财、委外投资等创新业务陆续兴起，买入返售、应收款项类投资也成为非标资产的主要形式。[①] 在前一种模式下，银行负债端的理财资金在资产端直接对接非标并流入实体经济领域，脱实向虚问题不是很突出，金融部门去杠杆可以很快过渡到非金融部门去杠杆。在后一种模式下，存在严重的同业套利现象，资金在金融部门经过多次套利和流转后才流入非金融部门，此时金融部门去杠杆需要先解决内部空转、嵌套问题，之后才能逐步影响非金融部门，去杠杆难度更大。[②] 客观而言，金融业内部的细分行业业务经营模式不同，风险偏好不同，有必要通过同业合作实现风险分摊，以便于更好地服务实体经济，影子银行有存在的必要性。然而，片面为了获取金融监管套利而多层嵌套，导致资金脱实向虚的做法并不可取。在去杠杆的过程中，对影子银行既要看到其引发的风险，又要看到其在经济金融发展中的积极作用，不能

① 王喆，张明，刘士达. 从“通道”到“同业”——中国影子银行体系的演进历程、潜在风险与发展方向［J］. 国际经济评论，2017（4）：128-148.

② 姜超，朱征星，李波. 经济去杠杆，债牛正回归［EB/OL］. 姜超宏观债券研究微信公众号，2018-02-27.

简单地完全限制其发展。而影子银行业务相对复杂、金融机构间合作较多、透明度不高，不好进行分类监管，选择在部分领域规范其发展，其中的尺度标准也难以有效把握，自然不利于进一步去杠杆。

（三）房地产调控长效机制不健全不利于去杠杆

房地产在我国加杠杆过程中发挥了无可替代的作用，甚至可以视为是高杠杆的载体，其根本原因是房地产价格缺乏有效的长效调控机制，房地产价格持续上涨刺激家庭部门加杠杆，也为非金融企业加杠杆提供了便利。从家庭部门加杠杆的角度看，我国家庭部门加杠杆与房地产有着密切的关系。1997 年商业银行开办个人住房抵押贷款业务以来，个人住房贷款就一直在家庭部门债务中占据主导地位。2008—2017 年，个人住房贷款余额从 2.98 万亿元增加至 21.90 万亿元，占居民贷款余额的比例保持在 45%~60%。[①] 家庭部门加杠杆主要用于购置房地产，让房价回调面临较大的风险。住房对家庭部门同时具备消费和投资双重属性，房地产价格持续上涨让投资购房具有较高且稳定的收益，加上家庭部门缺乏其他有效的投资渠道，便大量通过贷款的方式投资或者投机买房，以改善自身经济状况和获得较高的投资收益。在居民养老缺乏有效保障的情况下，把购置房地产作为积累养老资产的一个主要渠道，也进一步推动加杠杆买房，导致家庭部门杠杆率快速上升。

从非金融企业加杠杆的角度看，杠杆率和房地产价格之间存在正反馈机制，房地产价格持续上涨，凸显了其作为有效抵押物从银行业金融机构融资抵押的价值。金融稳定性风险日益与房地产贷款繁荣联系在一起，而房地产贷款繁荣通常伴随着更深的衰退和缓慢的复苏。[②] 银行业金融机构在发放贷款的过程中，对客户缺少全面的了解，为有效缓释风

---

① 中国人民银行金融稳定分析小组. 中国金融稳定报告（2018）［M］. 北京：中国金融出版社，2018：34.

② Òscar Jordà，Moritz Schularick，Alan M. Taylor. The Great Mortgaging：Housing Finance，Crises and Business Cycles［J］. Economic Policy，2016，31（1）：107-152.

险便要求借款人提供抵押物，房地产位置固定，产权易于清晰核定，价格持续上涨，保值增值功能突出，因此银行业金融机构偏爱以其作为抵押物提供贷款。这样一来，不仅使得拥有较多房地产的国有企业更容易获得融资支持，国有企业杠杆率较高，民营企业缺少足够的房地产抵押物面临融资难问题，也让银行业金融机构被房地产绑架，其为房地产行业、个人住房提供了数量可观的贷款，其他贷款大量以房地产作为抵押物来与借款人分担风险，也难以承受房地产价格大幅度下跌的风险，增加了房地产价格调控的困难。面对经济下行压力加大、去杠杆的持续推进、银行业金融机构的风险偏好在降低，进一步发放贷款也缺少其他有效的风险缓释手段，对房地产抵押物的依赖更高，更是加剧了其被房地产绑架的程度。根据相关研究测算，2017 年上半年，我国商业银行涉房贷款总规模约 43.3 万亿元，占各项贷款余额的 37.8%，占银行业总资产的 25.5%。①

由此看来，如果不能有效稳定房地产价格，我国的去杠杆就难以进一步深入开展。甚至可以认为，房地产价格调控是去杠杆的关键所在，房地产作为贷款的抵押物，其价格上升会推动信贷扩张，而只有房地产价格下降才能推动杠杆率持续下降。② 房地产价格的变化在很大程度上代表金融周期的变化。“评判金融周期，最核心的两个指标是广义信贷和房地产价格，前者代表融资条件，后者反映投资者对风险的认知和态度。由于房地产是信贷的重要抵押品，因此两者之间会相互放大，从而导致自我强化的顺周期波动。”③ 房地产是天然适合于银行贷款抵押物的资产，价格也具有较强的顺周期性，经济形势向好时会上升，使得抵押物更加足值，有利于融资主体获得银行融资支持。④ 当经济形势不好时，

---

① 魏伟，陈骁，张明. 中国金融系统性风险：主要来源、防范路径与潜在影响［J］. 国际经济评论，2018（5）：125-150.

② 彭文生. 去杠杆进程需要政府适度干预［J］. 新金融，2018（7）：19-24.

③ 中国人民银行货币政策分析小组. 2017 年第三季度中国货币政策执行报告［R］. 2017-11-17：62.

④ 王妍. 中国金融周期的动态特征分析［J］. 数量经济研究，2017（1）：29-42.

房地产价格缺少下行压力，甚至是逆势上涨，则会导致银行业金融机构在放贷时增加对房地产的依赖，各类经济主体也会进一步强化利用房地产来实现财富保值增值的预期，仍然会利用房地产来加杠杆，去杠杆更难以推动。房地产行业杠杆率较高，甚至高过地方政府和国有企业，房地产价格调整将让房地产行业的高杠杆率问题暴露，这种市场化的风险暴露方式风险更大，决定了调控房地产价格也是一个两难的选择。

从国际经验看，采用房地产价格大幅度下跌的方式来去杠杆有成功的案例，但更多是失败的教训。2008 年国际金融危机后，西班牙政府面对高杠杆主要集中在房地产的情况，采用允许房地产价格下跌的方式推动房地产去库存。根据欧盟统计局的数据，西班牙的房价指数从 2007 年年底的 149. 82% 持续快速下降至 2013 年年底的 95. 50%，降幅达到 36. 26%。[①] 相比之下，日本在 20 世纪 90 年代初刺破房地产价格泡沫，本国经济也因此而进入“失去的二十年”。根据日本不动产经济研究所的统计数据，日本首都圈、近畿圈新建公寓楼每平方米单价分别从 1991 年的 91 万日元、75 万日元下降至 2002 年的 51. 3 万日元、41. 4 万日元，降幅依次为 43. 63%、44. 80%，房价的大幅度下跌引起经济增长速度长期在低位徘徊。我国作为经济大国，特别是各类经济主体加杠杆过程中对房地产依赖较高的情况下，显然不能简单采用让房地产价格大幅度下跌的方式去杠杆。

然而，我国在房地产价格调控中缺乏长效机制，不利于稳定房地产价格，不利于去杠杆的深入开展。长期以来，投资在我国经济增长中发挥着较大作用。房地产行业作为拉动我国经济增长的传统动能，房地产开发投资约占固定资产投资的 1/4，房地产相关消费约占社会消费品零售总额的 1/10，房地产行业还具有较强的行业关联效应，对钢铁、水

① 益言. 从国际经验看中国去杠杆 [J]. 中国金融，2016 (7)：86-88.

泥、玻璃、有色金属、建材、家具、家电等相关行业的拉动作用明显。[①]房地产行业长期作为国民经济的主导行业，尤其是在较为看重经济增长速度的时期，为稳定经济增长而对房地产价格的调控时紧时松，导致房地产价格持续上涨的势头得不到有效遏制。各类经济主体对房地产价格上涨存在较为稳定一致的预期，积极利用房地产加杠杆。在我国以间接融资方式为主的情况下，更有利于房地产在加杠杆中的优势和潜力发挥。在房地产价格长效调控机制建立过程中，阻碍因素包括：一方面，房地产税未能及时推出，需求主体购买持有房地产的成本较低，投资或投机需求缺少内在约束机制；另一方面，地方政府对土地出让金有较高的依赖，为增加收入而提高土地价格的意愿较强，最终增加房地产开发成本并抬高商品房供应价格。为推动房地产市场健康发展，需要按照“房子是用来住的，不是用来炒的”总体定位，尽快推进房地产税的立法和实施，推进租购并举，综合运用土地、金融、财税、立法等手段，解除制约房地产市场稳定发展的制度障碍[②]，这些工作开展并非朝夕可以完成，也会延缓进一步去杠杆的进展。

（四）国有企业改革攻坚进展迟缓不利于去杠杆

国有企业改革是个长期、艰难探索的过程，围绕由政府计划管控下的行政型治理向以市场机制为主的经济型治理转型的总逻辑[③]，国有企业改革扎实推进。改革开放以来，国有企业改革经历了1979—1984年改革初始的“放权让利”，1985—1992年的“农村包围城市”的“承包制”改革，1992—2006年的股份制改革和现代企业制度建设，2006—2012年的国有企业实质性改革滞缓期，2013年至今深入到“攻坚阶段”

---

① 魏伟，陈骁，张明．中国金融系统性风险：主要来源、防范路径与潜在影响［J］．国际经济评论，2018（5）：125-150．

② 中国人民银行金融稳定分析小组．中国金融稳定报告（2018）［M］．北京：中国金融出版社，2018：47．

③ 孙方，李维安．国有企业改革40年回顾与展望［J］．现代国企研究，2018（13）：36-44．

的“混合所有制改革”。[①] 国有企业改革取得了明显的成效，“国有企业逐渐从行政附属物向市场主体转变，从僵化的经营体制向法人财产权独立化转变，从纯而又纯的所有权结构向产权多元化转变，从行政垄断向竞争性市场结构转变，从管企业、管资产向管资本转变，从封闭型企业向开放型企业转变，从广泛分布向布局更加合理转变”[②]。国有企业改革处在攻坚阶段，部分领域改革还不够彻底，导致国有企业杠杆率较高并且去杠杆困难。

国有企业改革的核心问题是，产权改革仍有待进一步深化。在国有企业改革的各个阶段，随着对产权认识的深入，产权改革一直在持续推进，也取得了明显的成效。然而，国有企业产权改革所涉及的关系较为复杂，包括改变所有制关系，即改变所有权性质或主体；改变所有权与经营权的关系，即构成委托—代理关系；公司治理结构改革，即不同主体的权责利关系的界定、所有者对代理者的激励约束机制；国有资产本身的管理体制改革，即谁来代理国家管理、如何管理国有资产的改革。[③] 上述因素让国有企业产权改革面临较大的困难，国有企业混合所有制改革中，产权多元化让实现产权关系的明晰化更加困难，更需要做好产权的界定、执行和保护，完善产权交易机制，推动产权交易整个过程公开、公正、透明。政企不分、所有权不可转让等难题在国有制框架内难以解决，国有企业的弊病仍然难以彻底根除。[④] 对此，改革中要区分不同行业的国有企业，关乎国家命脉和国计民生的行业少引入社会资本，竞争

① 黄少安. 国有企业改革 40 年：阶段演化、理论总结与未来思考［J］. 江海学刊，2018（5）：99-106.

② 杨瑞龙. 国有企业改革逻辑与实践的演变及反思［J］. 中国人民大学学报，2018（5）：44-56.

③ 黄少安. 国有企业改革 40 年：阶段演化、理论总结与未来思考［J］. 江海学刊，2018（5）：99-106.

④ 杨瑞龙. 国有企业改革逻辑与实践的演变及反思［J］. 中国人民大学学报，2018（5）：44-56.

性充分的行业多引入社会资本。①

国有企业预算软约束问题仍然存在，加杠杆投资的动机更强烈。一般情况下，负债率越高财务风险就越高，可以约束企业继续增加负债，但国有企业的预算软约束打破了这一格局。国内仍然存在一定程度的金融抑制，信贷配给过程中也不同程度地存在政府干预。国有企业与政府的关系较为密切，尤其是承担着公益职责的国有企业，盈利水平较低，本身就易于导致高杠杆，在融资过程中仍然可以利用其国有背景获得融资支持，更加剧了其高杠杆问题。长期以来，国有企业因为有政府信用支持，融资规模较大，甚至是不计成本融资，导致其资产负债率明显高于非国有企业，且资产负债率回落速度慢于非国有企业。② 在国有企业改革过程中，未能有效解决其资本金补充问题，政府仍需承担这一职责，让国有企业自我约束资产负债的动机不强，为实现国有企业规模的扩大，加杠杆投资问题突出。从金融机构方面看，国有企业本身规模较大，抗风险能力相对较强，融资可以得到政府信用支持，也让金融机构更乐意为国有企业提供融资支持，推动国有企业杠杆率上升。

国有企业效率较低的问题得不到彻底解决，资金资源占用较多利用效率却并不高。国有企业和民营企业是不同的产权制度安排，前者是以国家所有权为基础，所有者缺位问题突出，后者是以私人所有权为基础，不同产权制度的资源获取方式不同，产权主体的激励约束机制不同，对企业经营者和参与者的约束和监督也不同，国有企业代理层级较多，代理成本较高，内部控制人问题更突出，导致其效率低下。③ 国有工业企业亏损企业的比例远高于其他类型的工业企业，这一事实可以佐证这一点。具体见表 5-3。国有企业在整个社会资金资源配置中，又容易获得

---

① 魏杰. 国有企业如何去杠杆？［J］. 经济，2018（15）：76-77.

② 中国人民银行金融稳定分析小组. 中国金融稳定报告（2018）［M］. 北京：中国金融出版社，2018：26.

③ 李俊峰，张居营. 去杠杆与国企改革的内在关联：基于部门差异的理论分析［J］. 求是学刊，2017（4）：39-46.

大量的信贷资金支持。杠杆率本身就是负债和资产的比例关系，国有企业效率较低，本身容易导致资产增长速度迟缓，整体杠杆率提升。尤其是在缺乏有效退出机制的情况下，大量“僵尸企业”无法及时实施破产倒闭，也会进一步拉动整体杠杆率上升。

表 5-3　　2015—2017 年不同类型工业企业亏损企业数占比　　单位：%

年份	国有企业	外商及港澳台商企业	集体企业	股份制企业	民营企业
2015	28.85	21.64	13.18	11.91	9.58
2016	28.09	19.22	13.98	10.83	8.83
2017	26.05	18.99	12.27	10.87	9.03

资料来源：国家统计局、Wind。

以上情况说明，去杠杆尤其是非金融企业部门去杠杆和国有企业改革具有密切的关系，进一步推进去杠杆也需要国有企业改革深化来配合。从国有企业改革角度看，去杠杆的过程实际上也是深入推进国有企业改革的过程。[①] 目前，国有企业改革进入攻坚期，混合所有制改革面临较多的困难，国有企业本身效率提升难度较大，内部人控制问题缺乏有效解决手段，委托—代理的世界性难题也不易解决，既得利益集团在国有企业改革中施加的阻力较大，国有企业仍然承担了非市场化的社会公共职能，决定了国有企业改革进展难度较大。虽然国有企业长期负债占比较高，在产能过剩行业国有企业负债占比较高，但其可以借助政府信用，利用银行的所有制偏好，较为容易地获得融资支持，降低资产负债率的动力也不足，去杠杆的难度自然也会比较大。

① 杨小静，张英杰. 去杠杆、市场环境与国企债务化解［J］. 改革，2017（4）：137-149.

第六章

下一步去杠杆的政策选择

我国杠杆率快速提高是多种因素共同促成的结果，去杠杆需要从多个方面采取措施，而且去杠杆是一个系统性工程，需要多方力量协同推进，各种政策有机配合。货币政策作为总量型调控政策，在去杠杆过程中既不能过紧也不能过松，而是要松紧适度，为去杠杆营造良好的流动性环境。财政政策要积极发力，可通过增加政府部门债务来转移私人部门债务，也要采取减税降费政策降低私人部门税费负担，提高私人部门盈利能力，还要理顺财政体制，清晰界定政府部门和国有企业债务。金融监管政策要更加科学有效，强化功能监管，弥补监管空白，减少监管套利，推动金融机构持续稳健发展。行业和区域政策要合理优化，结合经济社会发展需要，出台科学的行业和区域发展政策，尤其是对产能过剩行业和不适应经济发展需要的行业要严格控制，促进区域经济协调发展。法律法规要持续完善，为通过违约方式去杠杆提供法律保障。

一、货币政策稳健中性

（一）货币政策在进一步去杠杆中的功能定位

货币政策可以在去杠杆过程中发挥积极作用，但作用也相对较为有限。高杠杆率的形成需要货币条件，控制杠杆率必须控制货币。[①] 我国在 2008 年国际金融危机后杠杆率快速提高，货币供给量快速增加是一个

---

① 陆磊．建立宏观审慎管理制度有效防控金融风险［N］．学习时报，2017-04-05（01）．

重要的形成因素。如果继续大规模增加货币供给量，甚至是货币供给量远超过经济的实际需求，则势必难以有效推进去杠杆。也正是如此，去杠杆过程中需要控制货币供应量，根据经济发展需要合理增加货币供应量。这说明，在去杠杆过程中，货币政策可以发挥积极作用。货币政策对全社会杠杆率影响很小且不显著①，其具有有效性边界，作为总量型调控政策对结构性高杠杆的作用有限。经济主体对未来经济发展有不同的预期、对加杠杆的态度不一致、信贷配给问题的存在，都让杠杆率具有结构性特点。面对这种状况，货币政策难以有效地针对高杠杆领域起到约束作用，从而让其在去杠杆过程中能够发挥的作用相对有限。日本在 1990 年代初经济泡沫破灭后，采用宽松的货币政策和紧缩的财政政策去杠杆，政策失误让其去杠杆效果不佳，经济增长也因此而受到重大影响。

货币政策本身就已经是多目标政策，再增加政策目标将更加难以在不同目标间协调。一般而言，货币政策目标包括经济增长、物价稳定、充分就业、国际收支平衡四方面。在货币政策执行中，偏重经济增长目标有助于充分就业，但不利于稳定物价；偏重稳定物价目标，不利于经济增长、充分就业；偏重国际收支平衡目标对经济增长、物价稳定、充分就业也有着不同的影响，充分兼顾并平衡好这四个方面对货币政策有着较高的要求。就国内外货币政策的实际执行情况看，很好地平衡好这四个目标的情况也比较少，更多的是根据实际情况偏重其中的部分目标，而不是完全兼顾多个目标。如果在货币政策实施中，再过多考虑去杠杆问题，或者是将去杠杆作为货币政策的目标，则无疑会让货币政策实施中更难以在不同的目标间寻求平衡。

稳健中性的货币政策，是去杠杆过程中的最佳政策选择。货币政策过松或者过紧都不利于去杠杆，这是由于货币政策是总量型调控政策，

---

① 课题组. 货币政策与杠杆率关系研究——基于“风险三角”视角［J］. 西部金融，2018（3）：4-10.

虽然可以产生结构性影响，但终究无法有效解决结构性问题。以利率为例，其变化对杠杆率变化影响方向存在不确定性。如果采用宽松的货币政策，降低利率，一方面可以降低既有债务人的还款压力，有助于推动去杠杆，但另一方面也降低经济主体的负债成本，刺激其更多的借债加杠杆，引发资产价格泡沫和经济结构扭曲。① 如果采用紧缩的货币政策，提高利率，一方面可以抑制经济主体借债，有助于控制杠杆率，但另一方面也抑制产出水平②，加重既有债务人的还款压力，不利于其去杠杆。这意味着，货币政策宽松或者紧缩，在微观层面都面临着部分主体加杠杆，以及部分主体去杠杆的问题，最终宏观层面杠杆率提高还是降低，需要视微观主体加杠杆和去杠杆总体力量的对比。总体而言，由于债务对利率变化更为敏感，利率提高更有利于去杠杆。③ 然而，我国的实际情况是，不同主体融资时对利率的敏感程度不同，在利率下降时，往往是融资能力更强的国有企业、房地产企业更容易增加负债，提高杠杆率，而小微企业并不能及时获得融资支持；在利率提高时，往往是小微企业最先遇到融资难，对国有企业、房地产企业的影响却相对较小。结构性去杠杆中，国有企业、房地产企业是去杠杆的重点，前述情况实际上增加了提高利率去杠杆的难度。如果再考虑到货币政策持续过紧对 GDP 产生的滞后负面影响，更容易导致债务风险加速暴露等问题④，稳健中性的货币政策更是去杠杆的最佳选择。

（二）货币政策在进一步去杠杆中的具体实施

实施稳健中性的货币政策，需要控制好货币供应量的增速。去杠杆不应该成为经济发展的常态，而需要把稳杠杆作为经济发展的常态。为

---

① 刘一楠，宋晓玲．杠杆失衡、信贷错配与结构性去杠杆——一个动态随机一般均衡分析框架［J］．中央财经大学学报，2018（8）：76-86.

② 刘晓光，张杰平．中国杠杆率悖论——兼论货币政策“稳增长”和“降杠杆”真的两难吗？［J］．财贸经济，2016（8）：5-19.

③ 明明．杠杆和利率到底是什么关系？［EB/OL］．明晰笔谈微信公众号，2018-07-12.

④ 伍戈，高莉，兰俚萍．去杠杆：紧货币还是松货币？［J］．债券，2018（9）：11-15.

稳定杠杆率，保持流动性适中至关重要①，要让 M2 增速和名义 GDP 增速保持稳定的关系，M2 增速略高于名义 GDP 增速是较为合适的政策选择。M2 增速过高意味着货币供应量超过了经济实际的需求，易于导致逐利的资金流向部分领域引起资产价格泡沫，从而引发高杠杆率问题。M2 增速过低意味着货币供应量不能很好地满足经济发展需要，虽然可以不用考虑资产价格泡沫问题，但也不利于经济增长。考虑到 M2 和社会融资规模是一枚硬币的两个方面，在货币没有大量滞留于金融部门空转的情况下，M2 增速和社会融资规模增速会较为接近，因而参考社会融资规模增速指标来看货币政策是否有助于稳杠杆也是一个可行的选择。无论以哪个指标为主，最关键的是根据经济发展实际需要，控制好货币供应量增速，减少资产泡沫和加杠杆。另外，从我国加杠杆的资金来源看，利用外债加杠杆的较少，外汇流出以及本币贬值压力不大，反而是因为内债在去杠杆过程中易于收缩，从而引发通货紧缩，也需要适宜的流动性。

继续丰富货币政策工具，优化货币政策操作实施，提高货币政策调控的精准度。在我国基础货币供给主要依靠公开市场操作，货币供应量调节工具更加丰富的情况下，有必要更多地探索各种政策工具的灵活使用，合理搭配。在这方面，人民银行在近几年的货币政策操作中，通过实施非对称降息、“锁短放长”“削峰填谷”、定向降准、扩大 MLF 担保品范围等政策操作，引导资金流向小微企业和“三农”领域，提高了调控的精准度。后续需要按照数量型调控为主向价格型调控为主转型的思路，完善价格调控机制，继续丰富货币政策操作工具箱，提高货币政策调控的总体水平。考虑到货币政策有效性边界尚未达到，在货币政策调控时既要在总体上保障货币供应量合理充裕，又要积极努力让货币政策发挥其有限的结构引导作用，为去杠杆营造良好的货币环境。

---

① 杨雪峰. 去杠杆背景下的流动性危机研究［J］. 世界经济研究，2018（11）：44-50、64.

宏观审慎政策在去杠杆中可以发挥积极的作用。2008年国际金融危机后，各国发现货币政策和微观审慎政策这一金融管理框架存在诸多缺陷[①]，纷纷开始了宏观审慎政策的改革探索。我国在宏观审慎政策的改革探索方面走在全球前列，人民银行从2009年年中开始研究强化宏观审慎管理的政策措施，2011年正式引入差别准备金动态调整机制[②]，2016年起正式将差别准备金动态调整机制“升级”为MPA[③]。宏观审慎政策可直接作用于金融体系，实质上具有较强的结构性特点[④]，可以更好地发挥逆周期调节作用，达到去杠杆的目的。人民银行于2017年第一季度开始将表外理财纳入MPA广义信贷考核，并从2018年第一季度评估时将资产规模5 000亿元以上的商业银行发行的一年期以内的同业存单纳入MPA同业负债占比指标考核，都起到了很好地控制金融部门杠杆率快速提高的作用。接下来，宏观审慎政策需要进一步扩大调控范围，将更多的金融机构、金融市场、金融活动纳入监管范围，不断提高MPA的信息披露和透明度要求。

充分利用好“货币政策+宏观审慎政策”的双支柱框架，进一步推动去杠杆。党的十九大报告明确提出：“健全货币政策和宏观审慎政策双支柱调控框架。”[⑤] 货币政策先影响总量，再影响结构，以相对市场化的机制来传导，速度比较慢，容易出现超调，宏观审慎政策直接影响结构，作用效果明显。[⑥] 货币政策和宏观审慎政策双支柱调控框架逐渐清晰，有效增强了对宏观经济和系统性金融风险的调控能力，需要长期坚持并对其持续探索完善以有效去杠杆，也需要积极探索货币政策与宏观

---

① 郭子睿，张明. 货币政策与宏观审慎政策的协调使用［J］. 经济学家，2017（5）：68-75.

② 中国人民银行货币政策分析小组. 2015年第四季度中国货币政策执行报告［R］. 2016-02-06：16-17.

③ 中国人民银行货币政策分析小组. 2016年第一季度中国货币政策执行报告［R］. 2016-05-06：12.

④ 彭文生. 渐行渐近的金融周期［M］. 北京：中信出版集团，2017：244.

⑤ 习近平. 决胜全面建成小康社会 夺取新时代中国特色社会主义伟大胜利［M］. 北京：人民出版社，2017：34.

⑥ 彭文生. 去杠杆进程需要政府适度干预［J］. 新金融，2018（7）：19-24.

审慎政策的协调配合。[①] 清晰界定双支柱政策各自的边界，明确各自的政策目标[②]，货币政策通过价格变动来影响融资成本和资产价格进而实现去杠杆，宏观审慎政策通过结构性和数量型调节去杠杆[③]。货币政策更专注于经济基本面，以稳健的货币政策为经济发展提供良好的货币金融环境，稳定物价并促进经济增长，通过管理好货币总量推动去杠杆，宏观审慎政策加强监管协调，开展逆周期调控，促进货币政策实施和传导，抑制资产价格过度波动，控制过度加杠杆。[④] MPA 体系需要把更多的金融活动和资产扩张纳入进来，以更好地对社会融资活动进行逆周期调节。还要进一步调整货币政策和宏观审慎政策的协调规则、时机、频率、强度等，以强化双支柱调控框架实施的政策效果。[⑤]

二、财政政策宽松积极

（一）财政政策在进一步去杠杆中的功能定位

财政政策在进一步去杠杆中可以发挥更加积极的作用，通过宽松的财政政策来推动结构性改革。[⑥] 一方面，财政政策本身属于结构型调控政策，可以有效调节结构性问题。从国外经验和我国的经历看，高杠杆率往往具有结构性特点，去杠杆过程中也不宜简单采用总量型调控政策。财政政策可以通过定向调控，很好地解决结构性问题，有助于解决结构

---

① 陈雨露．建立“货币政策+宏观审慎政策”双支柱政策框架［EB/OL］．http：//finance.sina.com.cn/roll/2017-03-24/doc-ifycsukm3482182.shtml，2017-03-24.

② 连飞．“稳增长”与“去杠杆”目标下的双支柱政策协调［J］．财经理论与实践，2018（6）：15-31.

③ 彭文生．渐行渐近的金融周期［M］．北京：中信出版集团，2017：243.

④ 李波．CF40 课题前瞻性研究“双支柱调控框架”［EB/OL］．中国金融四十人论坛微信公众号，2017-10-21.

⑤ 郭子睿，张明．货币政策与宏观审慎政策的协调使用［J］．经济学家，2017（5）：68-75.

⑥ 程一江．对去杠杆防风险的几点思考［J］．财政监督，2018（15）：44-45.

性高杠杆问题。另一方面，财政增加货币投放的负面影响相对更小，有助于减少经济金融风险。货币投放包括信贷渠道和财政渠道。通过信贷渠道投放货币，除用于满足消费外，更多的是进行投资，资金容易大规模流向高收益领域，引发资产价格泡沫，这些货币还有利息支出并提高杠杆率，带来较大的金融风险。通过财政渠道投放货币，一般是增加基础设施建设或者是社会保障支出，直接增加了对非金融部门的有效需求，增加了私人部门的净资产，往往对应着具体的实物，就是投放过多引发的问题也主要是通货膨胀。[①] 从这两方面看，需要财政政策积极地发挥作用以实现去杠杆。

通过财政政策去杠杆，其成本更低并且效果更好。“如果把由财政部门责令和督促地方政府和国有企业减少借贷，加快修复资产负债表界定为财政去杠杆，而把由金融部门减少放贷，从而迫使企业和地方政府加快修复资产负债表界定为金融去杠杆，则虽然二者均着眼于减少债务积累，但也存在显著差异：第一，在信贷市场上，信贷总量下降的同时，财政去杠杆将伴随着利率的下降；金融去杠杆将伴随着利率的上升。第二，在外汇市场上，财政去杠杆将带来资本流入的减少和汇率的贬值倾向；金融去杠杆将带来资本流入的增加和汇率的升值倾向。第三，在实体经济领域，财政去杠杆和信贷利率的下降将造成民营企业投资被‘挤入’市场；金融去杠杆将导致政府、国有企业和民营企业的投资均被‘挤出’市场。第四，在出口领域，财政去杠杆通过引导汇率贬值进而可以刺激出口；金融去杠杆通过引导汇率升值将抑制出口。第五，尽管两种去杠杆都倾向于直接减少总需求，但财政去杠杆通过对出口和民营企业投资的积极影响，倾向于缓和和稳定经济活动；金融去杠杆则倾向于通过抑制出口和民营企业投资，进一步造成经济的收缩。第六，如果信贷市场存在隐性担保以及所有制歧视，财政去杠杆将减少和缓和这些扭曲；金融去杠杆将加剧扭曲，信贷减少对民营经济的影响更显著，从

① 彭文生. 去杠杆进程需要政府适度干预［J］. 新金融，2018（7）：19-24.

而容易形成‘误伤’。第七，财政去杠杆通过诱导利率下降，信贷扭曲缓和以及出口和民间投资的改善，有助于稳定权益市场；金融去杠杆通过迫使利率上升、加重信贷扭曲、抑制出口和民间投资活动，进一步抑制权益市场的表现。综合上述因素，我国目前遵循财政去杠杆的路径，将更容易取得成效，而遵循金融去杠杆的路径，可能事倍功半，还容易出现风险事件。”①

财政政策可以有效解决部分高杠杆领域的深层次问题。我国国有企业杠杆率较高，部分是因为政府和国有企业职责没有清晰界定，国有企业承担了不应该承担的政府职责，政府担负起不应该担负的企业责任，尤其是在地方政府融资平台公司领域这一问题更突出。发展地方政府融资平台公司原本是为解决地方政府基础设施建设资金不足的问题，是一种短期的政策选择，但在实践中地方政府逐渐对其形成较大依赖，面临难以有效退出的问题。地方政府杠杆率较高，主要是因为中央政府和地方政府财权和事权不匹配，地方政府财权较小而事权较大，只有负债才能完成建设支出，有较强的内在负债动力。地方政府隐性债务问题凸显，与地方政府增加负债的“前门”未有效打开，“后门”不能及时堵上有密切关系。家庭部门大规模加杠杆投资房地产，一个原因是缺少遗产税和房地产税，居民可以加杠杆购房获得较高收益，财产在代际转移的成本较低。以上问题出现，都与财政体制改革不到位，财政体制没有彻底理顺直接或间接相关，甚至可以认为是财政领域的问题导致了部分领域高杠杆问题，去杠杆自然需要财政政策发挥积极作用。

（二）财政政策在进一步去杠杆中的具体实施

理顺中央和地方政府的财权和事权，完善地方政府正规渠道融资机制，减少地方政府隐性债务。地方政府杠杆率较高的问题，一方面需要地方政府提高资金使用效率，减少不必要的负债；另一方面需要合理界

① 高善文. 去杠杆的路径差异［J］. 清华金融评论，2018（9）：54-56.

定地方政府事权，减少地方政府承担的责任。也就是说，从资金流入流出两方面着手，向着收支平衡的方向努力，减少资金缺口。与此同时，完善地方政府发债融资机制。在《预算法》已经明确规定发行债券融资为地方政府唯一融资渠道的情况下，不断丰富地方政府债券的种类，尤其是专项融资债券具有较大的发展空间，需要采取鼓励措施充分发掘其潜力。对于地方政府的隐性债务，既不符合法律法规的要求，也存在较大的风险隐患，有必要及时清理存量并做好分类处理，公益类和准公益类建设项目形成的债务纳入政府性债务，非公益类建设项目形成的债务予以市场化处理，强化责任追究，严格控制地方政府隐性债务增量。总之，对地方政府债务治理需要"开前门、堵后门"，"堵后门"要严格执行，"开前门"也要根据实际情况开得足够大，避免政策目标相互冲突，否则不仅难以有效治理，而且可能会重新走上负债快速增加的老路。

完善税收的征收和管理，以减税的方式降低企业经营成本，增加居民可支配收入，让消费在去杠杆中的作用有效发挥，尽快推进房地产税立法实施，稳定住房价格。利用2015—2017年省级数据的研究表明，家庭部门杠杆率整体上与家庭消费呈负相关关系，且随着家庭部门加杠杆的速度加快，家庭债务对消费的挤出作用愈加明显。2017年，家庭部门杠杆率每上升1个百分点，城镇家庭人均实际消费支出就会下降0.11个百分点。[①] 我国总体的税负在全球范围内都是比较高的，高税负增加了企业经营成本，不利于居民可支配收入提高，一定程度上引起了高杠杆问题。在进一步去杠杆过程中，需要积极推进减税，降低经济主体的税负。尤其是要降低增值税税率，这是因为企业税收的一大半是增值税，所有的商品价格中都包含增值税，降低增值税税率不仅可以让企业降低成本，也可以更多地惠及消费者。通过减税降低企业经营成本，提高企业盈利能力，降低企业杠杆率。也要减少各种税费的收缴，减轻企业的

---

① 田国强，黄晓东，宁磊，王玉琴. 警惕家庭债务危机及其可能引发的系统性金融风险[EB/OL]. https：//wallstreetcn. com/articles/3382612，2018-08-08.

非税收负担，提高投资效率。更重要的是通过减税增加居民可支配收入，可以刺激居民扩大消费，增加企业部门的收入，推动企业去杠杆。在财政政策推动进一步去杠杆的过程中，除了减税，还要及时研究推进房地产税的立法实施，减少家庭部门加杠杆买房；增加遗产税，提高财富在代际间转移的成本，缩小贫富差距，进一步激发消费潜力。

研究逐步推动财政功能转型，从预算平衡型财政向功能型财政转型，从建设型财政向公共型财政转型。我国财政政策实施过程中，预算平衡型特点突出，为实现预算赤字率不超出预算范围的目标，财政难以很好地根据经济社会发展需要安排支出，财政功能不能有效发挥，不得不依赖国有企业等主体承担财政职能，不利于经济的良性发展和去杠杆。同时，在财政政策实施中，建设型财政的特点也较为突出，更多地关注基础设施建设，更多地关注稳定经济增长，民生领域的投入相对较少，增加了居民的生活成本。在去杠杆过程中，需要根据经济建设和民生保障的需要，更多地强调功能型财政，财政不应该只追求自身的平衡，更应该服务宏观经济平衡的大目标[①]，切实发挥好财政功能，挖掘财政在经济社会建设中的潜力。多从减税角度考虑财政赤字率，在财政支出中提高对公共和民生领域支出的比例，激发居民消费活力。

三、金融监管科学有效

（一）金融监管在进一步去杠杆中的功能定位

非金融部门杠杆率快速提升与金融部门信用快速扩张是一个问题的两个方面。金融部门和非金融部门是相辅相成，共生促进的关系。金融部门服务于非金融部门发展，并在此过程中发展壮大，非金融部门是金

① 彭文生. 宏观政策需要超常规的思维［EB/OL］. 中国金融四十人论坛微信公众号，2018-10-24.

融部门生存发展的土壤，也需要金融部门的金融服务，并且二者的关系越来越密切。在非金融部门快速加杠杆过程中，金融部门提供了丰富的资金来源，也推动了金融部门杠杆率快速提高。非金融部门的资产是金融部门的负债，金融部门的资产是非金融部门的负债，这也让金融部门和非金融部门加杠杆之间关系密切。同时，与非金融部门相比，金融部门加杠杆的速度更快，金融部门既可以通过服务非金融部门加杠杆，也可以通过服务金融部门加杠杆，以这种累加效应推动金融部门杠杆率快速提高。

在金融部门加杠杆过程中，金融监管不够科学是一个主要因素。随着国内金融发展水平提高，金融综合化经营特点突出，金融风险也更加多样化、复杂化，原有分业监管体制存在的问题逐渐暴露，监管协调机制不完善的问题也在暴露。① 2008—2016 年，在我国杠杆率快速提高过程中，尤其是后两轮加杠杆高潮中，金融机构之间的合作明显增多，银行业的资金大量通过非银行金融机构流入实体经济，资金在金融部门循环流转，资金脱实向虚问题突出，增加了金融部门杠杆，也推动了非金融部门杠杆率提高。这种情况出现，一方面是不同金融机构的商业模式不同，风险偏好不同，本身需要在业务发展中开展合作；另一方面是金融监管存在较多的问题，为金融机构合作获取监管套利提供了方便。在 2013 年同业存单重启发行后，同业存单大量发行，同业理财大量推出，银行和非银行金融机构通过“同业存单—同业理财—委外投资”的合作链条加杠杆，就是获取监管套利、实现金融机构加杠杆的主要做法。

金融部门和非金融部门去杠杆需要金融监管发挥积极作用。金融部门的高杠杆也具有结构性特点，具体表现为：非银行金融机构相对银行业金融机构的杠杆率更高，银行业内部中小型商业银行相对大型商业银行杠杆率更高，银行表外相对表内杠杆率更高，去杠杆过程中也需要采

① 周小川. 守住不发生系统性金融风险的底线［A］//《党的十九大报告辅导读本》编写组. 党的十九大报告辅导读本. 北京：人民出版社，2017：100-109.

用结构型调控政策。金融监管本身结构性特点突出，在去杠杆过程中可以发挥更加积极的作用，全面提高监管的有效性、针对性、稳健性，强化金融监管的专业性、穿透性。[①] 一方面，可以在监管指标考核设计上采取有针对性的措施，推动金融部门尤其是高杠杆领域去杠杆；另一方面，可以通过监管协调让资金供求双方更多地直接对接，减少各类不必要的通道流转并降低资金成本，推动非金融部门积极稳妥去杠杆。

（二）金融监管在进一步去杠杆中的具体实施[②]

1. 扩大金融监管范围，减少金融监管空白

坚持金融业是特许经营行业的理念，不断把实际从事金融活动的机构和业务纳入监管范围。对尚未纳入监管，或已纳入监管但有待加强，以及强化金融监管不会对实体经济发展造成重大负面影响的领域，应该成为完善金融监管的重点。金融领域无证经营或者超范围经营的问题要重点整治[③]，影子银行、资产管理行业、互联网金融和金融控股公司都亟待纳入监管或加强监管[④]。在扩大金融监管范围时，对影子银行既要看到其谋取监管套利、信息披露不充分、业务运作不规范等问题，需要科学监管予以规范，也要看到影子银行是市场主动突破金融抑制的尝试，对满足实体经济尤其是小微企业融资需求、丰富金融产品供给、形成交易市场、发现市场价格、推动利率市场化等发挥了积极作用，也反映出我国金融发展面临的困惑[⑤]，有存在的必要。因而，在金融监管方面不是全面禁止其发展，而应积极引导其向着好的方向发展。目前，对银行

---

① 周小川. 守住不发生系统性金融风险的底线［A］//《党的十九大报告辅导读本》编写组. 党的十九大报告辅导读本. 北京：人民出版社，2017：100-109.

② 娄飞鹏. 去杠杆研究［M］. 北京：中国金融出版社，2018：229-233.

③ 周小川. 守住不发生系统性金融风险的底线［A］//《党的十九大报告辅导读本》编写组. 党的十九大报告辅导读本. 北京：人民出版社，2017：100-109.

④ 周小川. 未来将重点关注互联网金融、金融控股公司等四方面问题［EB/OL］. http：//finance. ifeng. com/a/20171016/15726260_ 0. shtml，2017-10-16.

⑤ 盛松成. 社会融资规模成为我国金融宏观调控的重要指标［EB/OL］. http：//www. sohu. com/a/258472795_ 479794，2018-10-09.

业表内业务监管相对严格，表外业务监管存在盲区，需要加强对表外业务的监管。如加强对表外理财投资债券产品种类及投资规模的监测，规范债券回购和质押融资，设定债券投资产品杠杆上限，严格控制债券交易的杠杆率。[①] 通过有效的监管协调，填补监管空白，减少重复监管，防止监管套利，做好金融风险防控。

2. 根据实际需要调整监管政策

在去杠杆过程中，有些监管规则并不利于去杠杆开展。如《商业银行资本管理办法（试行）》第六十八条规定："商业银行对工商企业股权投资的风险权重。商业银行被动持有的对工商企业股权投资在法律规定处分期限内的风险权重为400%。商业银行因政策性原因并经国务院特别批准的对工商企业股权投资的风险权重为400%。商业银行对工商企业其他股权投资的风险权重为1 250%。"第六十九条规定："商业银行非自用不动产的风险权重为1 250%。"这意味着，商业银行开展债转股时，若本机构持有债转股企业的股权，其风险资本占用将呈几倍甚至十几倍的增长，商业银行将面临较大的资本金压力，甚至是根本无法实现。为此，为推动债转股实施，金融监管部门开始允许商业银行作为主要股东发起设立金融资产投资公司。上市公司股权质押有助于丰富非金融企业的融资渠道，监管规则不明晰不利于其规范发展。为此，需要根据股权质押融资业务推出以来的实践经验进一步完善相关业务指引[②]，加强监管协调以充分发挥其积极作用。

3. 提高金融监管效能，增强金融监管的效力

金融领域杠杆率提高主要是由于，金融监管不足以及金融机构风险意识不强、审慎经营不到位。金融监管的实施也需要逐步完善：第一，全面提高金融监管的有效性、针对性、稳健性，强化金融监管的专业性、

① 娄飞鹏. 金融领域高杠杆的深层次成因与去杠杆建议［J］. 西南金融，2017（6）：22-28.
② 陈娜. 金融去杠杆背景下股权质押融资业务的思考［J］. 上海金融，2017（8）：78-84.

穿透性，强化综合监管。① 通过有效的金融监管，促进金融机构间的公平竞争，以提高金融机构的效率并增进金融稳定。② 第二，充分考虑金融创新中的风险③，瞄准功能监管和行为监管的改革方向，全面建立功能监管和行为监管框架。对同类金融产品开展统一监管，如对资产管理产品、债券发行等实行统一监管、统一管理，减少或消除同类产品监管标准不一致引发的监管套利问题。第三，根据不同金融机构的特点，以全面的金融监管让其回归本源业务，规范金融市场业务发展。④ 最典型的是资产管理业务，要实施有针对性的监管，围绕打破刚性兑付、回归受托理财的本源，减少以金融机构为保障兑付而加杠杆的行为。

4. 合理把握监管从严节奏，减少监管政策间的叠加共振

杠杆率快速上升推动资产价格上升，刺激投资，促进经济增长，也增加宏观经济风险，快速去杠杆放大资产价格波动，影响微观主体风险偏好，最终抵消部分扩张性的宏观经济政策，制约经济增长。⑤ 从金融部门去杠杆，防范系统性金融风险的角度看，实施上述金融监管都是必要的，在此过程中需要重点考虑的是监管措施落地的节奏和力度。在金融监管实施中，要注意减少因为政策间叠加共振，政策出台缺少协调引发的新的风险。这方面的原因是，金融机构通过同业合作加杠杆，加长了风险链条，增加了全面了解其中风险的难度，在金融监管政策出台时力度和节奏不好把握，大量出台多项政策容易引起政策骤然过紧，也容易导致在化解风险中引发新风险。在强化金融监管的同时，也要充分考

---

① 周小川. 守住不发生系统性金融风险的底线［A］//《党的十九大报告辅导读本》编写组. 党的十九大报告辅导读本. 北京：人民出版社，2017：100-109.

② Gianni De Nicolò，Marcella Lucchetta. Bank Competition and Financial Stability：A General Equilibrium Exposition［R］. IMF Working Paper，WP/11/295，2011.

③ Nicola Gennaioli，Andrei Shleifer，Robert Vishny. Neglected Risks，Fnancial Innovation，and Fnancial Fragility［J］. Journal of Financial Economics，2012，104（3）：452-468.

④ 娄飞鹏. 非金融部门杠杆率现状与去杠杆建议［J］. 西南金融，2017（7）：23-29.

⑤ 郑嘉伟. 杠杆率的宏观经济效应研究［D］. 北京：中共中央党校博士学位论文，2016：98.

虑金融创新服务经济中"三新"的需要，保护金融机构正当创新的积极性。①

5. 不断完善金融监管体系体制的建设

守住不发生系统性金融风险的底线，其中重要的一点是金融系统不发生系统性风险，自然需要健全金融监管体系，提高金融监管的科学性。这要求要改革完善金融监管体制，优化金融监管体系框架，有效完善监管协调，也要全面建立功能监管和行为监管框架，强化综合监管②，加强金融监管规则与制度建设，还要强化包括金融业综合统计在内的重要金融基础设施建设③。随着金融监管体系的健全，金融监管协调力度也需要不断增强，持续增强监管协调的权威性和有效性。对于金融监管自身的建设，不仅站在金融监管或者金融业发展的角度看，还要充分认识到严格的金融监管有助于防范系统性金融风险，也会增加金融机构的合规压力，更好地推动金融回归本源，增强金融的稳健发展能力，增强金融服务实体经济的能力。因而，做好这项工作的意义十分重大。

四、行业和区域政策合理优化

（一）行业和区域政策在进一步去杠杆中的功能定位

行业政策是导致杠杆率提高的一个原因，在非金融企业部门表现的更明显，自然需要行业政策在去杠杆中发挥积极作用。我国经济发展中存在各种结构性扭曲，如国有企业等利用其更容易获得银行信贷资金支持的优势，自身对产能扩张缺乏足够的约束甚至是无约束，导致杠杆率

---

① 娄飞鹏. 金融领域高杠杆的深层次成因与去杠杆建议［J］. 西南金融，2017（6）：22-28.

② 周小川. 守住不发生系统性金融风险的底线［A］//《党的十九大报告辅导读本》编写组. 党的十九大报告辅导读本. 北京：人民出版社，2017：100-109.

③ 周小川. 守住不发生系统性金融风险的底线［A］//《党的十九大报告辅导读本》编写组. 党的十九大报告辅导读本. 北京：人民出版社，2017：100-109.

快速提高。[1] 这说明，在高杠杆率形成过程中，行业政策虽然不是主要促成因素，但行业政策调控以及对行业发展规划不够科学，也导致部分领域杠杆率过高。在这方面最为典型的是产能过剩行业，我国企业部门杠杆率上升的一个重要原因是严重的产能过剩[2]。宏观经济发展中长期过多关注经济增长目标，对经济增速下降进行大规模刺激，引发了部分行业的产能过剩，超过了社会的有效需求。该问题出现后，尽管政府也从行业政策方面对产能过剩行业出台了多项调控政策，但并未有效阻止土地、信贷等资源进一步流向产能过剩行业，产能过剩问题持续存在，也导致该领域杠杆率较高，带动全社会杠杆率提高。2012 年 3 月至 2016 年 8 月，我国 PPI 同比增速连续 54 个月为负值，出现这种现象的一个重要原因是中上游国有企业产能过剩问题突出。这意味着，去杠杆也需要行业政策在其中发挥积极作用。

区域政策可以用来解决高杠杆率的区域结构性问题。我国的高杠杆率也具有明显的区域结构性特点，政府部门、非金融企业部门、家庭部门的杠杆率都具有区域结构性特点。从政府部门看，2015 年年底，在可以查到地方政府债务的 24 个省（自治区、直辖市）[3] 中，按照地方政府债务除以 GDP 的杠杆率计算方式，排名第一、二的贵州、云南各自地方政府杠杆率分别为 83.36%、45.73%，河北、吉林、上海、山西、福建、湖北、天津、江苏、山东等 9 个省（直辖市）的地方政府杠杆率低于 20%。从非金融企业部门看，西部地区国有企业资产负债率最高，中部

---

① 任泽平，马家进. 中国宏观杠杆率的现状、成因、化解与影响［EB/OL］. 泽平宏观微信公众号，2018-01-07.

② 高善文. 中国企业部门杠杆率之谜［J］. 清华金融评论，2018（5）：73-74.

③ 可以查询到地方政府债务余额的 24 个省（自治区、直辖市）及其地方政府杠杆率依次为：贵州 83.36%、云南 45.73%、宁夏 36.35%、内蒙古 30.59%、辽宁 29.97%、新疆 28.24%、陕西 25.98%、北京 24.89%、四川 24.86%、广西 24.07%、甘肃 23.39%、安徽 23.21%、江西 22.34%、湖南 21.29%、黑龙江 20.98%、河北 19.75%、吉林 19.57%、上海 19.42%、山西 16.63%、福建 16.23%、湖北 15.90%、天津 15.67%、江苏 15.06%、山东 12.91%。其中，浙江、河南、广东、海南、重庆、西藏、青海的地方政府债务未查到。

地区居中，东部地区最低。根据国资委的统计数据，2015 年年底，东中西部地区国有企业资产负债率依次为 60.2%、64.0%、64.8%。从家庭部门看，据上海财经大学高等研究院的调研显示，2017 年 9 月，家庭部门杠杆率最低的山西省仅为 20%，最高的福建省高达 105%①，两个省家庭部门杠杆率相差悬殊。虽然不能简单以不同区域杠杆率绝对水平高低来判断其风险状况，比如发达地区政府部门税收收入较高可以支撑其高杠杆，高杠杆率并不意味着其风险更高，但在去杠杆过程中仍然可以通过区域政策的有效实施，来解决部分地区的结构性高杠杆问题。

（二）行业和区域政策在进一步去杠杆中的具体实施

1. 行业政策和区域政策在进一步去杠杆的过程中需要协调配合

区域结构性高杠杆率的出现，在一定程度上也是区域内行业经济结构引起的。各个区域根据自己的禀赋优势和所处的发展阶段，选择不同的行业作为主导行业发展，而不同行业对资金要素的需求不一样，资本密集型行业占比较高更易于导致杠杆率较高。同样，行业结构性高杠杆率的出现，也有区域经济发展的因素存在。在经济发展中，各个区域如果不考虑自身的禀赋优势，集中精力大力发展某些行业，就会引发行业内部的过度竞争甚至是产能过剩，也会因此导致部分行业杠杆率较高。也正是从这个角度看，在进一步去杠杆过程中，行业政策和区域政策要做好协调配合。行业政策要充分考虑、发挥区域的经济禀赋优势，形成行业内的差异化竞争格局，区域政策要充分考虑行业的发展特点，结合本区域的情况合理规划行业发展，提高区域经济发展质量，以两者的协调配合推动去杠杆。

2. 行业政策重点做好行业的准入和退出

我国经济正处在优化经济结构、转换增长动力的攻关期，在此过程中需要根据行业发展所处的生命周期采用不同的发展策略，推动传统产

① 降蕴彰. 家庭债务“灰犀牛”隐现［J］. 财经，2017（29）：56-61.

业优化升级，更好地发展现代产业，提高制造业竞争力，推动我国产业迈向全球价值链的中高端。按照产业结构的发展变化规律，短期来看，根据我国经济发展所处的阶段，合理选择支柱产业、主导产业予以重点发展，及时退出传统行业和产能过剩行业，积极培育并大力发展新兴行业，在产业结构优化的同时提高经济整体发展质量。尤其是对事关国家安全和综合竞争力提升的行业，需要加大投入，着力提高其国际竞争力。长期来看，行业政策应从选择性政策转变为功能性政策。从扶持特定行业提高行业竞争力转向对所有行业都起作用，弥补市场失灵并完善市场功能，把放松管制、促进竞争以及加强推动基础性研发作为行业政策的主要任务，激发经济内生增长动力。[①] 在运用行业政策去杠杆过程中，也要充分尊重市场规律，对行业发展不宜过多干预，更不能简单采用行政化方式来推动行业发展，而是更多地让市场发挥基础性作用。

3. 区域政策重点做好区域经济的协调发展

高杠杆率的区域结构性特点侧面反映了区域经济发展政策中的问题，也说明了区域经济发展协调水平还有待进一步提升。我国经济发展的一个特点是区域经济发展存在较大的差异，这是由各地区经济发展水平、要素禀赋不同等因素所决定。如果区域经济发展政策制定时，不考虑区域禀赋优势，盲目追求经济门类齐全，往往会导致投入产出效率较低。杠杆率本身是通过负债的分子和产出的分母的比值来衡量，投入产出效率较低意味着负债较大而产出较小，导致杠杆率提升。因而，在区域政策制定尤其是区域经济发展政策制定中，要充分考虑本地区经济发展水平和禀赋优势，摒弃盲目追求大而全的发展模式，推动区域经济高质量发展。在此过程中也要注意，各地区经济结构不同，也会导致杠杆率在区域之间存在一定的结构性特点。从去杠杆的角度看，区域政策并不是简单追求各地区杠杆率趋同，而是要与当地经济结构和经济发展水平相匹配。

---

① 中国人民大学中国宏观经济分析与预测课题组．结构性去杠杆下的中国宏观经济——2018年中期中国宏观经济分析与预测［J］．经济理论与经济管理，2018（8）：5-19．

五、法律法规持续完善

（一）进一步去杠杆面临的法律法规问题[①]

在进一步推进去杠杆过程中，我国还存在不少法律法规方面的问题，甚至有些法律法规方面的问题直接导致去杠杆无法有效实施。即使不考虑去杠杆问题，一些法律法规也存在不符合当前经济发展现实情况、影响经济持续健康发展的问题，也有必要根据现实需要及时优化完善。例如，市场化债转股被认为是非金融企业去杠杆的重要方式，但在实际开展债转股过程中，存在法律法规不允许或者是需要进一步明确的问题。

《物权法》对担保物权的有关规定。《物权法》第一百七十条规定："担保物权人在债务人不履行到期债务或者发生当事人约定的实现担保物权的情形，依法享有就担保财产优先受偿的权利。"第一百七十七条规定担保物权消灭的情形包括主债权消灭等。商业银行不良贷款债转股后，其债权转变为股权，对借款企业的债权已经消灭，即使之前的贷款中有抵质押而享有担保物权的，按照法律规定其担保物权也随之消灭。此时，若没有相应的保障措施，一旦企业债转股后经营继续恶化，商业银行承担的亏损风险会进一步扩大。[②] 这是由于，商业银行存在因债权消灭导致担保物权消灭，无法行使担保物权来保护自身合法权益的不利因素，其面临的损失更大。

《公司法》对股份收购和破产清算顺序的规定。《公司法》第一百四十二条规定："公司不得收购本公司股份。"同时明确了例外情况，但这其中不包括商业银行不良贷款债转股的情况。对于债转股后的股权处置，

---

① 本部分主要参考：娄飞鹏. 商业银行不良贷款债转股的历史经验及实施建议［J］. 西南金融，2016（6）：52-56.

② 乔敏. 银行不良资产处置中的债转股法律问题研究［D］. 上海：华东政法大学硕士学位论文，2013：19.

如果拟采用由借款企业回购的方式，需要充分考虑公司法对公司回购本公司股份的法律规定。《公司法》第一百八十六条规定：公司破产清算时，“公司财产在分别支付清算费用、职工的工资、社会保险费用和法定补偿金，缴纳所欠税款，清偿公司债务后的剩余财产，有限责任公司按照股东的出资比例分配，股份有限公司按照股东持有的股份比例分配”。债权的清偿顺序优先于股权。商业银行在不良贷款债转股后，持有企业股权导致其清偿顺序排位靠后，在企业破产且可处置资产有限时面临更大的风险。

《商业银行法》对商业银行行使抵质押权期限和商业银行投资范围的规定。《商业银行法》第四十二条规定：“商业银行因行使抵押权、质权而取得的不动产或者股权，应当自取得之日起二年内予以处分。”对债转股而言，两年的时间过于短暂，难以发挥其应有的作用。《商业银行法》第四十三条规定：“商业银行在中华人民共和国境内不得从事信托投资和证券经营业务，不得向非自用不动产投资或者向非银行金融机构和企业投资，但国家另有规定的除外。”虽然有国家另有规定的除外这一规定，但也为商业银行实施不良贷款债转股并持有企业股权增添了不少障碍。商业银行在实施不良贷款债转股时，虽然可以利用这一规定采用有权机构特批的方式持有债转股企业的股权，但是也要积极呼吁在《商业银行法》修订过程中对此做出修改。商业银行也要特别注意，即使是对于法律允许或者经过有权机构特批允许银行持有企业的股权，商业银行也要积极调整自身的资产负债结构，特别是通过基金投资等方式延长负债期限，使资产负债的时间期限相匹配。①

（二）进一步去杠杆中完善法律法规的思路

债转股实施过程中面临的法律法规问题，也只是去杠杆实施中面临的法律法规障碍的一个方面。在进一步去杠杆过程中，还存在较多其他

① 周小川. 关于债转股的几个问题［J］. 经济社会体制比较，1996（6）：1-9.

法律法规问题。如在资本市场发展尤其是企业股权融资方面，也面临不少法律法规障碍，不利于非金融企业发行股票融资，导致其杠杆率较高。这需要从不同金融活动的本质功能和风险属性出发，对《商业银行法》《证券法》《信托法》《基金法》《保险法》等法律法规进行系统调整，全面构建资本市场的基础性法律规范。① 再如，国内正在研究推进对金融控股集团的监管，但我国尚未单独颁布相关法律法规以明确金融控股集团的法律地位，对金融控股集团的监管主要是依据《公司法》开展。面对金融机构综合化经营趋势日益明显、金融机构的界限日益模糊的情况，需要通过建立并完善立法等方式强化对金融控股集团的监管。去杠杆过程中面临的法律法规问题，也是国内法律法规不够健全完善的一个体现。为此，需要从完善法律法规建设，提升国家治理法制化水平的角度出发，提高法律法规建设的前瞻性，增强法律法规的可操作性，提升法律法规修订的及时性。同时，也在这个过程中，让去杠杆的深入开展有更加友好的法律法规环境，以法制化手段推动去杠杆。

---

① 洪磊. 中国资本市场的六大难题［EB/OL］. http：//www. sohu. com/a/259292189_479794，2018-10-13.

第七章

以高质量发展平滑杠杆周期

党的十九大报告明确指出："我国经济已由高速增长阶段转向高质量发展阶段。"[①] 就国外的经验看，我国经济增长速度面临下降问题。我国现在的人均收入相当于 1941 年美国、1963 年德国、1970 年日本、1987 年新加坡、1990 年韩国的水平，这些国家在当时经历了 9%以上的高增长后，经济增长速度均大幅回落。[②] 2008 年以来我国虽然实施了几轮经济刺激，但并未根本扭转经济增速下降的趋势。杠杆率作为一个比例指标，其提高速度与经济增长速度呈负相关关系，经济增长速度下降时，杠杆率提高的速度更快。我国在 1997 年、2008 年之后经济增速下降时期杠杆率快速提高，2003—2007 年经济高增长时期杠杆率却在下降。在去杠杆转向稳杠杆后，也需要全面深入加快经济金融改革，理顺经济发展的体制机制。

一、努力推动经济持续健康发展

总体来看，杠杆率内嵌于经济发展模式，2008 年之后我国杠杆率快速提高的根源是过度依赖债务驱动的经济增长模式[③]，债务驱动投资，投资带动增长，这种发展模式缺乏可持续性。我国实现杠杆率稳定的一

---

① 习近平. 决胜全面建成小康社会 夺取新时代中国特色社会主义伟大胜利［M］. 北京：人民出版社，2017：30.

② 梁中华. 柳暗花明——2019 年宏观经济展望与大类资产配置［EB/OL］. 李迅雷金融与投资微信公众号，2018-12-03.

③ 国务院发展研究中心"经济转型期的风险防范与应对"课题组. 打好防范化解重大风险攻坚战：思路与对策［J］. 管理世界，2018（1）：1-15.

个关键点是，有效推动经济转型发展，实现经济向更高级形态、更复杂分工、更合理结构演变，提高全要素生产率和潜在经济增长速度。按照新发展理念的要求，发展方式向更加集约化的方向转变，逐步实现将创新作为经济发展的新动力，持续优化经济结构，推动城乡、区域、金融和实体经济的良性协调发展。围绕建设现代化经济体系，构建市场机制有效、微观主体有活力、宏观调控有度的经济体制，不断增强我国经济创新力和竞争力。促进人口自由流动，加强人力资本积累，增加政府公共服务供给，提高服务业增加值在 GDP 中的占比。加快打造市场化、法制化、国际化的营商环境，从税费、融资、制度性交易成本、用能用地、物流等方面降低企业经营成本，破除不合理的门槛和限制，增强企业发展信心。加强产权保护，增强制造业技术创新能力，推动现代制造业和现代服务业的深度融合。在提高供给质量、提升产品质量的同时，增强消费对经济发展的基础性作用，处理好资源在公共部门和非公共部门间的分配，优化居民收入结构、缩小收入差距，提高中低收入阶层的收入和福利水平，不断扩大有效需求。按照“房子是用来住的，不是用来炒的”定位，建立居住导向的新住房制度和房地产调控长效机制。

二、全面深化体制机制改革

第一，科学处理政府和市场的关系。按照“使市场在资源配置中起决定性作用，更好发挥政府作用”① 的总体原则，理顺政府与市场的关系，加快解决商品市场市场化而要素市场未市场化的问题。在资本优化配置方面，要让金融体系遵循利润原则更加市场化地配置资金，提高资金使用效率。②

---

① 习近平. 决胜全面建成小康社会 夺取新时代中国特色社会主义伟大胜利［M］. 北京：人民出版社，2017：21.

② 钟宁桦，刘志阔，何嘉鑫，苏楚林. 我国企业债务的结构性问题［J］. 经济研究，2016（7）：102-117.

第二，深化财政体制改革。建立权责清晰、财力协调、区域均衡的中央和地方财政关系。按照新《预算法》要求抓紧公布地方政府资产负债表，增加地方政府债务的规范性和透明度，约束地方政府过度举债的冲动，明确地方政府隐性债务认定标准，解决地方政府债务问责机制缺乏量化规定的问题，完善地方政府债务管理问责机制，提高政府债务管理的系统性与协调性。[①] 从根本上切断地方政府与相关融资主体的信用关联，按照市场化、合规化原则有序打破借助地方政府信用形成的刚性兑付。[②] 既要积极实施减税，又要完善税收征管，研究推出遗产税、资本利得税，提高持有资产的成本。

第三，深入推进金融体制改革。明确基准利率、政策利率和"准政策利率"及其关系，积极推进不同利率的并轨，研究解决不同市场利率分割的问题，建设好利率走廊，以商业银行为中枢强化利率传导，为货币政策调控从数量型为主向价格型为主转型奠定基础。加快推进多层次资本市场发展，有效转变融资方式，稳步打破商业信用的刚性兑付。深入推进金融监管体制改革，进一步健全完善审慎监管制度体系，强化功能监管的实施力度，及时、定期识别系统重要性金融机构，建立金融控股集团监管专门制度，制定完善问题金融机构退出机制。从征信系统、资产登记、信息收集和共享、金融业综合统计等方面完善金融基础设施建设，强化系统性金融风险的监测评估。

三、继续深化国有企业改革

在国有企业改革进入深水区和攻坚期的情况下，重点做好调整优化国有经济布局，完善公司治理等现代企业制度，推进以混合所有制为重点的

① 崔瑜. 地方隐性债务风险与治理［J］. 中国金融，2018（20）：84-86.

② 汪伟仇，高擎，夏丹. 地方政府债务"去杠杆"与商业银行业务转型［J］. 银行家，2018（8）：52-55.

产权制度改革、分类改革以及完善国有资产管理体制等工作，解决国有企业总体上仍然存在“大而不强”、布局偏“重”、体制不顺、机制不活、动力不足、发展方式粗放的问题，推动国有企业迈向高质量发展。[①] 针对国有企业杠杆率较高的问题，坚持政企分开、政资分开、公平竞争的原则，尊重市场经济规律和企业发展规律，从根本上划分政府信用和商业信用，严禁国有企业依靠政府信用融资，真正依靠商业信用融资。强化国有企业资产负债约束机制，遏制国有企业负债投资冲动。按照竞争中性原则，营造公平竞争的市场环境，推进企业优胜劣汰，加快处置“僵尸企业”。完善国有资产监督管理制度，落实国有资产保值增值责任，防止国有资产流失，推动国有资本做大做优做强。

四、加快推进金融机构转型发展

金融体系具有储蓄和投资、促进分工、防范和化解风险、改善资源配置效率、降低交易成本等方面的功能[②]，可通过金融机构转型发展以使其在去杠杆中发挥更大作用。从全球经济金融发展历史看，金融在大国崛起过程中发挥着不可替代的推动作用，金融业要积极实施金融强国战略[③]，围绕市场导向，持续优化结构，加快现代金融体系建设，并以自身转型发展助推整个经济社会持续健康发展。因而，金融业要牢固坚持服务实体经济的总体要求，把金融去杠杆和防风险相结合[④]，持续提升管理精细化水平，切实防范化解系统性金融风险；持续推进盈利方式转变，降低对制度性利差的依赖，通过创新提高盈利能力和质量；持续提高信用风险评估和市场化定价能力，减少对抵质押物的依赖。面对综

① 黄速建，肖红军，王欣. 论国有企业高质量发展［J］. 中国工业经济，2018（10）：19-41.

② 李扬.“金融服务实体经济”辨［J］. 经济研究，2017（6）：4-16.

③ 黄志凌. 强国金融的内涵及路径选择［J］. 金融论坛，2015（12）：3-11.

④ 陆岷峰，杨亮. 关于金融去杠杆与商业银行去风险的策略研究［J］. 南都学坛（人文社会科学学报），2018（1）：107-112.

合化经营趋势，金融控股集团需要从公司治理结构、股权结构、资本充足率、资产负债率、风险管理等方面强化管理，更好地发挥集团综合化经营优势。

五、积极做好各项政策的协调使用

第一，注重政策的协调。高杠杆率和杠杆率快速提高是多种因素共同作用的结果，去杠杆也需要各项政策密切配合、协调使用，提高政策的一致性，减少政策间的冲突。如财政政策和货币政策对去杠杆的作用机制不同，财政政策提高自然利率，货币政策降低市场利率，但都可以纠正去杠杆过程中实体经济和金融市场中的利率分化。财政政策扩张的力度越大，需要货币政策放松的空间就越小，自然需要二者的协调配合。[①] 围绕去杠杆的政策目标，需要采用“紧信用、严监管、松货币、宽财政”的政策组合，紧信用控制信贷扩张速度[②]，严监管促进金融机构合规经营，松货币推动利率下降，宽财政降低非政府部门的去杠杆压力。

第二，提高政策协调的层次。在金融稳定发展委员会成立后，要充分发挥其功能，对宏观经济和金融稳定有较大影响、可能导致金融市场和金融机构风险偏好发生重大变化，且涉及每个部门的财政政策、货币政策、宏观和微观金融监管政策，在金融稳定发展委员会层面予以协调，让政策之间的协调能够真正起到协调作用。

第三，做好政策出台的协调。各项政策在出台时机、政策方向、实施力度等方面，要充分考虑其可能的影响，尤其是对其他政策制定实施

---

① 彭文生. 反思去杠杆：不要留恋终究要过去的旧时代［EB/OL］. http：//finance. ifeng. com/a/20180814/16448411_ 0. shtml，2018-08-14.

② 利用 14 个国家 1870—2008 年的数据研究表明，信贷繁荣往往会造成金融不稳定。详见：Moritz Schularick，Alan M. Taylor. Credit Booms Gone Bust：Monetary Policy，Leverage Cycles，and Financial Crises，1870—2008［J］. American Economic Review，2012，102（2）：1029-1061.

的影响，合理控制节奏和力度，既要形成“几家抬”的局面，也要防止政策之间叠加共振，增强政策实施效果，增强政策的可持续性，形成现代风险管理体系。

总之，杠杆是经济金融发展到一定阶段的产物，去杠杆也不可能完全去除。在我国这一轮去杠杆已取得明显成效的情况下，对下一步的去杠杆工作要认真谋划。高杠杆和杠杆率的快速提高，也让我们更加清醒地认识到我国经济金融体系中的周期性、体制性、结构性矛盾仍然突出，这些都是长期积累的结果，其化解不仅难以在短期内迅速完成，而且需要付出成本、经历阵痛。金融投资的顺周期性，让杠杆率变化具有明显的周期性且难以根本解决。[①] 系统性金融风险本质上可视作债务风险，但各类经济金融变量发展与金融风险之间并非是简单的线性关系，且难以有效量化精确预测，这也增加了金融风险管理的难度。尽管如此，我们仍然可以通过转变经济发展方式，优化经济结构，转换经济发展动力，全面深化体制机制改革，完善经济社会发展治理，提高经济发展质量来稳定杠杆率，平滑杠杆周期。在这其中，需要真正做到遵循经济发展规律，提高实体投资回报率，提升经济发展质量。

① 徐传平. 杠杆率管理框架：理论与应用［D］. 北京：中国人民大学博士学位论文，2016：44.

参考文献

［1］ Atif Mian, Amir Sufi. Finance and Business Cycles: The Credit-Driven Household Demand Channel ［J］. Journal of Economic Perspectives, 2018, 32 (3): 31-58.

［2］ BIS. BIS Statistical Bulletin ［EB/OL］. https://www.bis.org/statistics/bulletin1809.pdf, 2018-09-23.

［3］ Carmen M. Reinhart, Kenneth S. Rogoff, Miguel A. Savastano. Debt Intolerance ［R］. NBER Working Paper, No. 9908, 2003.

［4］ Carmen M. Reinhart, Kenneth S. Rogoff. Growth in a Time of Debt ［J］. American Economic Review, 2010, 100 (2): 573-578.

［5］ Financial Stability Board. Global Shadow Banking Monitoring Report 2017 ［R］. 2018-03-05.

［6］ Gianni De Nicolò, Marcella Lucchetta. Bank Competition and Financial Stability: A General Equilibrium Exposition ［R］. IMF Working Paper, WP/11/295, 2011.

［7］ Hyman P. Minsky. Stabilizing an Unstable Economy ［M］. Columbus: McGraw Hill Education, 2008.

［8］ IMF. Global Financial Stability Report October 2017: Is Growth at Risk? ［R］. Washington, DC, 2017.

［9］ Irving Fisher. The Debt-Deflation Theory of Great Depressions ［J］. Econometrica, 1933, 1 (4): 337-357.

［10］ Jean-Louis Arcand, Enrico Berkes, Ugo Panizza. Too Much Finance? [R]. IMF Working Paper, WP/12/161, 2012.

[11] Justin Lahart. In Time of Tumult, Obscure Economist Gains Currency [N]. Wall Street Journal, 2007-08-18 (A1-A2).

[12] Kazuo Ueda. Deleveraging and Monetary Policy: Japan Since the 1990s and the United States Since 2007 [J]. Journal of Economic Perspectives, 2012, 26 (3): 177-201.

[13] Marco Lombardi, Madhusudan Mohanty, Ilhyock Shim. The Real Effects of Household Debt in the Short and Long Run [R]. BIS Working Paper, No. 607, 2017.

[14] Mathias Drehmann, Mikael Juselius. Evaluating Early Warning Indicators of Banking Crises [R]. BIS Working Paper, No. 421, 2013.

[15] Mehmet Caner, Thomas Grennes, Fritzi Koehler-Geib. Finding the Tipping Point-When Sovereign Debt Turns Bad [R]. The World Bank Policy Research Working Paper Series 5391, 2010-07-30.

[16] Moritz Schularick, Alan M. Taylor. Credit Booms Gone Bust: Monetary Policy, Leverage Cycles, and Financial Crises, 1870—2008 [J]. American Economic Review, 2012, 102 (2): 1029-1061.

[17] Nicola Gennaioli, Andrei Shleifer, Robert Vishny. Neglected Risks, Fnancial Innovation, and Fnancial Fragility [J]. Journal of Financial Economics, 2012, 104 (3): 452-468.

[18] Òscar Jordà, Moritz Schularick, Alan M. Taylor. The Great Mortgaging: Housing Finance, Crises and Business Cycles [J]. Economic Policy, 2016, 31 (1): 107-152.

[19] Stephen Cecchetti, Madhusudan Mohant, Fabrizio Zampolli. The Real Effects of Debt [R]. BIS Working Paper, No. 352, 2011.

[20] Thomas Herndon, Michael Ash, Robert Pollin. Does High Public Debt Consistently Stifle Economic Growth? A Critique of Reinhart and Rogoff

[J]. Cambridge Journal of Economics, 2014, 38 (2): 257-279.

[21] William Easterly, Roumeen Islam, Joseph E. Stiglitz. Shaken and Stirred: Explaining Growth Volatility [R]. Annual Bank Conference on Development Economics, World Bank, 2000.

[22] Zhang Xiaojing, Chang Xin. Deleveraging: Data, Risks and Countermeasures [J]. China Economist, 2017, 12 (1): 2-37.

[23] 巴曙松，王月香. 金融去杠杆的缘起与走向 [N]. 上海证券报，2017-04-19 (012).

[24] CF40课题组. 主动去杠杆还是被动去杠杆 [J]. 中国金融，2016 (19): 12-14.

[25] CF40研究部. 结构性问题暴露，下阶段“去杠杆”何解? [EB/OL]. 中国金融四十人论坛微信公众号，2018-08-07.

[26] 财政部. 关于做好2018年地方政府债务管理工作的通知 [EB/OL]. http://yss.mof.gov.cn/zhuantilanmu/dfzgl/zcfg/201803/t20180326_2851243.html, 2018-02-24.

[27] 昌忠泽，毛培. 新常态下中国经济潜在增长率估算 [J]. 经济与管理研究，2017 (9): 3-14.

[28] 陈娜. 金融去杠杆背景下股权质押融资业务的思考 [J]. 上海金融，2017 (8): 78-84.

[29] 陈小亮，陈彦斌. 结构性去杠杆的推进重点与趋势观察 [J]. 改革，2018 (7): 17-30.

[30] 陈雨露. 建立“货币政策+宏观审慎政策”双支柱政策框架 [EB/OL]. http://finance.sina.com.cn/roll/2017-03-24/doc-ifycsukm3482182.shtml, 2017-03-24.

[31] 陈志龙. 良药苦口的“5-30”魔咒 [N]. 国际金融报，2013-03-22 (08).

[32] 程一江. 对去杠杆防风险的几点思考 [J]. 财政监督，2018

(15)：44-45.

［33］崔瑜. 地方隐性债务风险与治理［J］. 中国金融，2018（20）：84-86.

［34］崔云，温娇月. 透视我国居民杠杆率问题［J］. 中国金融，2018（20）：61-62.

［35］杜修立，郑鑫. 人口结构、产业结构与中国经济潜在增长率［J］. 统计与信息论坛，2017（3）：56-60.

［36］范爱军. 经济全球化利益风险论［D］. 济南：山东大学博士学位论文，2004.

［37］冯明. 宏观债务管理的政策框架及其结构性去杠杆［J］. 改革，2016（7）：104-114.

［38］符林. 去杠杆的逻辑与策略［J］. 中国金融，2017（13）：82-83.

［39］甘犁. 投资购房比例上升 住房交易仍以投资为主［EB/OL］. https：//chfs. swufe. edu. cn/xiangqing. aspx？id=1906，2018-12-19.

［40］高瑞东. 发达国家去杠杆启示［J］. 中国金融，2016（10）：94-96.

［41］高善文. 去杠杆的路径差异［J］. 清华金融评论，2018（9）：54-56.

［42］高善文. 中国企业部门杠杆率之谜［J］. 清华金融评论，2018（5）：73-74.

［43］管清友. 去杠杆的本土化思考［J］. 新理财，2017（6）：52-54.

［44］郭磊. 同业存单撬动结构性杠杆：从何而来、向何处去？［EB/OL］. https：//wallstreetcn. com/articles/297599，2017-03-29.

［45］郭磊. 中国经济：分化的宏微观杠杆率［EB/OL］. http：//www. sohu. com/a/157810738_ 475968，2017-07-17.

［46］郭学能，卢盛荣. 供给侧结构性改革背景下中国潜在经济增长率分析［J］. 经济学家，2018（1）：29-40.

［47］郭子睿，张明. 货币政策与宏观审慎政策的协调使用［J］. 经济学家，2017（5）：68-75.

［48］国家发展改革委、人民银行、财政部、银保监会、国资委. 关于印发《2018年降低企业杠杆率工作要点》的通知［EB/OL］. http：//www. ndrc. gov. cn/zcfb/zcfbtz/201808/t20180808_ 895401. html，2018-08-03.

［49］国家发展改革委. 发展改革委通报4万亿元投资重点投向和资金测算［EB/OL］. http：//www. gov. cn/gzdt/2009-03/06/content_1252229. htm，2009-03-06.

［50］国务院发展研究中心"经济转型期的风险防范与应对"课题组. 打好防范化解重大风险攻坚战：思路与对策［J］. 管理世界，2018（1）：1-15.

［51］韩洁，于佳欣，谭谟晓. 从中央政治局会议看中国经济走向［EB/OL］. http：//www. xinhuanet. com/politics/2017-07/24/c_1121372863. htm，2017-07-24.

［52］何治国，陈卓，刘淳，刘津宇. "四万亿"政策背后的地方政府融资困局［J］. 清华金融评论，2017（9）：103-104.

［53］洪磊. 中国资本市场的六大难题［EB/OL］. http：//www. sohu. com/a/259292189_ 479794，2018-10-13.

［54］胡晨曦. 人生不仅是一场康波，还是一场超级债务周期［EB/OL］. http：//www. sohu. com/a/259309231_ 465500，2018-10-13.

［55］花长春，谢运亮. 中国去杠杆评估报告（2017）［EB/OL］. 宏观长春微信公众号，2018-05-24.

［56］黄少安. 国有企业改革40年：阶段演化、理论总结与未来思考［J］. 江海学刊，2018（5）：99-106.

[57] 黄速建，肖红军，王欣. 论国有企业高质量发展 [J]. 中国工业经济，2018 (10)：19-41.

[58] 黄志凌. 强国金融的内涵及路径选择 [J]. 金融论坛，2015 (12)：3-11.

[59] 姬江帆. 黑天鹅启示录 2017—2018 [EB/OL]. https：//wallstreetcn. com/articles/3412464，2018-09-26.

[60] 纪敏，严宝玉，李宏瑾. 杠杆率结构、水平和金融稳定——理论分析框架和中国经验 [J]. 金融研究，2017 (2)：11-25.

[61] 贾康. 金融改革需遵循七个"势在必行" [N]. 金融时报，2017-12-25 (T2).

[62] 贾康. 如何看待中国债务水平 [N]. 经济日报，2017-09-29 (014).

[63] 姜超，朱征星，李波. 经济去杠杆，债牛正回归 [EB/OL]. 姜超宏观债券研究微信公众号，2018-02-27.

[64] 姜超，朱征星，李波. 同业存单监管趋严，影响几何? [EB/OL]. 姜超宏观债券研究微信公众号，2018-01-11.

[65] 姜超. 化解民企融资冰山，还需更大减税、打破国企刚兑 [EB/OL]. 姜超宏观债券研究微信公众号，2018-11-11.

[66] 降蕴彰. 家庭债务"灰犀牛"隐现 [J]. 财经，2017 (29)：56-61.

[67] 金微. 融资平台启动全面转型 顶层设计或出台 [N]. 华夏时报，2017-07-10 (026).

[68] 课题组. 货币政策与杠杆率关系研究——基于"风险三角"视角 [J]. 西部金融，2018 (3)：4-10.

[69] 李波. CF40 课题前瞻性研究"双支柱调控框架" [EB/OL]. 中国金融四十人论坛微信公众号，2017-10-21.

[70] 李俊峰，张居营. 去杠杆与国企改革的内在关联：基于部门差

异的理论分析［J］. 求是学刊，2017（4）：39-46.

［71］李黎力.“明斯基时刻”之考辨［J］. 经济理论与经济管理，2013（7）：39-45.

［72］李奇霖. 谈谈金融去杠杆的内涵与监测指标［EB/OL］. http：//mt. sohu. com/20170221/n481327441. shtml，2017-02-21.

［73］李思龙. 企业“脱实向虚”的动机及系统性金融风险影响［J］. 广东财经大学学报，2017（4）：45-57.

［74］李迅雷. 从主动去杠杆到被动去杠杆［J］. 股市动态分析，2018（43）：16-17.

［75］李迅雷. 去杠杆：这次真的不一样吗［J］. 新理财，2017（6）：20-21.

［76］李迅雷. 日美去杠杆对中国的借鉴［J］. 新金融，2017（6）：4-8.

［77］李扬.“金融服务实体经济”辨［J］. 经济研究，2017（6）：4-16.

［78］李扬. 从长周期视角观察国内外经济形势［N］. 经济日报，2018-01-04（014）.

［79］李扬. 综合施策去杠杆［J］. 中国经济报告，2016（10）：83-85.

［80］李豫泽. 融资分层：“宽信用”的因果轮回［EB/OL］. 睿哲固收研究微信公众号，2018-10-23.

［81］连飞.“稳增长”与“去杠杆”目标下的双支柱政策协调［J］. 财经理论与实践，2018（6）：15-31.

［82］连平，陈冀. 理性审视 M2 的宏观指标意义［J］. 中国金融，2017（24）：34-37.

［83］梁中华. 柳暗花明——2019 年宏观经济展望与大类资产配置［EB/OL］. 李迅雷金融与投资微信公众号，2018-12-03.

[84] 刘秋万. 新技术时代银行的转型发展 [J]. 中国金融，2015 (5)：51-53.

[85] 刘晓光，张杰平. 中国杠杆率悖论——兼论货币政策“稳增长”和“降杠杆”真的两难吗？[J]. 财贸经济，2016 (8)：5-19.

[86] 刘一楠，宋晓玲. 杠杆失衡、信贷错配与结构性去杠杆——一个动态随机一般均衡分析框架 [J]. 中央财经大学学报，2018 (8)：76-86.

[87] 刘哲希，李子昂. 结构性去杠杆进程中居民部门可以加杠杆吗 [J]. 中国工业经济，2018 (10)：42-60.

[88] 刘志彪. 去产能、去杠杆、重构价值链与振兴实体经济 [J]. 东南学术，2017 (5)：110-117.

[89] 娄飞鹏. 把国有企业降杠杆作为重中之重 [N]. 学习时报，2018-04-27 (02).

[90] 娄飞鹏. 从资金来源变化看去杠杆的逻辑 [J]. 金融与经济，2017 (6)：25-30.

[91] 娄飞鹏. 非金融部门杠杆率现状与去杠杆建议 [J]. 西南金融，2017 (7)：23-29.

[92] 娄飞鹏. 杠杆率的结构性与结构性去杠杆 [J]. 中国经济报告，2018 (5)：87-89.

[93] 娄飞鹏. 结构性去杠杆是防范化解金融风险的重要切入点 [J]. 党政干部参考，2018 (9)：17-18.

[94] 娄飞鹏. 结构性去杠杆是防范化解金融风险的重要切入点 [J]. 红旗文摘，2018 (10)：40-41.

[95] 娄飞鹏. 结构性去杠杆是防范化解金融风险的重要切入点 [N]. 学习时报，2018-04-13 (02).

[96] 娄飞鹏. 金融领域高杠杆的深层次成因与去杠杆建议 [J]. 西南金融，2017 (6)：22-28.

［97］娄飞鹏. 金融去杠杆视角的同业存单发展与监管分析［J］. 金融发展研究，2017（7）：59-64.

［98］娄飞鹏. 金融与非金融去杠杆［J］. 金融理论探索，2017（5）：20-26.

［99］娄飞鹏. 经济视角的金融复杂性问题［J］. 金融市场研究，2017（1）：116-122.

［100］娄飞鹏. M1、M2 月度同比增速剪刀差：成因、影响与应对［J］. 金融理论探索，2016（5）：3-9.

［101］娄飞鹏. 去杠杆研究［M］. 北京：中国金融出版社，2018.

［102］娄飞鹏. 日本去杠杆的做法与启示［J］. 福建金融，2018（6）：61-65.

［103］娄飞鹏. 商业银行不良贷款债转股的历史经验及实施建议［J］. 西南金融，2016（6）：52-56.

［104］娄飞鹏. 商业银行积极应对人口老龄化的思路建议［J］. 西南金融，2014（2）：27-28.

［105］娄飞鹏. 提高去杠杆的针对性［N］. 学习时报，2018-08-24（02）.

［106］娄飞鹏. 协调推进金融和实体经济去杠杆［N］. 学习时报，2017-06-30（02）.

［107］娄飞鹏. 影子银行研究的新进展［J］. 浙江金融，2013（7）：36-39.

［108］娄飞鹏. 有效约束国企资产负债［N］. 学习时报，2018-10-26（02）.

［109］娄飞鹏. 正视并积极应对金融周期［N］. 大众日报，2017-12-20（10）.

［110］娄飞鹏. 中国的杠杆率具有结构性特点［J］. 新华文摘，2018（20）：162.

[111] 娄飞鹏. 资金循环流转视角的去杠杆思路 [J]. 浙江金融, 2017 (7): 22-30.

[112] 陆磊. 建立宏观审慎管理制度有效防控金融风险 [N]. 学习时报, 2017-04-05 (01).

[113] 陆岷峰, 葛和平. 中国企业高杠杆成因及去杠杆方式研究 [J]. 金融监管研究, 2016 (12): 63-73.

[114] 陆岷峰, 杨亮. 金融去杠杆背景下商业银行风险管理与路径选择 [J]. 金融论坛, 2017 (12): 3-10、78.

[115] 陆晓明. 美国经济去杠杆化的进程、效果、经验教训及对中国的启示 [J]. 国际金融, 2017 (2): 29-39.

[116] 陆雄文. 管理学大辞典 [M]. 上海: 上海辞书出版社, 2013.

[117] 陆旸, 蔡昉. 从人口红利到改革红利: 基于中国潜在增长率的模拟 [J]. 世界经济, 2016 (1): 3-23.

[118] 马勇, 陈雨露. 金融杠杆、杠杆波动与经济增长 [J]. 经济研究, 2017 (6): 31-45.

[119] 孟蓼筠. 基于微观视角的非金融企业"去杠杆"问题研究 [J]. 金融理论与实践, 2016 (8): 110-113.

[120] 明明. 杠杆和利率到底是什么关系? [EB/OL]. 明晰笔谈微信公众号, 2018-07-12.

[121] 明明. 同业之乱十年记: 中国式杠杆周期的起灭 [EB/OL]. http: //www. sohu. com/a/224962304_ 313170, 2018-03-06.

[122] 潘晶. 我国非金融企业杠杆率高企原因及去杠杆路径 [J]. 武汉金融, 2016 (12): 58-60.

[123] 潘敏, 荆阳. 我国家庭部门杠杆率变化趋势及影响 [N]. 光明日报, 2018-11-20 (11).

[124] 潘敏, 刘知琪. 居民家庭"加杠杆"能促进消费吗? ——来

自中国家庭微观调查的经验证据［J］. 金融研究，2018（4）：71-87.

［125］潘敏，袁歌骋. 金融去杠杆对经济增长和经济波动的影响［J］. 财贸经济，2018（6）：58-72.

［126］彭文生. 宏观政策需要超常规的思维［EB/OL］. 中国金融四十人论坛微信公众号，2018-10-24.

［127］彭文生. 渐行渐近的金融周期［M］. 北京：中信出版集团，2017.

［128］彭文生. 去杠杆进程需要政府适度干预［J］. 新金融，2018（7）：19-24.

［129］彭俞超，黄志刚. 经济“脱实向虚”的成因与治理：理解十九大金融体制改革［J］. 世界经济，2018（8）：3-25.

［130］乔敏. 银行不良资产处置中的债转股法律问题研究［D］. 上海：华东政法大学硕士学位论文，2013.

［131］屈庆. 从资金来源看下半年基建投资［EB/OL］. http：//finance. sina. com. cn/money/bond/20170816/133126985225. shtml，2017-08-16.

［132］曲庆. 去杠杆导致的社融回落难以带来货币政策宽松［EB/OL］. 曲庆债券论坛微信公众号，2018-06-12.

［133］人民网. 扩大内需促增长十项措施出台［N］. 人民日报，2017-11-10（01）.

［134］任泽平，马家进. 中国宏观杠杆率的现状、成因、化解与影响［EB/OL］. 泽平宏观微信公众号，2018-01-07.

［135］商瑾. 对中国非金融企业去杠杆问题的再思考［J］. 银行家，2018（8）：65-67.

［136］上海财经大学高等研究院课题组. 企业和家庭债务交互式负反馈效应增加去杠杆难度［J］. 中国经济报告，2018（10）：94-96.

［137］沈建光. 对去杠杆执行层面问题的反思与建议［N］. 证券日

报，2018-11-17（A03）.

［138］盛松成. 社会融资规模成为我国金融宏观调控的重要指标［EB/OL］. http：//www. sohu. com/a/258472795_ 479794，2018-10-09.

［139］盛松成. 社融与 M2 增速背离看金融去杠杆［J］. 中国金融，2017（21）：22-24.

［140］施康，王立升. 杠杆下的中国：流动性过剩与信贷错配［A］//潘英丽，黄益平. 激辩去杠杆：如何避免债务—通缩. 北京：中信出版社，2016：3-16.

［141］世界银行，国务院发展研究中心. 2030 年的中国：建设现代、和谐、有创造力的社会［M］. 北京：中国财政经济出版社，2013.

［142］孙方，李维安. 国有企业改革 40 年回顾与展望［J］. 现代国企研究，2018（13）：36-44.

［143］孙海波，刘诚燃. 2017 年银行监管趋势：核心负债、理财、加杠杆、委外［EB/OL］. http：//www. gold678. com/dy/A/481476，2017-02-28.

［144］唐建伟. 关于中国企业去杠杆问题的分析［J］. 新金融，2018（1）：22-26.

［145］田国强，黄晓东，宁磊，王玉琴. 警惕家庭债务危机及其可能引发的系统性金融风险［EB/OL］. https：//wallstreetcn. com/articles/3382612，2018-08-08.

［146］汪伟仇，高擎，夏丹. 地方政府债务“去杠杆”与商业银行业务转型［J］. 银行家，2018（8）：52-55.

［147］王观. 结构性去杠杆稳步推进［N］. 人民日报，2018-07-23（01）.

［148］王国刚. “去杠杆”：范畴界定、操作重心和可选之策［J］. 经济学动态，2017（7）：16-25.

［149］王虎. 国际货币基金组织总裁拉加德认为财政政策对应对人

口结构变化至关重要［N］. 中国财经报，2016-05-07（006）.

［150］王建新，潘文轩. 构建地方债的风险防范与控制机制［J］. 中国财政，2009（16）：40-41.

［151］王剑. 银行同业业务去杠杆［J］. 中国金融，2017（11）：51-53.

［152］王俊岭. 中国货币政策关键词仍是稳健［N］. 人民日报海外版，2016-10-29（02）.

［153］王立勇，亓欣，赵洋. 基于全口径政府债务率数据的我国最优债务率估算［J］. 经济理论与经济管理，2015（2）：70-79.

［154］王妍. 中国金融周期的动态特征分析［J］. 数量经济研究，2017（1）：29-42.

［155］王喆，张明，刘士达. 从“通道”到“同业”——中国影子银行体系的演进历程、潜在风险与发展方向［J］. 国际经济评论，2017（4）：128-148.

［156］魏革军. 去杠杆的哲学［J］. 中国金融，2016（12）：5.

［157］魏杰. 国有企业如何去杠杆？［J］. 经济，2018（15）：76-77.

［158］魏伟，陈骁，张明. 中国金融系统性风险：主要来源、防范路径与潜在影响［J］. 国际经济评论，2018（5）：125-150.

［159］温家宝. 政府工作报告——2011 年 3 月 5 日在第十一届全国人民代表大会第四次会议上［EB/OL］. http：//www. gov. cn/2011lh/content_ 1825233. htm，2011-03-15.

［160］伍戈，高莉，兰俚萍. 去杠杆：紧货币还是松货币？［J］. 债券，2018（9）：11-15.

［161］伍戈. 去杠杆与结构性改革结合才能“脱虚向实”［N］. 21 世纪经济报道，2017-12-20（004）.

［162］习近平. 决胜全面建成小康社会 夺取新时代中国特色社会主

义伟大胜利［M］. 北京：人民出版社，2017.

［163］新华社. 习近平主持中共中央政治局会议［EB/OL］. http：//www. gov. cn/xinwen/2018-07/31/content_ 5310829. htm，2018-07-31.

［164］新华网. 稳中求进 精准施策——从中央政治局会议看下半年中国经济六大信号［EB/OL］. http：//www. xinhuanet. com/fortune/2018-07/31/c_ 1123204368. htm，2018-07-31.

［165］新华网. 习近平：打好决胜全面建成小康社会三大攻坚战［EB/OL］. http：//www. xinhuanet. com//politics/leaders/2018-04/02/c_ 1122627816. htm，2018-04-02.

［166］新华网. 中共中央政治局召开会议 习近平主持会议［EB/OL］. http：//www. xinhuanet. com/politics/2018-07/31/c_ 1123203915. htm，2018-07-31.

［167］新华网. 中央经济工作会议在北京举行 习近平李克强作重要讲话［EB/OL］. http：//www. xinhuanet. com//fortune/2015-12/21/c_ 1117533201. htm，2015-12-21.

［168］新华网. 中央经济工作会议在北京举行 习近平李克强作重要讲话［EB/OL］. http：//www. xinhuanet. com/politics/leaders/2018-12/21/c_ 1123887379. htm，2018-12-21.

［169］新华网. 中央经济工作会议在北京举行 习近平李克强作重要讲话［EB/OL］. http：//www. ce. cn/xwzx/gnsz/szyw/201412/11/t20141211_ 4103857. shtml，2014-12-11.

［170］徐传平. 杠杆率管理框架：理论与应用［D］. 北京：中国人民大学博士学位论文，2016.

［171］徐忠. 国企治理问题和财政软约束是杠杆率飙升的核心原因［EB/OL］. http：//finance. sina. com. cn/wm/2017-04-30/doc-ifyetstt3995796. shtml，2017-04-30.

［172］徐忠. 降杠杆并非利率越低越好［EB/OL］. http：//news. hexun. com/2017-10-31/191454747. html，2017-10-31.

［173］杨金河. 日本去杠杆的得失［J］. 中国金融，2017（17）：82-83.

［174］杨瑞龙. 国有企业改革逻辑与实践的演变及反思［J］. 中国人民大学学报，2018（5）：44-56.

［175］杨小静，张英杰. 去杠杆、市场环境与国企债务化解［J］. 改革，2017（4）：137-149.

［176］杨雪峰. 去杠杆背景下的流动性危机研究［J］. 世界经济研究，2018（11）：44-50、64.

［177］杨筝. 国企去杠杆：重中之重［J］. 中国金融家，2017（8）：43-44.

［178］姚洋. 美丽的烦恼——如何用好中国的巨额储蓄？［EB/OL］. http：//www. yicai. com/news/5289129. html，2017-05-22.

［179］易纲. 在全面深化改革开放中开创金融事业新局面［J］. 中国金融，2018（23）：15-21.

［180］易信，郭春丽. 未来 30 年我国潜在增长率变化趋势及 2049 年发展水平预测［J］. 经济学家，2018（2）：36-45.

［181］益言. 从国际经验看中国去杠杆［J］. 中国金融，2016（7）：86-88.

［182］余向荣，梁红. 中国货币政策框架转型的未尽之路［EB/OL］. http：//news. hexun. com/2017-03-17/188535870. html，2017-03-17.

［183］张斌，何晓贝，邓欣. 不一样的杠杆——从国际比较看杠杆上升的现象、原因与影响［J］. 金融研究，2018（2）：15-29.

［184］张斌. 结构转型视角下的去杠杆与稳增长［N］. 21 世纪经济报道，2018-11-16（004）.

［185］张方波. 当前稳步推进金融去杠杆的战略考量［J］. 中国发展观察，2017（14）：12-14.

［186］张明. 中国政府债务规模究竟几何？［J］. 财经，2018（17）：72-77.

［187］张晓晶，常欣，刘磊，李育. 中国去杠杆进程［J］. 中国经济报告，2017（10）：90-91.

［188］张晓晶，常欣，刘磊. 结构性去杠杆：进程、逻辑与前景——中国去杠杆 2017 年度报告［J］. 经济学动态，2018（5）：16-29.

［189］招商银行，贝恩公司. 2017 中国私人财富报告［R］. http：//images. cmbchina. com/cmbcms/201706/59d61c7c - 8119 - 4444 - 92d5-af4ab6d5341f. pdf，2017-06-20.

［190］曾刚. 供给侧改革需有序去杠杆［J］. 中国金融，2017（4）：21-23.

［191］郑嘉伟. 杠杆率的宏观经济效应研究［D］. 北京：中共中央党校博士学位论文，2016.

［192］中国人民大学中国宏观经济分析与预测课题组. 结构性去杠杆下的中国宏观经济——2018 年中期中国宏观经济分析与预测［J］. 经济理论与经济管理，2018（8）：5-19.

［193］中国人民银行货币政策分析小组. 2015 年第四季度中国货币政策执行报告［R］. 2016-02-06.

［194］中国人民银行货币政策分析小组. 2016 年第四季度中国货币政策执行报告［R］. 2017-02-17.

［195］中国人民银行货币政策分析小组. 2016 年第一季度中国货币政策执行报告［R］. 2016-05-06.

［196］中国人民银行货币政策分析小组. 2017 年第三季度中国货币政策执行报告［R］. 2017-11-17.

［197］中国人民银行货币政策分析小组. 2018 年第二季度中国货币

政策执行报告［R］. 2018-08-10.

［198］中国人民银行货币政策分析小组. 2018 年第三季度中国货币政策执行报告［R］. 2018-11-09.

［199］中国人民银行货币政策分析小组. 2018 年第一季度中国货币政策执行报告［R］. 2018-05-11.

［200］中国人民银行金融稳定分析小组. 中国金融稳定报告（2018）［M］. 北京：中国金融出版社，2018.

［201］中国社会科学院经济研究所课题组. 中国经济长期增长路径、效率与潜在增长水平［J］. 经济研究，2012（11）：4-17.

［202］中国银保监会. 中国银保监会发布《商业银行理财业务监督管理办法》［EB/OL］. http://www.cbrc.gov.cn/chinese/newShouDoc/414FD35A484140B3BD3B8400751B78B5. html,2018-09-28.

［203］中国政府网. 国务院金融稳定发展委员会召开第二次会议［EB/OL］. http：//www. gov. cn/guowuyuan/2018-08/03/content_ 5311456. htm，2018-08-03.

［204］中国政府网. 刘鹤主持国务院金融稳定发展委员会专题会议［EB/OL］. http：//www. gov. cn/guowuyuan/2018-10/21/content_ 5333237. htm，2018-10-21.

［205］中华人民共和国审计署. 全国政府性债务审计结果［EB/OL］. http：//www. audit. gov. cn/n5/n25/c63642/content. html，2013-12-30.

［206］钟宁桦，刘志阔，何嘉鑫，苏楚林. 我国企业债务的结构性问题［J］. 经济研究，2016（7）：102-117.

［207］周飞舟. 分税制十年：制度及其影响［J］. 中国社会科学，2006（6）：100-115.

［208］周君芝. 从去杠杆路径到结构性对冲——2018 年年中货币金融环境分析与展望［EB/OL］. 郭磊宏观茶座微信公众号，2018-07-02.

［209］周君芝. 金融杠杆和实体杠杆之间什么关系？［EB/OL］.郭磊宏观茶座微信公众号，2018-02-06.

［210］周君芝. 如何理解当前信用条件变化？——基于宏观去杠杆视角［EB/OL］. 郭磊宏观茶座微信公众号，2018-05-29.

［211］周小川. 关于债转股的几个问题［J］. 经济社会体制比较，1996（6）：1-9.

［212］周小川. 守住不发生系统性金融风险的底线［A］//《党的十九大报告辅导读本》编写组. 党的十九大报告辅导读本. 北京：人民出版社，2017：100-109.

［213］周小川. 未来将重点关注互联网金融、金融控股公司等四方面问题［EB/OL］. http：//finance. ifeng. com/a/20171016/15726260_0. shtml，2017-10-16.

［214］周宜强，张晓丽，邱峰. 当前国内资本“脱实向虚”倾向的表现、成因、危害及应对［J］. 征信，2017（6）：20-25.

［215］周长富，张莅，冒建忠. “脱实向虚”的表现、成因及机制分析［J］. 区域金融研究，2016（3）：69-76.

［216］周哲. 年轻家庭负债缘何猛增［J］. 财经，2017（29）：62-67.

［217］朱鸿鸣，薄岩. “去杠杆”的五大误区：认知根源及其危害［J］. 发展研究，2016（12）：35-38.

后记

经济的发展变化往往具有非线性特点。从经济发展历史看，如果以第一次工业革命为界限，则其之前的近1800年中，全球GDP总量和人均GDP增长都可视作是线性的，而其之后经济呈指数增长特点。根据安格斯·麦迪森（Angus Maddison）在《世界经济千年史》中的统计，公元1年至1820年，我国和西欧的GDP分别增长7.53倍、13.42倍，人均GDP分别增长0.33倍、1.68倍；1820—2001年，我国和西欧的GDP分别增长18.99倍、46.16倍，人均GDP分别增长4.97倍、14.99倍。可见，第一次工业革命后，经济增长速度有了大幅度的提高，长期中经济增长非线性特点明显。

金融对经济的影响也具有非线性特点。金融通过资金资源的跨时空配置服务实体经济，在此过程中杠杆也随之出现。然而，杠杆本身是把双刃剑，其不仅放大收益，也放大风险，适度运用杠杆可以助推经济增长，过度倚重杠杆则往往会导致风险发生。随着经济金融发展水平的提高，经济金融本身越来越复杂，经济金融的脆弱性也在增加，杠杆对经济发展的作用发生方向性转折不再需要很长时间，而可能是在短时间内实现。2008年国际金融危机后，我国杠杆率快速提高，到2016年的8年中非金融部门杠杆率提高了74.42%。这其中也蕴含了较多的风险，部分领域风险还很大，从而不得不开始去杠杆。

去杠杆成效明显的同时任务依然艰巨。我国从2016年开始实施主动去杠杆，宏观杠杆率在2018年就实现趋于稳定。非金融企业部门作为杠杆率较高的部门，其杠杆率甚至有所下降；金融部门无论是银行业还是非银行金融机构资产增速都快速下降，M2、社会融资规模与名义GDP增速差迅速缩小。这些迹象都表明，我国的去杠杆取得了较为显著的成效。与此同时，我们也不可否认，我国非金融企业部门杠杆率绝对水平仍然较高，地方政府隐性债务问题仍然突出，家庭部门杠杆率增长速度仍然较快，需要继续坚持结构性去杠杆，疏解结构性高杠杆背后的风险，并且这个过程可能还会比较长。

去杠杆中遇到一些问题也调整了思路。随着去杠杆的持续推进，去杠杆和其他政策之间缺乏有效协调，政策之间叠加共振的负面影响逐渐显现。尤其是在债务存量难以压降的情况下，收紧融资条件快速压缩债务增量，达到了去杠杆的目的，同时也伴生了民营企业信用债券违约潮，股权质押风险快速暴露之类的问题。当然，这种情况在2018年出现，不利的国际环境也是一个重要的影响因素。在此过程中，去杠杆的思路也根据实际情况变化及时调整优化，具体表现在由追求快速去杠杆转向稳杠杆，更加强调结构性去杠杆，重点做好高杠杆领域和杠杆率快速提高领域的去杠杆。

去杠杆仍然需要全面深入系统的研究。去杠杆作为我国供给侧结构性改革的一项重要内容，尤其值得全面深入系统的研究。我于2018年6月出版了《去杠杆研究》一书，围绕去杠杆的研究主题，从研究背景和杠杆率的衡量，金融部门和非金融部门杠杆率的发展与现状，非金融部门加杠杆的资金来源变化，同业存单在金融部门加杠杆中的作用，资金在金融部门和非金融部门循环流转视角的加杠杆，杠杆率快速提高的形成机制，高杠杆率和杠杆率快速提高的危害，去杠杆的国外做法与启示，去杠杆的国内实践与进展，去杠杆的思路和重点，以及去杠杆的路径建议等方面开展深入系统的研究。

面对实际情况我也有了进一步的研究。在《去杠杆研究》出版后，面对去杠杆的实际情况及其变化，我又写了多篇文章进行了更进一步的讨论，并决定再写一本书来讨论去杠杆的下一步问题。这也就成为这本书写作的由来。虽然对去杠杆问题关注研究较多，但内外部经济环境的快速变化不仅增加了去杠杆的难度，也增加了书稿写作的难度，书稿一拖再拖，直至2019年1月才得以完成并交付出版社。回想起来，这与2018年1月完成《去杠杆研究》书稿并交付出版社的具体日期非常接近。书稿完成之际，我突然从中悟出一个道理，要系统做一件事情，过程很漫长且很艰难，实际完成的时间却很短。

事物出现及发展变化速度在不断加快。去杠杆问题的研究也让我认识到，我们确实生活在一个加速度的时代，各种节奏都在加快并且越来越快，这也让我们感觉似乎时空都在快速“压缩”。仔细回想一下，历史上需要较长时间才能完成的发明创新，目前似乎都是在瞬间发生，我们每一天都在面对新事物，一些情况甚至完全超出我们的想象，不断对我们的思维形成冲击。面对外部环境的变化，我们生活于当下，但却不能局限于当下，即使忘不了昨天，忙不完今天，仍然需要多花点时间想象一下明天。在这个过程中，转变思维方式尤为重要，需要用积极开放的心态来迎接新事物。

怀着感恩的心努力做好积极有益的事。2010年博士毕业以来，回首个人9年的成长轨迹，我自认为在研究方面坚持的还是比较好的，结合工作实践形成了一些研究成果，研究的领域、范围也在不断拓展。我始终认为，这是一件积极且有意义的事，因而也要求自己持续做下去，尽管这个过程很艰辛，持续坚持也很难。在我个人成长过程中，得到家人、老师、朋友的无私帮助，也对他们表示感谢。女儿和儿子给我带来不尽的幸福欢乐，感谢他们，也由衷的祝福他们健康、平安、幸福、快乐！

娄飞鹏

2019年1月